COBRA

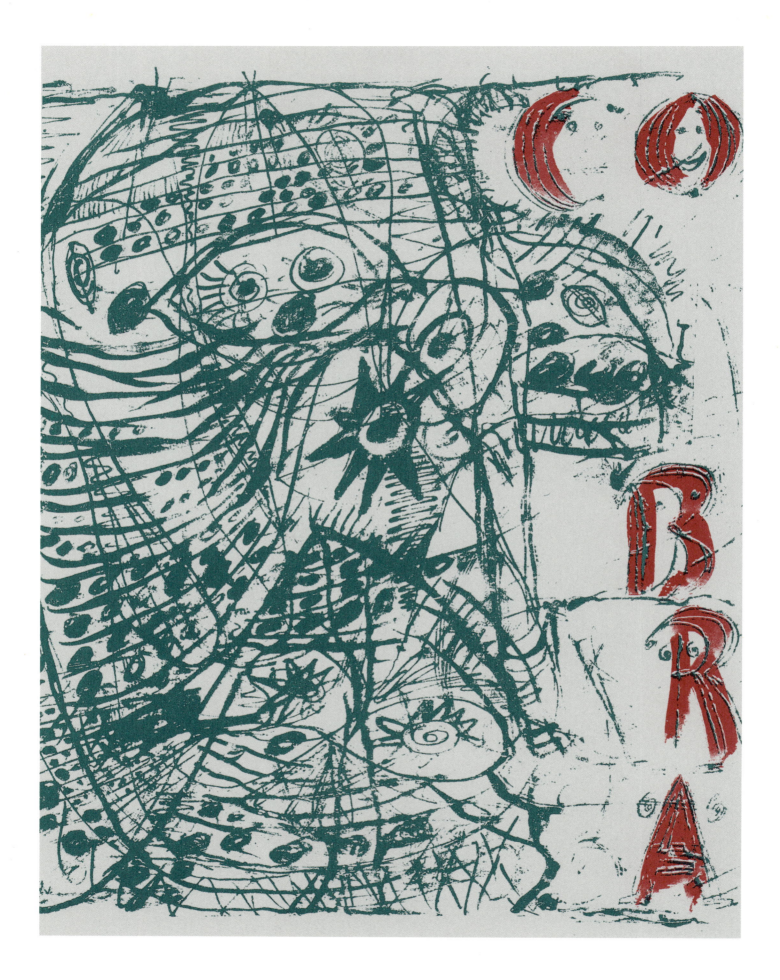

COBRA

CO penhagen
BR üssel
A msterdam

Beiträge von
Troels Andersen, Luc de Heusch, Richard Miller,
Carl Nørrested, Peter Shield, Freddy de Vree
und Jörg Zutter

Musée cantonal des Beaux-Arts Lausanne
14. Juni bis 14. September 1997

Kunsthalle der Hypo-Kulturstiftung München
26. September 1997 bis 11. Januar 1998

KunstHausWien
29. Januar bis 19. April 1998

Auf dem Umschlag:
Karel Appel, Mensch und Tiere, 1949
(Kat. 34)

Frontispiz:
Cobra 1. Umschlagentwurf von Egill Jacobsen, Asger Jorn und Carl-Henning Pedersen

Die Übersetzung der Originaltexte erfolgte durch das Kollektiv Euro-Text mit Ausnahme der Beiträge von Troels Andersen, Peter Shield und Freddy de Vree, die von Karola Bartsch übersetzt wurden.

Die Deutsche Bibliothek –
CIP-Einheitsaufnahme

COBRA ‹1997 - 1998, Lausanne u.a.›:
COBRA : COpenhagen, BRüssel, Amsterdam ; Musée cantonal des Beaux-Arts, Lausanne, 14. Juni bis 14. September 1997 ; Kunsthalle der Hypo-Kulturstiftung München, 26. September 1997 bis 11. Januar 1998 ; KunstHaus, Wien, 29. Januar bis 19. April 1998 / Beitr. von Troels Andersen ... [Katalogred.: Jörg Zutter]. - München : Hirmer 1997
ISBN 3-7774-7580-7

© 1997 VG Bild-Kunst Bonn
und die Künstler
© 1997 Kunsthalle der Hypo-Kulturstiftung
und Hirmer Verlag München
Satz: Max Vornehm GmbH, München
Lithographie: Brend'amour, Simhart & Co., München
Druck: Passavia, Passau
Bindung: Conzella, Pfarrkirchen

Printed in Germany
ISBN 3-7774-7580-7

Die Ausstellung wird veranstaltet von:

Musée cantonal des Beaux-Arts Lausanne
Kunsthalle der Hypo-Kulturstiftung München
KunstHausWien

Stiftungsvorstand:
Dr. Hans Fey, Dr. Eberhard Martini, Martin Kölsch

Fachbeirat:
Peter A. Ade, Prof. Götz Adriani, Dr. Johann Georg Prinz von Hohenzollern, Prof. Dr. Dietrich Wildung

Konzeption:
Dr. Jörg Zutter

Organisation:
Peter A. Ade

Ausstellungssekretariat:
Rita Seitz, Monika von Hagen

Die Ausstellung wurde gefördert von:

Danish Contemporary Art Foundation

Communauté française de Belgique, Wallonie-Bruxelles

Niederländisches Außenministerium, Den Haag

Ehrenkomitee

Niels Helveg Petersen
Außenminister

Dänemark

Ebbe Lundgaard
Kultusminister

William Ancion
Ministre des Relations internationales

Communauté française de Belgique

Charles Picqué
Ministre de la Culture

Henry Ingberg
Secrétaire général du Ministère
de la Communauté française

Roger Dehaybe
Commissaire général aux Relations internationales
de la Communauté française

H.A.F.M.O. van Mierlo
Außenminister

Niederlande

A. Nuis
Staatssekretär für Unterricht, Kultur und Wissenschaft

Organisationskomitee

Troels Andersen
Direktor, Silkeborg Kunstmuseum, Silkeborg

Dänemark

Lars Grambye
Direktor, Danish Contemporary Art Foundation

Catherine De Croës
Conseiller à la Promotion des arts plastiques du Commissariat général
aux Relations internationales de la Communauté française

Communauté française de Belgique

Robert Jeukens
Chargé de mission au Ministère de la Communauté française

Rudi Fuchs
Direktor, Stedelijk Museum, Amsterdam

Niederlande

Jan Hein Sassen
Konservator für Malerei und Skulpturen,
Stedelijk Museum, Amsterdam

Peter A. Ade
Direktor, Kunsthalle der Hypo-Kulturstiftung, München

Deutschland

Jörg Zutter
Direktor, Museé cantonal des Beaux-Arts, Lausanne

Schweiz

Inhalt

Vorwort 8

Dank 10

Einführung 11
Jörg Zutter

Der mythische Ursprung der Cobra-Bewegung 17
Luc de Heusch

Cobra – eine Psychogeographie 29
Peter Shield

Asger Jorn. Von _Sacima_ zu Cobra 49
Troels Andersen

Die Cobra-Periode 57
Richard Miller

Ausgestellte Werke 73

Cobra Poesie 211
Freddy de Vree

Cobra und der Film 223
Carl Nørrested

Künstlerbiografien 231

Abbildungsnachweis 245

Vorwort

Die Kunsthalle der Hypo-Kulturstiftung in München widmet der Künstlervereinigung Cobra eine Ausstellung, die zuvor im Musée cantonal des Beaux-Arts in Lausanne gezeigt wurde und anschließend im Kunst-HausWien zu sehen sein wird. Der vorliegende Katalog entstand in gemeinschaftlicher Arbeit der drei Einrichtungen. Die Wanderausstellung bietet einen Überblick über die Entstehungszeit der Gruppe, die Jahre 1948-1951, greift aber auch die Vorgeschichte und spätere Entwicklungen mit auf. Zu entdecken ist eine facettenreiche Kunst, dargeboten anhand von mehr als hundertachtzig Werken von vierundzwanzig Künstlern, deren erste Ausstellungsstädte Kopenhagen, Brüssel und Amsterdam der Bewegung ihren Namen gaben.

Neben dem 50. Jahrestag der Gründung dieser dänisch-belgisch-niederländischen Avantgarde-Bewegung, die seit den Nachkriegsjahren international in Erscheinung trat, um sich 1948 zu konstituieren, ließ ihre Aktualität die Idee zu der Ausstellung reifen. Viele junge Künstler wenden sich erneut der Malerei und dem alten Gegensatz zwischen Gegenständlichkeit und Abstraktheit zu, um sich beide Register zu eigen zu machen; es erschien uns wichtig und in vielerlei Hinsicht erhellend aufzuzeigen, welche Richtungen von den Vertretern einer nunmehr historischen, doch keineswegs klassischen Strömung verfolgt wurden. Bemerkenswert ist gerade auch, daß diese Strömung nicht in den großen Kunstkapitalen entstand, sondern in den Randgebieten Europas. Bis zum heutigen Tag hat sie an Vitalität und Dynamik nichts eingebüßt.

In den Cobra-Werken – Ölgemälde, Tuschzeichnungen, Gouachen und Skulpturen – zeigt sich der Wille zu einem radikalen Bruch. Dieser Wille sorgte für die Schaffenskraft, mit der die Künstler, aus ihrem jeweiligen kulturellen Erbe und ihren individuellen Anlagen schöpfend, neue gesellschaftliche Utopien, die Vision für eine neue Welt entwickeln konnten.

Großer Dank gilt in erster Linie den Künstlern, die an dieser Ausstellung mitgewirkt haben.

Daß eine so umfangreiche Schau der Werke zustande kam, verdanken wir dem unermüdlichen Einsatz unserer Kollegen in Dänemark, Belgien und den Niederlanden. Genannt seien Troels Andersen, Direktor des Silkeborg Kunstmuseums, Lars Grambye, Direktor der Danish Contemporary Art Foundation, Catherine De Croës, Beauftragte für die Förderung plastischer Kunst beim Commissariat général, Relations internationales de la Communauté française de Belgique, Anne Lenoir, Robert Jeukens, Referent im Ministère de la Communauté française de Belgique, Rudi Fuchs, Direktor, und Jan Hein Sassen, Konservator für Malerei und Skulptur am Stedelijk Museum in Amsterdam, Leo Duppen, Direktor vom Cobra Museum voor Moderne Kunst in Amstelveen. Dieser andersartige und umfassende Blick auf die Cobra-Bewegung war nur möglich durch die wertvolle Unterstützung zahlreicher öffentlicher und privater Leihgeber; ihnen allen sei an dieser Stelle herzlich gedankt.

Entscheidend war die Mitwirkung von Troels Andersen, Luc de Heusch, Richard Miller, Carl Nørrested, Peter Shield und Freddy de Vree, die in ihren Beiträgen bislang unbeachtete Aspekte der Cobra-Kunst aufdecken.

Unterstützt wurden die Wanderausstellung und die Herstellung des Katalogs durch die Danish Contemporary Art Foundation; unser Dank geht an Ole Sporring, Präsident des Verwaltungsrats. Dank gebührt ferner der Communauté française de Belgique, Wallonie-Bruxelles, und dem Vorstandsvorsitzenden Charles-Etienne Lagasse. Für ihre Unterstützung möchten wir ebenfalls dem Niederländischen Außenministerium in Den Haag unseren Dank aussprechen.

Kunsthalle der
Hypo-Kulturstiftung
München

Musée cantonal
des Beaux-Arts
Lausanne

KunstHausWien

Dank

Wir danken den Museen, öffentlichen Sammlungen, Galerien und privaten Sammlern für die freundliche Überlassung von Leihgaben. Ebenso danken wir den Personen und Institutionen, die uns bei der Beschaffung von Foto- und Filmmaterial behilflich waren:

Aalborg, Nordjyllands Kunstmuseum
Amstelveen, Cobra Museum voor Moderne Kunst
Amsterdam, Stedelijk Museum
Berlin, Staatliche Museen zu Berlin, Nationalgalerie
Brüssel, Musées royaux des Beaux-Arts de Belgique
Kopenhagen, Egill og Evelyn Jacobsens Fond
Kopenhagen, Statens Museum for Kunst
Eindhoven, Stedelijk Van Abbe Museum
Herning, Carl-Henning Pedersen og Else Alfelts Museum
Herning, Kunstmuseum
London, Trustees of the Tate Gallery
Rotterdam, Museum Boymans-van Beuningen
Silkeborg, Kunstmuseum
Vejle, Kunstmuseum

Bierges-les-Wavre, Serge Vandercam
Bougival, Pierre Alechinsky
Brüssel, Sammlung Sophie und Philippe Niels
Brüssel, Guy Dotremont
Kopenhagen, Galerie Mikael Andersen
Nyon, Galerie Fischlin
Silkeborg, Jyske Bank

Kopenhagen, Danske Filmmuseum
Brüssel, Cinémathèque royale de Belgique
Brüssel, Centre du film sur l'art
Mont-sur-Marchienne, Musée de la photographie
Neuilly, Cinémathèque de la Societé Gaumont
Montréal, Office national du film du Canada

Jörg Zutter

Einführung

Ziel dieser Publikation und der begleitenden Ausstellung ist es, ein neues übersichtliches Bild der Künstlergruppe Cobra zu geben, das sowohl ihre Vorgeschichte und die Hauptperiode 1948 bis 1951 als auch die vielfältigen Ausläufer der Bewegung in den Jahren danach zur Darstellung bringt. Den Anstoß dazu gab einerseits die Aktualität, die dieser einst provozierend-revolutionäre Zusammenschluß von Malern, Bildhauern und Schriftstellern aus Dänemark, Belgien und Holland aus heutiger Sicht gewinnt, und andererseits der bevorstehende 50. Jahrestag der Gründung der Cobra-Gruppe, der 1998 im Rahmen der Ausstellungstournee mit Stationen in Lausanne, München und Wien zu begehen ist.

Dabei wurde auf eine vollständige Rekonstruktion des vielfältigen Kunstschaffens von Cobra bewußt verzichtet. Von der in ihrer Phase größter Aktivität über 50 Mitglieder zählenden Bewegung werden diejenigen 24 Künstler vorgestellt, die aus heutiger Sicht als Schlüsselfiguren erscheinen. Ihr Schaffen wird in Einzelwerken, meist jedoch in ganzen Werkgruppen vorgestellt, die sich auf den spezifischen Beitrag zur Cobra-Kunst konzentrieren. Diese selektive Sichtweise trägt damit auch der Neubewertung der Kunst nach 1945 zwischen Abstraktion und Figuration Rechnung. Außerdem entspricht dieser Ansatz dem neuerwachten Interesse an der Entwicklung der Kunst in den europäischen Randregionen abseits der traditionellen großen Kunstzentren.

Unter Berufung auf allgemeinverständliche, »primitive« Bildformen wagen die Cobra-Künstler nach Kriegsende einen hoffnungsvollen Neuanfang der gegenständlichen Malerei und Skulptur und antworten der befreiten und sich im Aufbau befindlichen Gesellschaft mit neuen Utopien. Die Handlungsorte dieser Bewegung sind Städte und Dörfer in Dänemark, Belgien und Holland, dazwischen in gelegentlichem Szenenwechsel Paris. Die Darsteller sind reise- und kontaktfreudige bildende Künstler und ihre Freunde aus benachbarten kreativen Domänen wie Literatur, Film, Fotografie und Architektur. Die stilistische Bandbreite, in der sich alles abspielt, liegt vereinfacht gesagt zwischen Surrealismus, Abstraktion und Figuration. Das Aktionsfeld konzentriert sich eindeutig auf Kulturregionen der nordwestlichen Peripherie des europäischen Kontinents.

Die eigentliche Vorgeschichte der Bewegung spielt sich in den dreißiger und vierziger Jahren in Dänemark ab, wo viele fortschrittliche Künstler das Bedürfnis empfanden, der starren akademischen Tradition den Rücken zu kehren und mit einer freien, nicht erlernbaren, abstrakt-spontanen Gestaltung zu experimentieren. Ihr Wunsch, neuen avantgardistischen Positionen zu begegnen, sowie ihr Hang zu einem gewissen Internationalismus bei gleichzeitiger Wahrung der eigenen kulturellen Identität erleichtert ihnen die Kontaktaufnahme mit den belgischen und holländischen Künstlern, die ähnliche Ideen verfolgten. Das Bedürfnis, in einem kontinuierlichen Dialog mit der Natur und den aus frühgeschichtlichen skandinavischen Kulturen überlieferten archaischen Formen eine neue Bildsprache zu entwickeln, hat vor allem in Dänemark Tradition und wird bald von den übrigen Mitgliedern der Gruppe aufgenommen und umgesetzt. »Die Kunst in einen intensiven Austausch mit dem Tier und den Elementen bringen«, so formuliert Asger Jorn, Theoretiker, Wortführer und Vermittler der dänischen Gruppe, sein künstlerisches Ziel. Nach der Überwindung von Einflüssen des Surrealismus und der abstrakten Malerei entwickeln diese Künstler eine spielerische figurative Kunst, die nichts Anekdotisches, Alltägliches enthält und ganz aus dem gelebten Augenblick heraus geschaffen ist.

Dem umfangreichen dänischen Kapitel liegt die Idee zugrunde, diejenigen Werke einzubeziehen, die der Belgier Christian Dotremont und die Holländer Karel Appel, Constant und Corneille 1948 in Kopenhagen sowohl in der Ausstellung der Høst-Gruppe als auch in den Künstlerateliers und bei Privatsammlern gesehen hatten und die damit als Indikatoren zu verstehen sind. Daher zeigt die Ausstellung etliche Werke, die sich ehemals in Privatbesitz befanden, mittlerweile aber in öffentliche Sammlungen integriert wurden, darunter besonders das Kunstmuseum Vejle, das die Wørzner-Sammlung beherbergt, das Kunstmuseum Silkeborg, das die Sammlung von Asger Jorn aufgenommen hat, sowie das Statens Museum for Kunst in Kopenhagen, in dessen Besitz sich heute die Sammlung Elise Johansen befindet.

Die Erkenntnis der Dänen, daß die aus der skandinavischen Volkskunst abgeleitete Symbolwelt kollektive Erfahrungen widerspiegelt und verschiedene Epochen und Kulturkreise zu umspannen in der Lage sei, hat ohne Zweifel den Glauben an die gemeinsamen Zusammenhänge und einer von allen geteilten geistigen Grundlage genährt. Der Kontakt zu den holländischen und belgischen Künstlern wird bezeichnenderweise von Jorn hergestellt. 1947 kommt es zu einer ersten Begegnung mit der belgischen Avantgarde, die im Surrealismus tief verwurzelt und in politisch-theoretischen Reflexionen verwickelt ist. Der für die Gruppe folgenreichste Kontakt mit Christian Dotremont, Dichter und engagierter Vorkämpfer des belgischen Flügels, wird mit zahlreichen Logogrammen und Gemeinschaftswerken belegt, bei denen Pierre Alechinsky und Serge Vandercam mitwirkten.

Der belgische Ethnologe und Filmemacher Luc de Heusch liefert als Zeitzeuge in seinem Katalogbeitrag ein lebendiges Bild dieser bewegten Cobra-Periode, die mit der Finissage der Ausstellung im Lütticher Palais des Beaux-Arts am 6. November 1951 zum Abschluß kommt. Der holländische Anschluß an die Bewegung ergab sich durch eine zufällige Begegnung zwischen Jorn und Constant 1946 in Paris. Am 16. Juli 1948 gründeten einige Künstler der sogenannten Experimentellen Gruppe in Amsterdam eine weitere Keimzelle der Cobra-Bewegung.

Am 8. November wird auf »neutralem Gebiet«, das heißt im Café des Pariser Hôtel Notre Dame, die internationale Cobra-Gruppe gegründet, die sich nach den Anfangsbuchstaben der Hauptstädte der drei beteiligten Länder und zugleich in Anspielung an die Giftschlange Cobra nennt. Dieser außerterritoriale Gründungsakt in Paris markiert die entschiedene Abwendung von Tachismus und Surrealismus. Die theoretischen Grundlagen der vereinten Cobra-Gruppe werden bald europaweit in der Avantgardezeitschrift *Cobra* verbreitet.

Mit der am 3. November 1949 im Amsterdamer Stedelijk Museum eröffneten Ausstellung »Experimentelle Kunst« hält Cobra schließlich Einzug in die offizielle Kunstgeschichte. Diesem historischen Ereignis wird in der Jubiläumsausstellung 1997/98 insofern Rechnung getragen, als mehrere der damals gezeigten und einen Skandal provozierenden Arbeiten auch hier präsent sind, darunter verschiedene Gemälde aus dem Amsterdamer Stedelijk Museum, das die Wanderausstellung mit umfangreichen Leihgaben aus der Sammlung unterstützt.

Die Veranstalter verbinden die Durchführung der Schau mit dem Wunsch, die grenzüberschreitenden Leistungen der Cobra-Bewegung nicht nur anläßlich ihres 50. Geburtstags in Erinnerung zu rufen, sondern ihre Bedeutung für die nachfolgenden Künstlergenerationen und

Helhesten Nr. 1, März 1941, Umschlaggestaltung von Henry Heerup

die allgemeine kulturelle Entwicklung weiter zu verfolgen. So nimmt beispielsweise die von dem Dänen Carl-Henning Pedersen 1944 aufgestellte Forderung »wir müssen alle Menschen zu Künstlern machen« bereits den Begriff der »sozialen Plastik« bei Joseph Beuys vorweg.

Die Cobra-Künstler haben mit ihren bunten, spielerischen und fantasiereichen Bildschöpfungen nicht nur die Schranken zum Betrachter abgebaut, sondern auch nationale Grenzen niedergerissen und Vorurteile entkräftet. Die aufklärerischen Aspekte dieser zutiefst europäischen Kunstrichtung werden zu einem Zeitpunkt erneut aktuell, an dem sich der Zusammenschluß Europas auf wirtschaftlichem, politischem und kulturellem Gebiet konkretisiert.

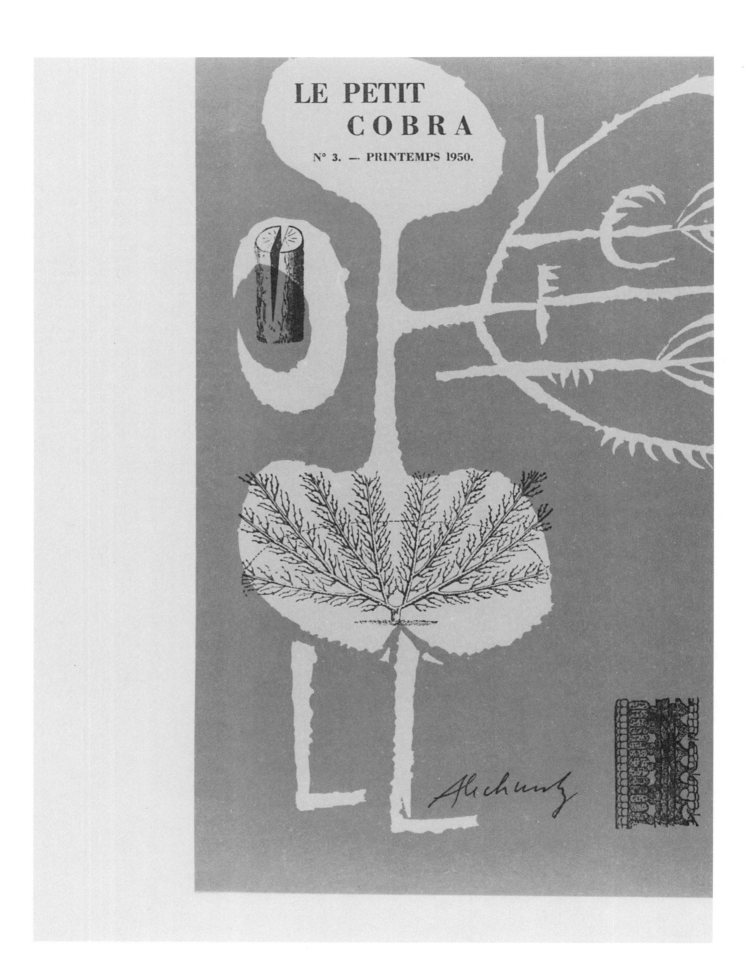

Luc de Heusch

Der mythische Ursprung der Cobra-Bewegung

Während die Stiefel der Nazis auf Kopenhagens Straßenpflaster einschlugen, herrschte in einem verborgenen Künstleratelier, das sich stolz *Helhesten* (Höllenpferd) nannte, ein reges intellektuelles Leben. Der holländische Maler Constant schrieb in der ersten Ausgabe von *Cobra*: »Unsere dänischen Kameraden haben uns und unseren belgischen Kameraden gezeigt, was alle, für die die Kunst eine geistige Waffe ist, zu tun haben [...].« Die Zeitschrift *Helhesten*, die dänische Vorstufe zu *Cobra*, erschien von 1941 bis 1944 in elf Ausgaben. Sie war eine Plattform für junge, außerhalb Dänemarks noch unbekannte Maler, die ihre Gemälde mit einzelnen Werken ihrer eigenen oder früherer Epochen verglichen, auf die bisher nur wenige Spezialisten aufmerksam geworden waren: die Kunst der Eskimos, Bambara-Masken, sino-sibirische Bronzen, antik-zypriotische Plastik. Einer aus diesem Künstlergestirn, der noch nicht dreißigjährige Asger Jorn, befreundet sich mit seinem Landsmann, dem Archäologen Peter V. Glob. Jorn ist von einer unerbittlichen intellektuellen Leidenschaft besessen: Er fordert die Geisteswissenschaften auf, den wahren Sinn des vom Betrug der Nazis pervertierten kollektiven Schicksals, dieser grauenerregenden Apotheose der bürgerlichen Gesellschaft, zu enthüllen. In Verbindung mit Peter V. Glob erarbeitet er eine schöpferische Theorie des Verhältnisses von Kunst und Gesellschaft.

Diese überaus stimmigen, wenn auch oft wie flüchtige Entwürfe erscheinenden Überlegungen können als ketzerische Variante der marxistischen Weltanschauung interpretiert werden. Sie enthalten Elemente, die in den späteren Überbau der Cobra-Bewegung einfließen. »Denn wir sind für den Sinn, selbst wenn wir gegen das reine Denken sind«, das in der ungegenständlichen Kunst »keinen Sinn stiftet«, schreibt Jorn, einer der Begründer der neuen Bewegung.[1]

Diese Anschauung gibt sich entschlossen materialistisch und historisch, obgleich sie sich deutlich vom historischen Materialismus distanziert, dessen evolutionistisches Postulat sie jedoch beibehält. Das Historische zuerst. Jorn glaubt an die Entstehung der Zivilisation aus dem harmonischen Zusammenschluß des Menschen mit dem Boden, den er bestellt. Die Kultur ist ein Werk des Bauern, eine Art Gefühlsbeziehung, eine Liebesaffäre mit der Erde.[2] Früher versuchten die altsteinzeitlichen Jäger, sich die Natur anzueignen, ohne selbst etwas hervorzubringen, sie schufen nur diese erstaunlich realistischen Höhlenmalereien, die in Europa verbreitet sind. In dieser großartigen Geburt der Kunst unter dem

◁
Le Petit Cobra 3, Frühjahr 1950, Umschlaggestaltung von Pierre Alechinsky

Christian Dotremont, Micky Alechinsky und Luc de Heusch in den Ateliers du Marais, »Centre de recherches de Cobra« (Cobra-Forschungszentrum), Brüssel 1950. Auf dem Schreibmaschinenkoffer befindet sich eine Holzskulptur aus dem Kongo. Im Hintergrund ein von Pierre Alechinsky bemalter Schrank (heute zerstört)

Stern der Gegenständlichkeit sah Jorn trügerische Zauberzeichen, die die Aufmerksamkeit dunkler, unbekannter Naturkräfte auf sich lenken sollten. Die Neusteinzeit brachte eine grundlegende Änderung. Mit dem Aufkommen von Landwirtschaft und Viehzucht machte sich der Mensch, nun selbst Erzeuger, die Natur untertan. Diese glückliche Epoche bildete den Übergang vom Naturalismus der Jäger zu einer symbolischen Bildsprache, einer weder abstrakten noch gegenständlichen Aneignung der Wirklichkeit. Es ist die Geburt der »natürlichen Kunst«, an die anzuknüpfen Cobra sich verzweifelt bemühte.

Die von Jorn beschriebene neolithische Gesellschaft hat große Ähnlichkeit mit Engels »barbarischer« Gesellschaft. Wie G. Birtwistle[3] jedoch bemerkt hat, stellte sie für ihn ein konfliktfreies goldenes Zeitalter dar, das im Verlauf der späteren, unheilvollen geschichtlichen Entwicklung zersetzt wird durch die Wiederkehr der zu Kriegern und Eroberern gewordenen Jäger, die die Klassengesellschaft eingeführt haben. Dies ist jener Augenblick, so Jorns wundervolle Beschreibung, »als die Macht, anstatt Ausdruck der schöpferischen Begabung zu sein, kurz der Fruchtbarkeit, sich in eine zerstörerische und aggressive Kraft, in eine Macht der Unterdrückung verwandelte«. Der Zeitpunkt »an dem das Sonnenlicht, das sich fortpflanzende Vieh und die keimenden Pflanzen vom Glanz des Goldes und der Schwerter und von der Pracht der Herrschenden in den Schatten gestellt wurden«.[4]

Aber was meint Jorn mit dem Begriff »natürliche Kunst«? Eine materialistische Kunst, die die Einheit von Leben und Gesellschaft, den Fruchtbarkeits- und Liebeskult und die notwendige gegenseitige Ergänzung der Geschlechter predigt, die bei den Volksfesten der Bauern, dieser »natürlichen Völker«, verherrlicht werden. Diese Kunst steht dem klassischen Naturalismus, der sich im Abendland seit den Griechen durchgesetzt hat, diametral entgegen. Es handelt sich um eine Kunst, die sich zu den tausend Varianten der Arabeske als einer das Leben selbst verkörpernden Gestalt hin öffnet. Sie ist wie die Volkskunst und wie jene Kunst, die die Kinder spontan hervorbringen, solange sie noch nicht von der Schule gezähmt werden. Es wäre falsch, darin eine kindische Äußerung zu sehen, meint Jorn. Im Gegenteil, diese Kunst ist völlig erwachsen, »sie bringt den Willen und die Lebensenergie des Künstlers zum Ausdruck und befriedigt seine Sehnsüchte«.[5] Damit sind die Schlüsselwörter der Cobra-Bewegung ausgesprochen. Die der Bewegung angeschlossenen Maler wußten im allgemeinen sicherlich nichts von diesen komplexen Gedanken. Aber sie setzten sie gewissermaßen in die Praxis um. Jorn arbeitete seine Theorie von 1946 bis 1949 zwischen *Helhesten* und *Cobra* aus.[6] Ein erster Entwurf auf Dänisch wird 1957, also sechs Jahre nach Auflösung der Bewegung, in Kopenhagen unter dem Titel *La corne d'or et la roue de la fortune* (Das Füllhorn und das Glücksrad) veröffentlicht (mit einer französischen Übersetzung von Matie van Domselaer und Michel Ragon). Mit *Magic og Skonne Kunsten* (Zauberei und bildende Kunst) erscheint erst 1971, zwei Jahre vor Jorns Tod, eine überarbeitete Fassung.

Die *Cobra*-Zeitschrift enthält nur verstreute Notizen von Jorn. *Discours aux pingouins* (Rede an die Pinguine) ist sein wichtigster theoretischer Text, in dem er dem Surrealismus die Verteidigung eines reinen psychischen Automatismus vorwirft, während »es sich beim schöpferischen Akt um einen körperlichen Vorgang handelt, in dem sich das Denken verwirklicht«.[7] Er bestätigt damit die Notwendigkeit, die Spontaneität der schöpferischen Geste neu zu entdecken, um eine gewisse intellektuelle Auffassung des Bildes zu überwinden.

Der Sinn von Cobra bliebe unverständlich, wenn man die Freundschaft und die tiefgehende Geistesverwandtschaft des Dänen Asger Jorn mit dem belgischen Dichter und Entdecker der dänischen Avantgardekunst Christian Dotremont aus den Augen verlöre. 1948 unterschrieben sie in Paris gemeinsam das Gründungsmanifest der Bewegung und blieben die ganze Zeit in engem Kontakt. Dotremont unterhielt einen ständigen Dialog mit Jorn. Er hatte sofort begriffen, daß Cobra einen theoretischen Nutzen aus der radikalen Haltung seines Freundes ziehen konnte; diese bildete den Dreh- und Angelpunkt der Interessen der dänischen Künstler, die sich seit geraumer Zeit auf die sogenannte primitive und archaische Kunst richteten, sowie jener der Holländer, die insbesondere die Kraft kindlicher Spontaneität gegen die geometrischen Schulaufgaben Mondrians auszuspielen versuchten. In Belgien, wo Magritte zu Lebzeiten noch nicht den Ruhm genoß wie nach seinem Tod, kam es zu einem besonders mächtigen Vorstoß der stalinistischen Intelligenz: In einer Art intellektueller Kompetenzüberschreitung wurden die Maler gezwungen, den jdanovistischen Weisungen des sozialistischen Realismus zu gehorchen. Dotremont hatte zuvor vergeblich versucht, Surrealismus und Kommunismus in der ephemeren Bewegung des Revolutionären Surrealismus in Einklang zu bringen. Viel später als Breton sah er sich gezwungen, das Scheitern dieser unmöglichen Verbindung anzuerkennen, und er fing den von Jorn zugespielten Ball auf. Es wurde unzumutbar, das Wesen der Malerei den angeblichen sozialen Belangen der Arbeiterklasse zu opfern, wie es die stupiden Moskauer Bürokraten verordneten – darin unterstützt von ihren Pariser Spießgesellen der *Lettres Françaises*. Von da an erschien Jorns Vorschlag der Öffnung als einzige revolutionäre Alternative: Die Avantgardekunst, die lebendige Kunst, die Cobra-Kunst geht mit der Kunst der Naturvölker als den einzigen Bewahrern der umfassenden Wahrheit des Ausdrucks zusammen. Auf diese Weise wurde die »Volkskunst«, so wie Jorn sie begriff, zum mythischen Ausgangspunkt der Cobra-Bewegung. Sie trat

Zweite internationale Ausstellung für experimentelle Kunst, Lüttich 1951. Luc de Heusch, Jean Raine und André Souris vor den Skulpturen von Erik Thommesen. Aufnahme von Serge Vandercam

Cobra 2, 1949: »Für eine natürliche Kunst wie das Zerspringen einer Glasscheibe oder das Wachsen einer Stadt«

vehement das Erbe der traurigen Ideologie der angeblich für den Arbeiter bestimmten sozialistischen Kunst an. Sie stieß die Tore zur Freiheit weit auf.

Somit sind wir mitten im Vergleich der unterschiedlichen Formen der natürlichen Kunst. Ein eminent spielerisches, poetisches Unterfangen. Gleich zu Beginn ruft die zweite Ausgabe der *Cobra*-Zeitschrift, für deren Herausgabe fortan Christian Dotremont verantwortlich zeichnet, die Parole aus: »Für eine Kunst, die so natürlich ist wie das Zerspringen einer Scheibe oder das Wachsen einer Stadt«. Sie wird von zwei nebeneinander abgebildeten Fotografien begleitet: Der Einschlag eines Wurfgeschosses in eine Glasscheibe gleicht einem aus großer Höhe aufgenommen Strahlennetz, das von den auf ein Dorf zulaufenden Straßen gebildet wird. Diese im Grunde surrealistische Annäherung ist das Ergebnis einer gemeinsamen Aktion von Jorn und Dotremont. Jorn zeigt Dotremont Fotografien, die dieser kommentiert: Das ist das erste Zeug-

Boyo-Statuetten, wie Luc de Heusch sie in Marriéma entdeckte, 1949

nis einer fruchtbaren Zusammenarbeit von Bild und Wort und das Vorspiel zu den Wort-Gemälden. In der darauffolgenden Ausgabe der Zeitschrift zeigt eine Ledermarionette aus Java eine gewisse Ähnlichkeit mit dem Kopf der Daphnis (Süßwasserfloh), die von Jean Painlevé gefilmt wurde. Und in der zehnten Ausgabe illustriert Alechinsky seinen Aufsatz *Abstraction faite* (Abgesehen von) mit der »zufälligen Begegnung einer Negerplastik mit der Knospe eines Kastanienbaums«. Diesen Vergleich hatte er einer – dänischen – Architekturzeitschrift entlehnt.

Nachdem ich von einer, leider nur sehr kurzen, Mission in den Ostteil des belgischen Kongos zurückkommen war, hegte ich dauerhafte Zweifel. Durch puren Zufall hatte ich das Glück, in einem der dunklen Boyo-Dörfer Überreste einer bedeutenden Hofkunst zu entdecken, einer Kunstfertigkeit, die innerhalb einer im Verfall begriffenen Königskultur aufblühte. Diese wunderbaren Statuetten entspringen einem Geist des Realismus, der sich von demjenigen des abendländischen Klassizismus grundlegend unterscheidet. Durch einen einfachen drucktechnischen Fehler wurde in der sechsten *Cobra*-Ausgabe ein Foto der Statuetten, die ich bei meinen Feldforschungen aufgenommen hatte, negativ abgedruckt. Ich mußte daraus schließen, daß »es sich bei den Basumba nicht um Volkskunst handelte, daß sie niemals existierte [...]. Die Kunst ist ebenso dynastisch wie die Macht. Sie steht in ihrem Dienst«.

Ein Mißverständnis in bezug auf den Begriff der »Volkskunst«, im Sinne einer spontanen Äußerung des Volkes und der Völker, schwebte ständig über Cobra. Jorns Begeisterung entsprang meiner Meinung nach dem Aufblühen der nordischen romanischen Kunst in Südschweden nach 1100 (damals unter dänischer Herrschaft), deren Mittelpunkt die rätselhafte Kathedrale von Lund bildete. Sein Buch mit dem Titel *Skånes Stenskulptur unter 1100-talet* (Die skanische Steinplastik nach 1100)[8] liefert dafür ein beredtes Zeugnis. Dies ist der einzige veröffentlichte Band einer unter der Leitung von Gérard Franceschi (Kunstmuseum Silkeborg) groß angelegten Enzyklopädie, für die Jorn unter Aufbieten enormer Geldmittel eine umfangreiche und prachtvolle Fotosammlung

Cobra 6, 1950, Luc Zangrie (Luc de Heusch), »Auf dem Feld der Basumba«

Umschlag des Buches von Asger Jorn, Signes gravés sur les églises de l'Eure et du Calvados, 1964

vorbereitet hatte. In diesem Buch entdeckt man eine unbekannte und fantastische Kunst. Reich an anschaulichen lokalheidnischen Relikten, hat sie nichts gemein mit den im Grunde protoklassischen Merkmalen der französischen Romanik. Man muß sich vor Augen halten, daß Skandinavien erst nach dem zehnten Jahrhundert christianisiert wurde. Das plötzliche Aufblühen der Architektur des 12. Jahrhunderts bietet den nordischen Bildhauern Gelegenheit, ihrer Kunst auf Portalen, Kapitellen, Taufbecken und schmiedeeisernen Toren Ausdruck zu verleihen. Aufgrund eines sprachlichen Irrtums bezeichnen wir diese Kunstformen als archaisch, da sie den Gesetzmäßigkeiten des Naturalismus widersprechen. Was diese Formensprache uns offenbart, ist nichts anderes als der entfernteste Ursprung eines gewissen nordischen Expressionismus, dem sich auch das Schaffen des Asger Jorn anschließt. Sagte er 1942 in der zweiten Ausgabe der Zeitschrift *Helhesten* nicht, daß »es keine schönen Tänze, keine schönen Bewegungen gibt, sondern nur der Ausdruck existiert«?

In seinen Entwürfen für die Enzyklopädie enthüllt Jorn außerdem die Existenz einer erstaunlichen skandinavischen Bronzezeit, die bisher ausschließlich von für die Schönheit der Objekte wenig empfänglichen Archäologen beschrieben worden ist. Außerdem fordert er uns auf, die *Signes gravés sur les églises de l'Eure et du Calvados* (Die auf die Kirchen der Regionen Eure und Calvados geritzten Zeichen) zu entdecken, die in unseren Breitengraden vorkommen und Spuren eines fruchtbaren Vandalismus darstellen.[9] Dieses rätselhafte Buch wurde von einem mysteriösen Institut pour l'étude comparative du vandalisme (Institut für vergleichenden Vandalismus) herausgegeben, dessen einziger Forscher und gleichzeitiger Direktor Jorn ist. Trotz der Unsicherheit, die hinsichtlich der Datierung der Wandzeichnungen herrscht, zögert der Autor des Vorwortes Peter V. Glob nicht, in ihnen unvorsichtigerweise Anklänge des jahrtausendealten Kults der Mutter Erde oder himmlischer Mächte zu erkennen, der in neuerer Zeit von Reitervölkern in Nord- und Mitteleuropa eingeführt wurde. In seinem Beitrag sieht der norwegische Ethnologe Gjessing darin mit Gewißheit eine »Volkskunst in ihrer authentischsten Form«, die seit dem Bronzezeitalter durch eine unbewußte Tra-

Skulptur aus den Ardennen, Eve-La-Terrible, veröffentlicht in Cobra 7, 1950. Aufnahme von Serge Vandercam

dition über unveränderliche Bildmuster vermittelt wurde. Jorn hingegen ist der vorsichtigen Meinung, daß »die frommen und arbeitsamen Hände, die den Stein« der christlichen Heiligtümer »gehauen und eingraviert haben«, absichtlich einen Kirchenbann gebrochen haben, und er schlägt offenbar ernsthaft vor, unter der Bezeichnung »Vandalismologie« denjenigen Trieb systematisch zu erforschen, der die Vandalen dazu veranlaßte, Rom in vierzehn Tagen auszuplündern. Man wird nie erfahren, ob Jorn nicht doch spaßeshalber für diese Barbaren, Zerstörer einer verachteten Zivilisation, Partei ergriff. Aber es ist wahr, daß er den Krieg haßte.

Beispiele für eine zeitgenössische Volkskunst tauchen nur sehr selten in *Cobra* auf. In der vierten Ausgabe werden »zwei holländische Sonntagsmaler« vorgestellt und in der sechsten Ausgabe ein Arbeiterhaus aus dem belgischen Borinage, dessen mittels Pflanzenornamenten aufgeputzte Fassade der Häßlichkeit der Industriekultur verzweifelt zu entgehen sucht. Daneben macht H. Rasmussen auf die mit einem Pferdekopf verzierten, rechteckigen Holzreliefs aufmerksam, die dänische Bauern früher ihrer Verlobten zum Geschenk machten. In der siebten Ausgabe kommentiert Alechinsky eine undatierte »Reliefskulptur aus den Ardennen«, auf der die Erbsünde im irdischen Paradies dargestellt ist. Man erkennt Adam und Eva und im Zentrum zu Füßen des Teufels – der hier den Platz einnimmt, der normalerweise auf den Kirchenportalen Gott vorbehalten ist – ein unbekanntes kauerndes Paar, das sich »masturbatorischen Praktiken hingibt«. Ist es nicht eher die gotteslästerliche Drolligkeit der Szene als die expressive Kraft, die Alechinsky an diesem Bild fesselt?

Ein anderes Thema, das Jorn besonders lieb war, durchzieht das Denken Cobras: Die Beziehung zwischen der Volkskunst und alten, im Verschwinden begriffenen Bräuchen, die die Umformung der Landschaft und das Sichausbreiten der modernen Zivilisation überlebt haben. In einem Aufsatz in der *Cobra*-Zeitschrift Nr. 7 stellt Jorn eine Verbindung her zwischen einem deutschen Erntedankfest und einer Reihe von skandinavischen Bronze-, Stein- und Bernsteinstatuetten. Sie stellen eine mit einem konischen Hut lächerlich ausstaffierte Figur dar, die ihren Bart mit der Hand festhält. In Dänemark wird diese Gestalt »frey« (frö) genannt. Bei dem Ritus aus Deutschland wird eine Frau dargestellt, die mit verbundenen Augen versucht, einem sitzenden Mann, der dies alles klaglos über sich ergehen läßt, mit einer Sichel den Bart aus Ähren abzuschneiden, mit dem er sich herausgeputzt hat. »Die Frau greift hier den Mann als Besitzer der sexuellen Macht und als Gebieter an, aber auch als Verkörperung der landwirtschaftlichen Fruchtbarkeit« – so Jorns freie Interpretation. Er suggeriert, daß sich der Weihnachtsmann, der »im Laufe des Winters friedlich über die seiner Obhut anvertrauten Kinder herrscht« und dessen »rote Mütze genauso aussieht wie jene des frey«, aus dem gleichen mythischen Geschlecht jener kastrierten Helden stammt wie Atys und Adonis, die zur Wiedergeburt bestimmt sind. In Belgien stellen die Traumtänze des wundervollen Karnevals von Binche die letzten Überbleibsel eines alten Ritus der agrarischen Fruchtbarkeit dar. Der Volkskundler Samuel Glotz widmet ihm einen Artikel in der gleichen *Cobra*-Ausgabe, und die buckligen und gefederten Gilles, heidnische Orangenschleuderer, Fruchtbarkeitsversprechen, tanzen immerfort Seite an Seite mit der Cobra-Schlange in der Ikonografie Alechinskys.

Cobra 7, 1959, ein Frey (Frö), Abbildung zu einem Text von Asger Jorn

Cobra 1, 1948, Abbildung zu einem Aufsatz von P.V. Glob über die skandinavischen Guldgubber

Man muß jedoch zugeben, daß von einigen – je seltener desto kostbarer – Ausnahmen abgesehen, Bauernkunst und Jahreszeitenriten verschwunden sind. Indem Cobra die Erinnerung daran wachruft, versucht die Bewegung, wieder an die sich verlierenden Lebensformen anzuknüpfen. Damit dreht sie dem Futurismus von gestern wie auch den geometrischen Konstruktionen der abstrakten Kunst, die damals in Mode waren, den Rücken. Die Werke, die der Cobra-Mythos hervorgebracht hat, in die Schublade »Lyrische Abstraktion« zu räumen, hieße jedoch, sich zu weigern, das Gedankengebäude, das ihr Entstehen mehr oder weniger stark beherrschte, zu analysieren. Es hieße zu ignorieren, daß Form und Inhalt in den verschiedenen Werken einer Kunst, die auf der Zeichentheorie aufbaut, untrennbar verbunden sind.

Damit sind wir im Zentrum der Problematik von Cobra als bildnerischem Ausdruck. Lassen wir noch einmal Jorn zu Wort kommen. Er glaubt an die Existenz einer festen Anzahl universeller Zeichen, die weit in die Geschichte zurückreichen, so wie es die skandinavischen Archäologen und Ethnologen gelehrt hatten. Diese in der »natürlichen Kunst« rückläufigen Zeichen stellen in seinen Augen jedoch keineswegs Archetypen im Sinne C. G. Jungs dar. Sie verändern sich, bewegen sich frei im Raum, und die Menschen, die sie benutzen oder sie neu erfinden, messen ihnen verschiedene, jeweils der eigenen Kultur entsprechende Bedeutungen zu. Dies ist zweifelsohne Jorns originellster Beitrag an die Semiotik. Die Cobra-Maler begeben sich nicht auf die ziellose Suche nach dem ewigen Sinn der Formen, sie akzeptieren ebensowenig das Fehlen jeglichen Sinns in der abstrakten Kunst wie die sinnliche Armut des Naturalismus (selbst wenn er vorgibt, sozialistisch zu sein). Kurz, das Schöpferische fußt weiterhin in dem verwegenen Auf-der-Lauer-sein des Unbewußten, einem Ausläufer des surrealistischen Abenteuers. Eine Wahrnehmung, die sich weniger um den Empfang geistiger Bilder (Magritte) bemüht als darum, wie ein Rutengänger den Intuitionen der Hand zu folgen. Im Gegensatz zum Rutengänger, der einer obskuren Macht blind gehorcht, ist die Hand des Cobra-Künstlers untrennbar mit dem Denken verbunden, das sie führt. Die Hand ist frei in ihren Entscheidungen. Dotremont spricht der Hand einen »schöpferischen Appetit« zu.[10]

Ich habe größere Vorbehalte gegenüber Jorns Überzeugung, die besagt, daß das Bild in der Lage sei, neue Mythen und Bräuche zu schaffen. Die These bewahrheitet sich nicht in Afrika, und sie kann auch, so fürchte ich, in Europa nicht bewiesen werden. Der Mythos ist in den sogenannten archaischen Gesellschaften vor allem eine Angelegenheit der Sprache. Und die gesamte christliche Kunst beruht auf den Mythen eines bestimmten Buches. Aber wie könnte man nicht den provokanten Humor jenes Gemäldes willkommen heißen, das Jorn *Au commencement était l'image* (Am Anfang war das Bild) nennt?[11]

Jorns Vorstellung von dem Glauben der »primitiven« Landwirte ist zweifellos unkritisch. Er irrt sicherlich, wenn er annimmt, daß der Totemglaube, der in seinen Augen eine hervorstechende Eigenschaft der Agrargesellschaft ist, die Identifikation von Mensch, Tier, Pflanzen und Naturgesetzen impliziert. Ich selbst war als Ethnologie-Schüler so unvorsichtig, in der letzten Ausgabe von *Cobra* meinerseits klipp und klar »einen neuen Totemglauben« als zukünftiges Ideal der postindustriellen Gesellschaft zu empfehlen. Die zeitgenössische Ethnografie hat die alten Interpretationen, die damals noch unsere Grundlage bildeten,

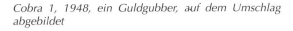
Cobra 1, 1948, ein Guldgubber, auf dem Umschlag abgebildet

völlig umgeworfen. Sie lehrt uns ebenfalls, daß die Gesellschaften der Bauern und Viehzüchter weit davon entfernt sind, überall das gleiche Denksystem und das gleiche harmonische Verhältnis zum Boden zu teilen. Jüngste Forschungsergebnisse im Bereich der Archäologie haben das Vorhandensein von zwei von Anfang an unterschiedlichen Steinzeitkulturen zum Vorschein gebracht. Es ist bekannt, daß die steinzeitliche »Revolution« vor gut zehntausend Jahren im Mittleren Orient stattfand. Sie breitete sich im westlichen Balkan und im Donauraum aus. Die kulturellen Merkmale der älteren Steinzeit, der wir die Domestizierung von Tieren und Pflanzen verdanken, unterscheiden sich wesentlich von denen der Megalithkultur, die sich zwischen dem siebten und dritten Jahrtausend im Mittelmeerraum und entlang der atlantischen Küste von Portugal bis Irland ausbreitete. Im Mittleren Orient »sind auf Wandgemälden und -reliefs sowie in der Plastik anatolischer Anlagen wie Catal Hüyük oder Hacilar je nach unterschiedlicher Bedeutung weibliche Figuren in Verbindung mit Stieren dargeboten; es handelt sich offenbar um Kreaturen, die außerhalb der menschlichen Natur anzusiedeln sind«. Im Gegenzug dazu »gibt es in der Welt der Megalithkultur weder

Tempel oder Götterstatuen noch Statuetten«.[12] Auf den Wänden der Denkmäler aus Stein erscheint ein neues verbindliches Zeichen: Eine schematische Darstellung des menschlichen Körpers, ein gelenkiger Körper, der aus offensichtlich voneinander unabhängigen Teilen zusammengesetzt ist.[13] Nun aber wandelten sich auch die Begräbnisbräuche: Während im Mittleren Orient und im Donauraum Einzelgräber vorkommen, gibt es in der westeuropäischen Megalithkultur kollektive Beinhäuser, in denen die Knochen bearbeitet werden. Die Archäologen P.-L. van Berg und N. Cauwe brachten die Hypothese vor, diese besonderen Repräsentationsformen des menschlichen Körpers seien Merkmale eines verbreiteten Ahnenkults, der sich von dem in der älteren Steinzeit geläufigen Götterkult grundlegend unterscheidet. Sie zögern nicht, zwei unterschiedliche religiöse Ansichten gegenüberzustellen. Der Einfachheit halber kann man sagen, daß es sich auf der einen Seite um einen Lebens- und Fruchtbarkeitskult und auf der anderen Seite um einen Totenkult handelt.

Der Tod kommt im Denken von Cobra jedoch nicht vor. Der Kult stammt aus der älteren Steinzeit, eher aus dem Orient als aus dem Abendland. Der Tod taucht im Denken Jorns nur als Bild des Weizens auf, der stirbt, um wieder aufzuerstehen. »Ich war Weizen, reif für die Sense. Ich war weder Ähre noch Korn, sondern ein ganzes Weizenfeld, ich roch es nicht, ich spürte nur den Wind. Er strich in Wellen über meinen Körper und murmelte – begleitet von einem sonderbaren Geruch: ›Du bist bald reif, du wirst bald gemäht und kommst in eine dunkle Scheune‹.« Mit diesen Worten des dänischen Schriftstellers Jorgen Nash wurde die erste Ausgabe von *Cobra* eingeleitet. *Rendre l'âme à qui?* (Sterben, für wen?) fragt Alechinsky in einer Zeichnung. Die Tuberkolose, die an Dotremont und Jorn nagt, während sie monatelang Bett an Bett im Silkeborger Sanatorium lagen, hat ihre Sehnsucht verstärkt. In einer autobiografischen Liebesgeschichte macht sich Dotremont über die Katastrophenkrankheit lustig, von der er niemals vollständig geheilt wurde. In Dänemark angekommen, der Heimat seiner Freundin, wo er sich behandeln läßt, erinnert er sich an den alten, vor Krankheit warnenden Spruch: »Und das Leben wird das Loch des Todes stopfen.«[14] Als er einige Jahre später die Cobra-Bewegung zur Sprache bringt, beschreibt er sie als Wald, in dem »der sich windende Schmerz« Seite an Seite steht mit einem »schallenden Lachen«.[15]

Jorns Denken im allgemeinen wird bestimmt von der Dialektik des Yin und Yang, die mit der Dialektik hegelscher Prägung nichts zu tun hat; es handelt sich vielmehr um einen in ständiger Bewegung begriffenen Dualismus ohne dritte Stufe; ein Dualismus, innerhalb dessen sich die Gegensätze, weit davon entfernt sich zu widersprechen, in einer gemeinsamen Haltung gegen den Tod verbinden. Daraus resultiert eine lebensnotwendige Bewegung, wie sie das von Jorn bevorzugte Bild des Glücksrads anschaulich macht. Später formulierte er die originelle Idee, daß man das Dreieck der drei Grundfarben (Blau, Gelb, Rot) als allgemeine »triolektische« Interpretation des menschlichen Denkens deuten kann. Das Dreiecksschema als Modell des Sehens entspreche der Darstellung der Zeit (Vergangenheit, Gegenwart, Zukunft) und der Welt (Wirklichkeit, Wahrheit, Fantasie). Es wäre somit geeignet, »einige Erkenntnisse über die Grundlagen der Tiefenpsyche zu liefern«.[16] Gewiß ist dies die Vorstellung eines Malers. Nie war Jorn, ohne sich dessen bewußt zu sein, dem Strukturalismus näher. Hatte nicht Lévi-Strauss zum Verständnis der verschiedenen Codes der Kochkunst vorgeschlagen, die Scheitel eines aus den Kategorien des Gekochten, des Rohen und des Verdorbenen gebildeten Dreiecks paarweise gegenüberzustellen?

Jorn wollte Lévi-Strauss scheinbar herausfordern, indem er mit Noël Arnaud *La langue verte et la cuite* (Die grüne und die gekochte Zunge)[17] schrieb, das ein offensichtliches Pastiche von *Le Cru et le Cuit* (Das Rohe und das Gekochte) ist.[18] Wie ist dieses neue intellektuelle Abenteuer zu deuten? Der Anteil Arnauds und jener der Pataphysik sind sicherlich vorherrschend. Unter dieser Annahme hätte sich Jorn begnügt, eine erstaunliche Ikonographie zusammenzubringen ... und die Zunge herauszustrecken. Vielleicht weil er von der Unmöglichkeit, die projektierten zweiunddreißig Bände seiner Enzyklopädie herauszugeben, entmutigt war, wie Troels Andersen, der subtile Autor einer Jorn-Biografie, suggeriert.[19] Auf jeden Fall ist sein Buch ein Meisterwerk des schwarzen Humors, der das Denken von Lévi-Strauss intakt läßt.

Schließlich bekräftigte Jorn, daß der schöpferische Vorgang keine nationale Grundlage besitzt, sondern eine Eigenschaft des universellen Menschen ist. Zu dieser Zeit, als der widernatürlichste Nationalismus erneut so ziemlich überall grassierte, unterschrieb ich ohne zu zögern diese heilsame Warnung, die unter dem unmißverständlichen Titel »Die Volkskunst ist die Kunst des Weltvolkes; es gibt keine spezifische Nationalkunst«[20] veröffentlicht wurde. Sprachliche Probleme gab es bei Cobra nicht; in der Zeitschrift stößt man auf Artikel und Gedichte auf Dänisch, Holländisch und Deutsch, wenn auch die Haupt-Sprache Französisch war. Damit war Cobra ein Vorreiter eines in seiner kulturellen Vielfalt vereinten Europa. Jenseits des unsicheren politischen Europa, das sich nur um die wirtschaftlichen Erträge und die Wechselkurse von Francs, Mark und Lire sorgt. Ein Europa ohne Muse.

Alles in allem hat jede Kunst ihren Ursprung in einem Mythos. Wir können nie wissen, welche Interessen die Hand der paläolithischen Höhlenmaler oder derjenigen der älteren oder jüngeren Steinzeit führten. Hingegen verdankt die mittelalterliche Kunst des Abendlandes ihren Aufschwung dem Erfolg der christlichen Mythologie und der Scholastik. Die Renaissance, die nur teilweise mit dem christlichen Mythos bricht, verschob dennoch die intellektuelle Perspektive: Von jetzt ab setzt sich das symbolische Schema der Perspektive mit dem Triumph des wissenschaftlichen Denkens als neuem Mythos durch. Wie viele andere stellte auch der mythische Ursprung der Cobra-Bewegung, nämlich die Universalität der Volkskunst, eine fruchtbare Illusion dar, das Gegenteil von der Sterilität der abstrakten Kunst und des sozialistischen Realismus, dem er eine durch die Dummheit des Despotismus gefährdete geistige Freiheit entgegensetzte. In dem Maße, wie sich die dem Stalinismus unterworfene Kunst als transitorisches Moment der Universalgeschichte begriff, berief sich Cobra auf ein universelles Denken, vergleichbar dem Surrealismus, dessen Erbe man mit dem Anknüpfen an die Traumbilder des Unbewußten antrat.

Es ist unwichtig, daß der mythische Ursprung Cobras von einem ethnologischen Mißverständnis genährt wurde: Die Welle spülte in ihrer Schaumkrone eine heilsame Gegenströmung aus Farben und Wörtern für unsere spätentwickelten Jugendlichen hervor, die sich im Sand unserer verlängerten Ferien fröhlich verloren.

[1] Asger Jorn, *L'enfant adulte et l'adulte enfantin*, unveröffentlichtes Manuskript, um 1950, Kunstmuseum Silkeborg.
[2] Unveröffentlichtes Manuskript, 1949, zitiert von Graham Birtwistle, *Living Art. Asger Jorn's comprehensive theory of art between Helhesten and Cobra (1946–1949)*, Utrecht, Reflex, 1986, S. 172.
[3] Ebda., Anm. 2.
[4] Asger Jorn, *Guldhorn or Lykkehju*, Kopenhagen, Eget, 1957, S. 104.
[5] Unveröffentlichter Text, a. a. O., Anm. 1.
[6] Unveröffentlichter Text, a. a. O., Anm. 2.
[7] *Cobra*, Nr. 1, 1948, S. 8.
[8] Asger Jorn, unter Mitarbeit von Erik Cinthio, *Skånes Stenskulptur under 1100-talet, 10 000 Års Nordisj Folkkutist*, Kopenhagen, 1965.
[9] Asger Jorn, *Les Signes gravés sur les églises de l'Eure et du Calvados*, Paris, Minotaure, und Kopenhagen, Borgen, 1964.
[10] Kongreß in Amsterdam, November 1949.
[11] Das Werk befindet sich in der Tate Gallery, London.
[12] P.-L. van Berg und N. Cauwe, »Figures humaines mégalithiques: histoire, style et sens« in: *Notizie Archeologiche Bergomensi*, Nr. 3, 1955, S. 21–66.
[13] Ebda., Anm. 12, S. 49.
[14] Christian Dotremont, *La pierre et l'oreiller*, Paris, Gallimard, 1955.
[15] Pierre Alechinsky, *Dotremont et Cobra-forêt*, Paris, Galilée, 1988, S. 14.
[16] Asger Jorn, a. a. O., Anm. 9, S. 211.
[17] Asger Jorn und Noël Arnaud, *La langue verte et la cuite*, Paris, Pauvert, 1968.
[18] Claude Lévi-Strauss, *Mythologies 1: »Le Cru et le Cuit«*, Paris, Plon, 1964.
[19] Troels Andersen, *Asger Jorn. En biografi. Årene 1914–53*, Kopenhagen, Borgen, 1994.
[20] »L'art sans frontière«, in: *Cobra*, Nr. 6, 1950.

Peter Shield

Cobra – eine Psycho-geographie[1]

La cause était entendue

Am 8. November 1948 verfaßt eine kleine Gruppe von Künstlern und Schriftstellern in einem Pariser Café nahe Notre-Dame ein kurzes Manifest mit der Überschrift *La cause était entendue* (»Die Sache war klar«). Die Belgier Christian Dotremont und Joseph Noiret, der Däne Asger Jorn und die Holländer Karel Appel, Constant und Corneille unterzeichnen dieses Manifest im Namen ihrer jeweiligen »Gruppen für experimentelle Kunst«. Soeben haben sie an einem Kongreß mit dem hochtrabenden Titel Conférence Internationale du Centre de documentation sur l'Art d'Avant-garde teilgenommen, der von der Gruppe des Surréalisme Révolutionnaire (Revolutionärer Surrealismus, S.R.) veranstaltet wurde; diese hatte ihrerseits mit dem Surrealismus gebrochen und unter der Überschrift *La cause est entendue* (»Die Sache ist klar«) ihr eigenes Manifest veröffentlicht, nachdem André Breton in dem Flugblatt *Rupture inaugurale* vom Juni 1947 dem Kommunismus eine endgültige Absage erteilt hatte. Zwar erklären die Unterzeichner, daß sie auf Kongresse verzichten, »[...] deren Programm und Atmosphäre der Entwicklung [ihrer] Arbeit nicht zuträglich ist« und sie sich für »eine organische, experimentelle Zusammenarbeit, die jede sterile und dogmatische Theorie meidet«, einsetzen wollen, doch erläutern sie weder die Gründe für ihre Unzufriedenheit noch ihre Vorstellungen die Zukunft betreffend.

Der S.R. war sehr bald mit Abspaltungen konfrontiert und setzte damit die Tradition von Surrealismus und Kommunismus fort. Schnell gewann die französische Sektion die Gewißheit, daß auch sie nicht länger beiden Bewegungen angehören konnte, was ihr die nicht immer ungeteilten Feindseligkeiten seitens der Belgier, Dänen, Holländer und Tschechen einbrachte. Schon vor dem Kongreß hatte Dotremont die Absicht gehabt, den »unlauteren, sektiererischen, schädlichen, formalistischen Unternehmungen« der Franzosen etwas entgegenzusetzen und »die belgische, die dänische und die holländische Gruppe [...] zu vereinigen«[2].

Diese Vereinigung konnte sich bei dem Kongreß aber offensichtlich nicht durchsetzen und spaltete sich daraufhin ab. Einige Tage später hatte Dotremont bereits einen Namen: »Als Titel des gedruckten internationalen Bulletins schlage ich COBRA vor (Kopenhagen, Brüssel, Amsterdam) oder ISABELLE (aus einem eher persönlichen Grund) [...] oder MANAJA oder DRANG oder DORIS oder LOU. Wir müssen schnell zu einer Einigung kommen [...]. Der endgültige Titel muß eine Obsession – ein Mythos werden!«[3]

◁
Helhesten Nr. 5–6, 1944, Farblithografie von Henry Heerup

Die Wahl fiel auf Cobra, und damit stand auch der Name der Gruppe fest, die sich um die Zeitschrift sammelte. Obwohl vielleicht der Gedanke naheliegt, die Mitglieder der Gruppe hätten ein und dasselbe Ziel verfolgt, insbesondere im Hinblick auf Surrealismus und Kommunismus, die als »zwei Schwestern« in Analogie zum Titel der von Dotremont 1946 herausgegebenen Zeitschrift *Les Deux Sœurs* galten, war dies keineswegs der Fall. Die Geschichte von Cobra entspricht jenem von Jorn in seinen theoretischen Schriften so häufig erwähnten dreiteiligen Zyklus: auf einen vielversprechenden Auftakt folgt eine Phase der Konsolidierung, ihrerseits gefolgt von einem verheerenden Zerfall.[4] Die Geschichte dieser Gruppe – eine der heterogensten in der Kunst des 20. Jahrhunderts überhaupt – ist die Geschichte gegenseitiger Einflüsse und der Brüche zwischen ihren Mitgliedern. Ihr Zusammenhalt beruhte auf den sich ergänzenden Kräften, die aus den unterschiedlichen kulturellen Orientierungen der Dänen, Belgier und Holländer erwuchsen, während sämtliche Mitglieder anderer Nationalität in gewisser Weise kulturell »deplaziert« waren, handelte es sich doch um Künstler im Exil oder Außenseiter im eigenen Land, denen der Name Cobra meistenteils als Etikett willkommen war.

Vor Cobra: die dänischen Maler integrieren ihr kulturelles Erbe

Im Jahr 1948 zählte die Dänische Gruppe für experimentelle Kunst – oder genauer die Gruppe Høst (»Ernte«) – bereits etliche Mitglieder und war in sich gefestigt.

1934, als eine strenge, expressionistische Landschaftsmalerei und eine kraftlos gewordene kubistische und fauvistische Tradition die Haupttendenzen innerhalb der dänischen Kunst darstellten, hatte sich die Gruppe der »abstrakten Surrealisten« gebildet, die sich »Linien« nannte. Der Kunsthandel spielte in Dänemark damals eine untergeordnete Rolle, und es war durchaus üblich, daß sich Künstler aus wirtschaftlichen, theoretischen und ideologischen Überlegungen heraus in Vereinigungen zusammenschlossen, die es ihnen auch ermöglichten, ihre Werke auszustellen. Die Gruppe Linien versuchte, eine Synthese zwischen dem Expressionismus Kandinskys und Klees und dem nichtnaturalistischen Surrealismus Mirós und Tanguys herzustellen. Einen wie auch immer gearteten passiven Automatismus und jedwede psychofotografische Richtung lehnte sie dabei ab; sie trat vielmehr für eine Spontanität im Schaffensprozeß ein, ohne jedoch das Moment der Analyse und Reflexion zu verleugnen.[5] Ejler Bille gehörte zu den Gründungsmitgliedern; Henry Heerup präsentierte seine Werke anläßlich der ersten Ausstellung der Gruppe als Gastteilnehmer. In den Jahren vor dem Krieg gewann die Gruppe ständig neue Mitglieder und wandte sich zunehmend den neuen Tendenzen zu, die sie aus Paris erreichten, namentlich den Porträts von Picasso. Damit einher ging ein starkes Interesse für die expressive Kraft ozeanischer Masken. Zu den neuen Mitgliedern gehörten Egill Jacobsen, Asger Jorn, Carl-Henning Pedersen, Else Alfelt und Erik Thommesen. Ihre letzte Ausstellung organisierte Linien 1939, bevor die Mitglieder nach und nach in die aus naturalistischen Landschaftsmalern bestehende Gruppe Høst überwechselten, bis sie 1945 dort in der Mehrzahl waren.[6]

Die Besetzung Dänemarks durch die Deutschen im Jahr 1940 machte zwar jede Verbindung zur Außenwelt unmöglich; da die Nazis

Helhesten Nr. 5–6, 1944, Reproduktion von Kinderzeichnungen

jedoch anfangs die Absicht hegten, den arischen Nachbarn zu »beschützen«, konnte sich Dänemark eine größere kulturelle Freiheit bewahren als die anderen besetzten Länder. Je mehr aber die Deutschen auf den kulturellen Gemeinsamkeiten beider Länder beharrten, desto stärker hoben die Dänen die Besonderheiten der eigenen Kultur hervor. Verschiedene kleine Zeitschriften machten sich zum Sprachrohr dieses Widerstands, und auf Jorns Betreiben wurde die Zeitschrift *Helhesten* (»Pferd von Hel«[7]) gegründet. In der skandinavischen Mythologie kennt man Helhesten als Pferd mit drei Beinen, das laut Hans Christian Andersen »ein armer Kerl ist [...], angebunden in der Zeitung [...] krönt es deren Spalten, wie man sagt, doch am Abend macht es sich auf und davon und läuft wiehernd zum Haus des Dichters, damit der Mann im Innern auf der Stelle sterbe, doch stirbt dieser nicht, wenn wirklich Leben in ihm ist«[8]. Mit einer Reihe von Artikeln über Ethnografie, Archäologie, Psychoanalyse, Kunst von Kindern, »primitive« Kultur und moderne Kunst konnte *Helhesten* den Deutschen vier Jahre lang trotzen. Zahlreiche Künstler der Gruppe Høst arbeiteten an der Zeitschrift mit, mehrere darunter nahmen sogar am kommunistischen Widerstand teil. Durch dieses Interesse für die moderne Kunst, für die Kultur der Primitiven und die des eigenen Landes, nicht zuletzt auch für die sozialistische Ideologie, wurde die allgemeine und universelle Bedeutung des Mythos sowie der prähistorischen und mittelalterlichen skandinavischen Kultur mit modernen Ausdrucksmitteln gewürdigt.

Die abstrakte spontane Malerei teilte sich in zwei Strömungen, die sich jedoch gegenseitig beeinflußten. Jorn und Pedersen entwickelten eine aggressive, emotionale Kunst, die die unter der Besatzung herrschende Spannung zum Ausdruck bringt, während die ebenfalls kraftvollen Werke von Bille, Jacobsen und Svavar Gudnason zu lyrischeren Ausdrucksformen neigen. Jacobsens Masken wurden zunehmend vielschichtiger und variantenreicher in der Kombination ihrer Elemente. Jorn und Gudnason gewannen den kleinteiligen grellbunten Farbfeldern Billes neue Aspekte ab: Jorn entwickelte daraus eigene Werke mit unzähligen Masken und winzigen Figuren; Gudnason verwandelte sie in tränenförmige, auf der Oberfläche der Leinwand tanzende Elemente,

Die Holländische Gruppe für experimentelle Kunst im Atelier von Karel Appel in Amsterdam, 1948. Von links nach rechts stehend: Karel Appel, Jan G. Elburg, Gerrit Kouwenaar. Sitzend: Theo Wolvekamp, Corneille, Constant, Jan Nieuwenhuys, Eugène Brands, Anton Rooskens

später dann in bunte Dreiecksformen, die oft auch als Masken wahrgenommen werden.

Als nach dem Krieg mehrere Mitglieder der Gruppe andere europäische Länder bereisten, stellten sie erfreut fest, daß ihr Werk insgesamt einzigartig war. Jorn, der von Lappland bis Tunesien ein Netz von Kontakten aufgebaut hatte, hob in seinen damaligen Schriften hervor, daß die Gruppe eine geschichtlich verankerte skandinavische Denkweise vertrat, die dem römisch-antiken Streben nach Harmonie und Symmetrie keinerlei Bedeutung beimißt und stattdessen die ungelösten Widersprüche zwischen Universalem und Nationalem fruchtbar zu machen sucht. Obwohl Høst in Dänemark noch keine uneingeschränkte Anerkennung genoß, fanden Sammler allmählich Interesse an der Gruppe, so daß viele Künstler zum ersten Mal von ihrer Kunst leben konnten. Als daher Jorn Ende 1947 Høst in den Revolutionären Surrealismus einband – zunächst ohne die Mitglieder darüber zu informieren –, war diese Gruppe von Künstlern – die damals um die dreißig Jahre alt waren – bereits lange etabliert; sie hatte eine expressionistische, spontane Sprache entwickelt und besaß ein ausgeprägtes Bewußtsein für ihr kulturelles Erbe. Jorns eigenmächtige Entscheidung, sich dem Revolutionären Surrealismus anzuschließen, fand bei den Mitgliedern Zustimmung; doch schlugen sie vor, die surrealistische Etikettierung abzulegen, da sie »ihre künstlerische Achse in der Nachfolge von Kandinsky, Klee und Miró« sahen. Die eigentlich ideologische Komponente beschränkte sich auf die eine Formel: »Wir haben die Absicht, an einer dialektischen Kunst zu arbeiten, einer Kunst, die mit dem dialektischen Materialismus in Einklang steht.«[9]

Vor Cobra: die holländischen Maler verwerfen die Vergangenheit

Die holländischen Unterzeichner von *La cause était entendue*, also Appel, Constant und Corneille (der in Belgien als Kind holländischer Eltern geboren wurde) waren sechs bis acht Jahre jünger als Jorn und in der künstlerischen Praxis auch entsprechend unerfahrener. An der Kunstakademie in Amsterdam hatten sie ein unbefriedigendes Studium absolviert, das zudem noch durch den Krieg beeinträchtigt worden war. Vor 1945 konnten sie keine Verbindung zum Ausland aufnehmen und nicht einmal einer künstlerischen Tätigkeit nachgehen, die diesen Namen verdient hätte. Nach Kriegsende orientierten sie sich weder an Mondrian noch an der Gruppe De Stijl; ihnen lag mehr an den jüngsten Werken von Picasso, Braque und Matisse (die 1945–1946 im Stedelijk Museum gezeigt wurden). Constant, eher ein Einzelgänger, ließ in seiner Malerei eine Vorliebe für exotische Tiere erkennen. 1946 reiste er nach Paris, wo er Jorn anläßlich einer Miró-Ausstellung begegnete. Die Gespräche und der Briefwechsel, die daraus entstanden, kamen dem Holländer auch im Hinblick auf die Erweiterung seiner theoretischen Kenntnisse sehr zugute.

Bei einer kurzfristig unternommenen Reise, die ihn 1947 nach Budapest führte, lernte Corneille Werke von Miró und Klee kennen und entdeckte in der Bibliothek eines ungarischen Surrealisten Werke der französischen Poesie. Aus Unzufriedenheit über die stagnierende Kunstszene in Holland beschloß er nach seiner Rückkehr, gemeinsam mit Appel, seinem alten Freund aus Akademie-Zeiten, nach Brüssel und Paris aufzubrechen. Die Entdeckung von Dubuffets Werk bildete den krönenden Abschluß einer Phase, in der die Künstler sich ganz in die zeitgenössische französische Kunst vertieften. Als sich die drei jungen Holländer Ende 1947 in Amsterdam wiederfanden, wurden sie sich ihrer vielen Gemeinsamkeiten bewußt – der Abneigung gegen die bürgerliche holländische Gesellschaft und ihres Interesses für die Kunst von Kindern, von Geisteskranken oder für die Kunst Afrikas. Sie stellten gemeinsam aus und gründeten Mitte 1948 die Holländische Gruppe für experimentelle Kunst. Ihr schlossen sich Constants jüngerer Bruder Jan an, der ein experimentelles Theater leitete, Theo Wolvekamp, der unter dem Einfluß des Werks von Miró und Kandinsky frei und abstrakt malte, sowie zwei bedeutend ältere Autodidakten, Anton Rooskens, dessen Malweise sich grundlegend änderte, nachdem er 1947 in einer Ausstellung die Kunst Neuguineas entdeckt hatte, und Eugène Brands, der hauptsächlich Collagen und Assemblagen frei nach Dada fertigte und sich darüber hinaus mit Kinderkunst beschäftigte.

Die meisten Mitglieder dieser Gruppe standen also am Beginn ihrer Laufbahn und lehnten, teils aus persönlichen, teils aus politischen Gründen, jeden künstlerischen oder politischen Einfluß, der sich aus der holländischen (oder, im Falle Corneilles, der franko-belgischen) Vergangenheit herleitete, ab. Constant, der Theoretiker der Gruppe, bestand sogar auf dem Begriff der Befreiung zugunsten eines elementaren Prinzips von Kunst als einem unverfälschten, von kulturellen Sedimenten unberührten Impuls.[10]

Vor Cobra: der belgische Dichter und der neue Materialismus

Es ist nicht verwunderlich, daß es sich bei dem ersten von Christian Dotremont veröffentlichten Werk im Jahr 1938 – er war achtzehn Jahre alt – um ein langes Liebesgedicht handelt. Dieser Dichter, mehrfach der Schule verwiesen, wandelte auf den Spuren Rimbauds und sollte bald in die schismatische Welt des belgischen Surrealismus aufgenommen werden, einer Bewegung, die – mit Ausnahme Magrittes – von Dichtern

Christian Dotremont, Mickey und Pierre Alechinsky, Anders Österlin in Malmö (Schweden), 1950. An der Wand Werke von Anders Österlin

dominiert wurde. Während der ersten Kriegsjahre reiste Dotremont etliche Male heimlich nach Paris. Dort nahm er Verbindung zu der surrealistischen Gruppe La Main à Plume auf und lernte unter anderen den Philosophen Gaston Bachelard kennen, dessen Auffassung vom »Materialismus« ihn in seinen Bann zog. Bachelard hatte die Wissenschaftsphilosophie aufgegeben zugunsten einer Phänomenologie der Seele, in der Begriffe wie die vier Elemente (Erde, Feuer, Wasser, Luft), die trotz ihrer Entkräftung durch die Wissenschaft im Denken des Menschen weiterhin wirksam sind, einer wohlwollenden »Psychoanalyse« unterzogen werden. Bachelard stellt dem statischen Vorgang der Wahrnehmung eines Bildes den dynamischen Vorgang der Erzeugung eines Bildes gegenüber.

Vorstellungen dieser Art trugen dazu bei, daß Dotremont sich mehr und mehr von der Hauptströmung des Surrealismus entfernte. Nichtsdestoweniger wirkte er nach seiner Rückkehr nach Brüssel 1946–1947 bei der Herausgabe mehrerer kleiner surrealistischer Zeitschriften mit und war einmal auch mit einem provokanten prostalinistischen Artikel vertreten, der den Bruch mit dem Surrealismus Bretons und die Gründung der Gruppe des Revolutionären Surrealismus einleiten sollte.[11] Im Laufe seiner Polemiken gegen Breton erklärte Dotremont, er lehne jeden Mystizismus zugunsten des Materialismus ab.[12] Im Juni 1947 wurde das Manifest des S.R. von siebzehn belgischen Künstlern verschiedener surrealistischer Strömungen unterzeichnet, darunter Magritte. Außer Dotremont leistete jedoch niemand einen nennenswerten theoretischen oder künstlerischen Beitrag; ein möglicher Grund dafür mag die unter den Künstlern herrschende Verunsicherung gewesen sein, die durch die Kluft zwischen dem Materialismus Dotremonts und dem der Kommunistischen Partei hervorgerufen wurde.

Obwohl Dotremonts ästhetische Theorie nicht immer eindeutig ist, waren seine Grundprinzipien – Ablehnung jeder Etikettierung, Notwendigkeit der Aufgeschlossenheit für einen steten experimentellen Prozeß, die Forderung nach Zusammenarbeit mit Nicht-Spezialisten – zwangsläufig unvereinbar mit den normativen Positionen, die Kommunismus und Surrealismus in der Regel bezogen. Dennoch träumte Dotremont davon, seine Prinzipien in eine marxistische Ästhetik einzubinden. Trotz seiner polemischen Haltung standen etliche Werke Dotremonts unter dem Einfluß seiner Liebesbeziehungen und sind Bretons *Nadja* geistesverwandt. An den Namensvorschlägen für die Gruppe, die sich im November 1948 abspalten sollte, läßt sich ablesen, inwieweit Polemik und persönliches Leben in sein Werk einflossen.

Die erste Phase: auf dem Weg zu einer »Kunst ohne Grenzen«[13]

Das waren also zu jenem Zeitpunkt die wesentlichen Elemente der Gruppe Cobra, die Dotremont als »flexible Verbindung zwischen der dänischen, belgischen und holländischen experimentellen Gruppe«[14] beschrieb. An Flexibilität mangelte es ihr, die ohne Regeln, ohne formales Aufnahmeverfahren und ohne finanzielle Grundausstattung auskam, gewiß nicht. Aus diesem Grund stand und fiel ihre Sache mit den Interaktionen der einzelnen Mitglieder.

Vierzehn Tage, nachdem *La cause était entendue* signiert worden ist, treffen sich alle Unterzeichner (mit Ausnahme von Joseph Noiret) erneut in Kopenhagen anläßlich der Eröffnung der Høst-Ausstellung, an der die holländische Gruppe als Gast teilnimmt. Die Unterscheidung zwischen Mitgliedern der Gruppe und eingeladenen Künstlern ist mit der für Cobra ins Auge gefaßten lockeren Struktur unvereinbar. Dotremont bricht zu einer Reise nach Schweden auf, um die surrealistische Gruppe Imaginisterna für Cobra zu gewinnen.

Bis zu diesem Zeitpunkt hat einzig Jorn eine Vorstellung von der Spannweite der Cobra-Malerei; jetzt aber lernen die holländische und die dänische Gruppe ihre Arbeiten unmittelbar kennen. Insbesondere die Dänen erweisen sich als außerordentlich vielseitig.

Seit dem Krieg hatte sich Høst kontinuierlich weiterentwickelt. Jorn und Pedersen haben sich in entgegengesetzte Richtungen bewegt. Am Ende des Krieges malte Jorn spielerische, bunte Kompositionen, über und über mit Masken besetzt, Pedersen hingegen düstere, tragische Landschaften mit leidenden Pferdegestalten. Jetzt sind auf Jorns Bildern überall stark schwarzgeränderte, erschrockene und auch erschreckende Masken und Gesichter zu sehen, während in Pedersens Arbeiten große goldene Maskenköpfe vorherrschen, die über reinblauem Grund schweben. Auch die lyrischen Künstler, die der »spontanen Abstraktion« anhängen – Gudnason, Bille, Jacobsen und Erik Ortvad – beschäftigen sich immer mehr mit den verschiedenen Aspekten der Maske: der kompositionellen Ausstattung, einer asymmetrischen Geometrie und dem abstrakten Einfluß des Lichts. Mit ihren wiederholt auftauchenden Kompositionen aus kristallinen Bergen und mannigfaltigen Monden rückt auch Alfelt in die Nähe der Gruppe. Eher am Rande stehen hingegen die Bildhauer Thommesen und Heerup (der auch Maler ist). Thommesen erreicht ein bemerkenswertes Gleichgewicht zwischen dem Charakter der von ihm wiederverwendeten Holzmaterie und den durch sie evozierten menschlichen Eigenschaften; Heerup kreiert sehr zugängliche Bildwerke, deren Material – beispielsweise Granit – er kaum bearbeitet oder die er aus Abfallprodukten zusammenstellt.[15] Die Begegnung dieser aus zwei unterschiedlichen Ländern stammenden Gruppen ist sicherlich nicht zu unterschätzen. Die vielschichtige Spontaneität bei Høst weist den Holländern einen neuen Weg, und deren ungetrübte Frische und unschuldige Bilderwelt machen umgekehrt sicherlich manchen Dänen bewußt, wie weit sie bereits von einer Unmittelbarkeit des Ausdrucks entfernt sind. Alle aber haben dasselbe Anliegen. In einem Zeitungsinterview erklären die Holländer – für die Ortvad spricht, der sich der Sache Cobras mit großer Begeisterung verschrieben hat –, sie seien aufgefordert worden zu beweisen, daß auch außerhalb Dänemarks Künstler versuchen, »im Bereich der Kunst eine verständlichere, humane Sprache zu schaffen«[16]. Die Ironie des Schicksals will es, daß Jorn und Heerup die Gruppe Høst wenig später aus Protest gegen die Behandlung der noch verbliebenen naturalistischen Maler verlassen.

In der Absicht, Künstler ausfindig zu machen, die sich Cobra anschließen könnten, reisen Constant und Jorn sodann nach Paris zum Salon des Surindépendants. Dort entdeckt Constant den in der französischen Hauptstadt lebenden Engländer William Gear, der mit seinen dunkel umrandeten, an Dreiecke erinnernden Formen ein malerisches Werk voll rhythmischer Geometrie hervorgebracht hat. Im März 1949 werden seine Arbeiten – wie auch die des Franzosen Jacques Doucet – im Rahmen einer kleinen Ausstellung mit dem Titel »Dessins et gouaches de camarades étrangers du Groupe Expérimental Hollandais«[17] in Amsterdam gezeigt. An der Ausstellung nehmen außerdem Alfelt, Jorn,

Ortvad und Pedersen teil. Corneille hatte Doucet, der in seine geometrischen Variationen Elemente der Kinderkunst einbezieht, in Budapest kennengelernt. Der schottische Maler Stephen Gilbert, der ebenfalls in Paris lebt, ist eine Entdeckung Jorns; seine nicht-naturalistischen Bilder von Insekten muten seltsam und unheilvoll an. Drei seiner Werke werden im Monat darauf bei der großen – in ihrem Umfang vielleicht sogar zu großen – Gesamtschau in Brüssel präsentiert.

Diese Ausstellung mit dem Titel »La fin et les moyens« (»Der Zweck und die Mittel«) trägt den Stempel Dotremonts, dem es vor allem um den internationalen Charakter der Veranstaltung zu tun ist. Er nimmt sogar das Werk eines Hobbymalers auf, um die Reihe der ausstellenden Länder um Indonesien erweitern zu können. Die Dänen – Alfelt [von der nur ein einziges Werk mit dem Titel *Aquarell (Island)* verzeichnet ist], Bille, Pedersen, Jacobsen und Jorn – sind meistenteils nur mit kleineren Werken vertreten, während von Appel, Constant und Corneille jeweils mehrere großformatige Ölgemälde zu sehen sind. Unter den Ausstellungswerken befindet sich auch der Stich eines Mitglieds des tschechischen S.R. Dotremont erklärt, die Ausstellung sei von zehn Schriftstellern konzipiert worden[18], was erklären mag, warum die belgischen Maler nur schwer für die Teilnahme zu gewinnen waren. Zwar werden ein Gemälde von Pol Bury aus dem Jahr 1945 sowie mehrere seiner Gouachen präsentiert, ansonsten aber hat man ausschließlich Gelegenheitsmaler und Verwandte von Mitgliedern des S.R. in die Pflicht nehmen können, zu deren Werken sich die Zeichnungen einiger Schriftsteller sowie ein kleiner literarischer Stand mit Dotremonts eigenen Arbeiten gesellt. Jorn nimmt später in einem Brief an Constant die magere Ausbeute auf belgischer Seite zum Anlaß, auch Dotremonts Rolle als selbsternannter Leiter in Frage zu stellen.[19]

Die Beziehung zwischen Jorn und Dotremont lebt von einer eigenartigen Mischung aus Abneigung und Anziehung. Trotzdem sollten die gemeinsam entstandenen Arbeiten, die in der Ausstellung gezeigt werden, für die weitere Entwicklung von Cobra eine maßgebliche Rolle spielen. In *Cobra 2* ist ein Artikel von Jorn erschienen, der die Überschrift *Les formes conçues comme langage* (»Formen als Sprache«) trägt; die Umkehrung dieser Formel *Expérience sur le langage comme formes* (»Experiment zur Sprache als Form«), gibt den drei Gemeinschaftswerken ihren Namen: Die Worte des Dichters und die Bilder des Malers stellen sich als unteilbares Ganzes dar. Innerhalb der ansonsten so vielgestaltigen Cobra-Kunst ist die asymmetrische Arabeske – ob spitz und kantig oder geschmeidig und sinnlich – als übereinstimmendes Merkmal am meisten verbreitet. Zwischen ihr und der Kalligrafie – und somit dem Wort – besteht eine Wesensverwandtschaft, wie sie auch in der islamischen Kunst zum Ausdruck kommt. Diese Vorstellung wird von verschiedenen Schriftstellern und Künstlern begeistert aufgegriffen, namentlich in Holland, das auf eine lange Tradition innovativer Buchgestaltung zurückblicken kann. Am Ende von Cobra sind etwa zwanzig bemerkenswerte Publikationen entstanden, darunter *Goede morgen Haan* (»Guten Morgen, Hahn«). In diesem Büchlein, das einen Monat nach der Ausstellung in Amsterdam erscheint, wechseln Zeichnungen von Constant mit handgeschriebenen Gedichten von Gerrit Kouwenaar.

Die beiden ersten Ausgaben der Zeitschrift *Cobra*, die wichtige Beiträge zur Theorie enthalten, werden im Ausstellungsmonat, also im März 1949, herausgebracht. In seinem *Discours aux pingouins* (»Rede

Einige Teilnehmer an den Treffen von Bregnerød. Von links nach rechts stehend: Stephen Gilbert, Simone Jaguer, Edouard Jaguer, Jocelyn Chewett (Mme Gilbert), Anders Österlin, Asger Jorn, Ai-Li Dotremont, Christian Dotremont, Vibeke Alfelt (hinter dem Arm von Dotremont), »zwei junge englische Architekten«. Sitzend: Robert Dahlmann-Olsen, Carl-Henning Pedersen. Aufnahme von Robert Dahlmann-Olsen

an die Pinguine«), der in der Erstausgabe der Zeitschrift erscheint, zieht Jorn den Materialismus von Bachelard heran, um dem Surrealismus seine Grundlage zu entziehen: Dem rein psychischen, seinem Wesen nach idealistischen Automatismus Bretons setzt er eine ihrem Wesen nach materielle »irrationale Spontaneität« entgegen, die eher physischen als metaphysischen Ursprungs ist. Ferner kehrt er Kierkegaards These von einer der Ethik vorausgehenden Ästhetik mit der Behauptung um, moralische Gesetze gingen auf die Notwendigkeit, ästhetische hingegen auf das Verlangen zurück. »[...] Kunst hat zuallererst ein moralisches und erst dann ein ästhetisches Ziel. Sie wendet sich also vom Allgemeinen zum Besonderen, von der Notwendigkeit zum Verlangen, von der Moral zur Ästhetik. In unseren Augen kann, wenn man so will, die Notwendigkeit ohne Verlangen befriedigt werden, niemals jedoch das Verlangen ohne Notwendigkeit.«[20]

In dieser Ausgabe der Zeitschrift geht Jorn auch näher auf seine Auffassung von materialistischer Kunst ein und erörtert die immer wiederkehrende Frage von Inhalt und Form. »Und so erlebt man heutzutage bedauerlicherweise, wie die Materialisten ihre Sache in gutem Glauben auf den Kopf stellen, indem sie einen Realismus und einen Naturalismus praktizieren, die der Realität und der Natur zuwiderlaufen, weil sie auf die *Illusion* aufbauen. Der wahre materialistische Realismus liegt in der Suche und Darstellung von Formen, die dem Inhalt entsprechen. [...] Der wahre materialistische Realismus, der die von Marx widerlegte idealistische Gleichsetzung von Subjektivität und Individualismus ablehnt, ist auf der Suche nach Formen der Wirklichkeit, auf die *die Sinne aller Menschen ansprechen.*«[21] Die Ästhetik von Cobra ist also spontan und experimentell; sie meidet den illusionistischen Naturalismus und jede vorgeschriebene Form, die nicht durch den natürlichen Ausdruck gegeben ist.

Im Mai stellen Appel, Constant und Corneille gemeinsam in Kopenhagen und Paris aus. Constant bricht dann in den Norden auf, während Corneille und Appel nach Frankreich reisen. Mitte Juni treffen sie sich dann wieder mit Constant in Kopenhagen (Corneille war inzwischen bis Algerien gekommen!) und arbeiten zu dritt an Ergänzungen der Wandmalereien, die die Gruppe Høst 1945 in einem Kindergarten ausgeführt hat.

Gegen Ende Juni beziehen die Familien von Constant und Jorn ein Ferienhaus auf der Ostseeinsel Bornholm, das man ihnen zur Verfügung gestellt hat. Kurz zuvor hat Constant Rooskens mitgeteilt, Jorn und er seien intensiv mit der Erarbeitung einer soliden Grundlage für Cobra beschäftigt.[22] So nehmen sie unter anderem die Vorbereitung zum internationalen Cobra-Kongreß in Angriff, der im August in Dänemark stattfinden soll. Da verschwindet Jorn unversehens mit Constants Frau Matie. Nachdem Constant in Kopenhagen vergeblich nach Jorn und Matie gesucht hat, kehrt er nach Holland zurück. Seine Landsleute beschließen als Zeichen des Mitgefühls, den geplanten Treffen fernzubleiben; die persönlichen und nationalen Bande waren offenbar stärker als das gemeinsame Ziel Cobra.

Der Höhepunkt der Bewegung: ein Kongreß der öffentlichen und privaten Begegnungen

Die Treffen finden dennoch statt. Jorn ist in Bregnerød in der waldreichen Gegend nördlich von Kopenhagen ein Ferienhaus für Studenten zur Verfügung gestellt worden, für das als Gegenleistung die Malerarbeiten im Innern auszuführen sind. Das Haus, das nur spärlich eingerichtet ist, bietet viel Platz. Obwohl man Jorn nur mit Mühe erreichen kann, bleibt es beim offiziellen Beginn der Begegnungen am 18. August, zu deren Auftakt ein Abendessen stattfindet, bei dem laut Dotremont »8 Männer, 6 Frauen, 5 Kinder, 2 Schriftsteller, 4 Maler [sic], 1 Architekt, 1 Student der Elektrotechnik, 6 Nationalitäten [...]«[23] anwesend sind. Im Haus selbst sind Stephen Gilbert, seine Frau und ihr Kind, Dotremont und seine Frau sowie Jorn und Matie und die drei Kinder aus ihren Ehen untergebracht. An dem Essen nehmen ferner Pedersen und Alfelt mit ihrer ältesten Tochter sowie der französische Schriftsteller Edouard Jaguer und seine Frau teil, die ganz in der Nähe wohnen. Die übrigen drei männlichen Teilnehmer sind Carl Otto Hultén aus Schweden, der Architekt Robert Dahlmann-Olsen, Herausgeber von *Helhesten*, und ein belgischer Student. Vertreten sind demnach Dänemark, Belgien, Frankreich, Großbritannien, Schweden und die Niederlande, letztere allerdings nur durch Matie. Die Treffen locken zahlreiche Besucher an, darunter Anders Österlin – wie Hultén Mitglied der Gruppe Imaginisterna – und mehrere Mitglieder der neuen Gruppe Spiralen, der auch Jorn angehört.[24] Den stark romantisierenden Protokollen Dotremonts zufolge haben anläßlich dieser Zusammenkünfte »[...] Nicht-Maler gemalt, Nicht-Bildhauer gemeißelt, die alten Füchse der Staffelei sich gute Nacht gesagt, Nicht-Poeten haben geschrieben, die Dänen französisch und die Frankophonen ein Pidgin gesprochen, bei dem die Substantive in der Regel aus dem Dänischen, die Adjektive aus dem Eng-

Abendessen in Bregnerød. Von links nach rechts Asger Jorn, Christian Dotremont, Anders Österlin, Edouard Jaguer. Aufnahme von Robert Dahlmann-Olsen

lischen und die Verben aus dem Deutschen stammten [...]«[25]. Die meisten Produktionen dieser Nicht-Spezialisten sollten allerdings nicht von Dauer sein, wenn auch die Kontakte, die bei dieser Gelegenheit geknüpft wurden, bei mehreren Teilnehmern zweifelsohne zu dauerhaften Verbindungen führten.[26]

Das Hauptwerk, das bei diesen Treffen in Gemeinschaftsarbeit vollendet wird, ist die Ausmalung des großen Salons. Die Hauseigentümer hatten vermutlich an einen schlichten weißen Anstrich gedacht. Doch die Künstler verwandeln den Raum in eine wahrhaftige Anthologie der Bilderwelt von Cobra, die schließlich die gesamte Oberfläche mit Ausnahme des Bodens und der Fensternischen ziert. Außer der Decke, die zum Teil erhalten und restauriert werden konnte, ist dieses Kondensat der Cobra-Kunst 1969 mit dem Abriß des Hauses verschwunden. Nur Fotografien erinnern noch daran, wie es einmal war.

Bregnerød. Wandbemalung von Asger Jorn. Aufnahme von Robert Dahlmann-Olsen

Jorn und Pedersen nehmen beide je eine Seitenwand in Angriff. Auf acht Metern Länge bedecken sie den Grund mit Arabesken, die sich zu Masken und Fabelwesen zusammenfügen. Im Gesamteindruck überwiegt das graphische Moment. Während Jorn seine Wand selbst mit Farbe ausmalt, erhält Pedersen Unterstützung, »denn die anderen malten überall dort, wohin sie aufgrund ihrer Größe, ihres Alters und der Kraft ihrer Handgelenke reichten«[27]. Doch scheint die Zusammenarbeit der Teilnehmer sich in Grenzen gehalten zu haben: Kaum versieht Jorn die stark geränderten Masken von Stephen Gilbert an der Kaminmauer mit ein paar Tupfen, werden diese von dem Schotten wieder übermalt. Auch bei den dreiundzwanzig Kassetten an der Decke gibt es keine Übergriffe auf das Terrain des anderen. Dotremont behauptet später, drei Maler und zehn Nicht-Maler seien an der Bemalung der Decke beteiligt gewesen, aber es liegt auf der Hand, daß hier der Wunsch der Vater des Gedankens war: Die siebzehn Kassetten, die gerettet werden konnten, wurden von den zwei schwedischen Malern (acht Kassetten), den fünf dänischen Malern (ebenfalls acht Kassetten) und der Tochter Pedersens ausgemalt. Einiges weist darauf hin, daß drei der sechs verlorenen Kassetten von Jaguer, von einem englischen Architekten, der zu Besuch war, und von Gilberts Kind stammen. Der Raum hatte ferner zwei Türen, die von Gilbert und Klaus, Jorns achtjährigem Sohn, bemalt wurden. Auch wenn der Beitrag der Nicht-Maler eher unwesentlich war und die Maler ihr Territorium eifersüchtig verteidigten, muß die Wirkung insgesamt beeindruckend gewesen sein. Fünf Jahre später träumte Jorn noch immer davon, eine solche Zusammenarbeit erneut zustande zu bringen.

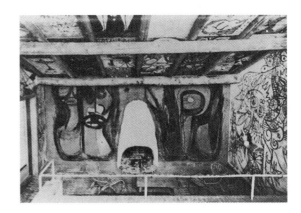

Bregnerød. Kaminwand, bemalt von Stephen Gilbert. Rechts die von Carl-Henning Pedersen bemalte Wand. Aufnahme von Robert-Dahlmann-Olsen

Ein weiteres Projekt entsteht ebenfalls in Bregnerød. Hier nämlich beginnen Dotremont und Jaguer, die Texte aus der Reihe *Les Artistes libres* zu verfassen, eine Serie von monografischen Heftchen, deren Titelseite jeweils von dem behandelten Künstler gestaltet wird.[28] In Dotremonts Schilderung des Aufenthalts bleibt nicht unerwähnt, daß er derjenige gewesen sei, der das nötige Geld aufgetrieben und auch einen Großteil der anfallenden Arbeiten im Haus übernommen habe. Bregnerød gestaltet sich also in gewisser Weise zu einem Privatkongreß, bei dem sich Familienleben und Alltag mit dem Schöpferischen verbinden. Auf die Cobra-Veranstaltung, die darauf folgt, trifft dies nicht zu.

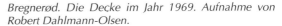

Bregnerød. Die Decke im Jahr 1969. Aufnahme von Robert Dahlmann-Olsen.

Im November 1949 findet die erste Cobra-Ausstellung in Amsterdam statt. Sie ist ein weiterer Schritt nach vorn, obschon ihr im Vergleich zu den Treffen in Bregnerød etwas Konventionelles anhaftet. Unter den

Première Exposition internationale d'art expérimental (Erste internationale Ausstellung für experimentelle Kunst), Amsterdam, Stedelijk Museum, November 1949. Im Hintergrund La Barricade, ein Gemälde von Constant

Gemeinschaftswerken ist keines neu, doch zeigt sich die Experimentierfreude der Gruppe in der aufsehenerregenden Präsentation, die auf den jungen Architekten Aldo van Eyck zurückgeht. Die Gemälde hängen entweder direkt über dem Boden oder in drei Meter Höhe. Die Zeichnungen liegen auf niedrigen Sockeln aus. Der Zugang erfolgt über einen langen Korridor, an dessen rechter Seitenwand in voller Länge der Name Cobra prangt und der auf ein bedrohliches Gemälde Jorns zuläuft, *Die Barrikade:* Die Ausstellung sucht die Provokation.

Im Katalog (Nummer 4 der Zeitschrift *Cobra*) sind die Teilnehmer nach Ländern vorgestellt, womit die Künstler einmal mehr unterstreichen, welch hohen Stellenwert sie der internationalen Ausrichtung der Bewegung beimessen. Und doch tritt ausgerechnet bei dieser Ausstellung bisweilen ein Mißverhältnis zutage, das auf bestehende Unstimmigkeiten innerhalb der Gruppe schließen läßt. Sämtliche Holländer (mit Ausnahme von Jan Nieuwenhuys) stellen neuere Werke aus, von denen manche sogar eigens für die Ausstellung angefertigt wurden. Die Dänen hingegen zeigen Werke, die größtenteils aus den Jahren 1942 bis 1948 stammen. Und obwohl alle dänischen Cobra-Mitglieder zur Teilnahme aufgefordert worden sind, haben einige Künstler, darunter auch der sehr gefragte Jacobsen, kein einziges Werk geschickt.[29] Von den belgischen Künstlern wird lediglich Alechinsky gezeigt. Dagegen sind nicht wenige der in Paris lebenden »deplazierten« Künstler vertreten, darunter die Briten William Gear und Stephen Gilbert, der amerikanisch-japanische Bildhauer Shinkichi Tajiri und der algerische Maler Kean-Michel Atlan. Deutschland wird von Karl-Otto Götz und Mitgliedern der Gruppe Meta aus Hannover repräsentiert, der Götz ebenfalls angehört. Darüber hinaus sind Arbeiten von Jacques Doucet, Anders Österlin und Josef Istler sowie von Zoltan und Madeleine Kemeny zu sehen, zwei in der Schweiz lebenden Ungarn, die erst kurz zuvor der Gruppe beigetreten sind.

Die Ausstellungseröffnung ruft eher feindselige Pressekommentare hervor, doch die heftigsten Reaktionen, auf Nebenschauplätzen, stehen noch aus. Dotremont und die holländischen Maler veranstalten einen experimentellen Dichterabend, der, wie sich herausstellt, in Ort und Zeit mit einem ähnlichen Abend der »spontanen« Dichter, die sich der Holländischen Gruppe für experimentelle Kunst zurechnen, zusammenfällt. Aus Lust an der Provokation hält Dotremont daraufhin eine Rede in französischer Sprache, in der er mit den drei »Bannern« des Formalismus abrechnet: dem Naturalismus, dem Surrealismus in seiner ursprünglichen Form und der abstrakten Kunst. Ferner unternimmt er den Versuch, seine ästhetischen und kommunistischen Vorstellungen miteinander in Einklang zu bringen. Die Rede löst lebhafte antisowjetische und antifranzösische Reaktionen aus. Zwei Sätze, in denen Dotremont scheinbar eine Verbindung zwischen dem sozialistischen Realismus und der Cobra-Kunst herstellt – woran niemandem gelegen war –, führen zum offenen Eklat: »So ist die Kunst, die das Volk angesichts der gegebenen Umstände zum Ausdruck bringen kann, die Schwester der freien experimentellen Kunst. Wenn die Schwierigkeiten, auf die beide stoßen, auch nicht immer dieselben sind, so laufen sie doch auf dasselbe hinaus.«[30]

Am darauffolgenden Tag findet der zweite Cobra-Kongreß statt, an dem Alfelt, Ortvad, Pedersen, Dotremont, die meisten Holländer, Österlitz, Götz, Doucet und Gilbert teilnehmen. In weiser Vorausschau bleibt

Erste internationale Ausstellung für experimentelle Kunst, Amsterdam, Stedelijk Museum, November 1949, Ausstellungskatalog in Cobra 5

Cobra 4, Text von Constant: »C'est notre désir qui fait la révolution« («Unser Begehren macht die Revolution»)

Bei Constant in Amsterdam, November 1949. Von links nach rechts Erik Ortvad, Constant, Else Alfelt, Corneille

Jorn Amsterdam fern. Dotremont mag beteuern, es habe »eine kurze Diskussion in Holländisch-Dänisch« über die Notwendigkeit gegeben, anläßlich einer internationalen Ausstellung eine Einteilung in Ländersektionen vorzunehmen[31] – die Dänen verstehen kein einziges Wort[32]. Vielleicht war es angemessen, den Tag mit dadaistischen Demonstrationen ausklingen zu lassen.

Sogleich geht ein Aufschrei der Empörung durch die niederländische Presse sämtlicher politischer Richtungen, die die Ausstellung samt ihrer Begleitveranstaltungen scharf angreift. Die »spontanen« holländischen Dichter distanzieren sich von der experimentellen Gruppe, die nur noch Appel, Constant und Corneille zu den ihren zählt. Diese begeben sich Ende November nach Kopenhagen, wo sie neben Gilbert, Gear und einigen unbekannten isländischen Künstlern als Gäste an der Ausstellung der Gruppe Høst teilnehmen. Unmittelbar im Anschluß daran fällt Høst auseinander, denn an zwei Fragen scheiden sich die Geister der Mitglieder: Es geht zum einen um die Aufnahmekriterien, die nach Billes und Thommesens Dafürhalten strenger sein sollten, und zum anderen um die Beteiligung der Holländer an der Ausstellung.[33] Pedersen und seine Frau Else Alfelt bleiben als einzige übrig; alle anderen wenden sich alsbald anderen Künstlervereinigungen zu.

Die Holländer verlassen Kopenhagen und begeben sich nach Malmö, wo sie gemeinsam mit der Gruppe Imaginisterna eine Lithografie anfertigen, um dann – auf Empfehlung von Jorn, der sich in der Zwischenzeit mit Constant ausgesöhnt hat – nach Silkeborg weiterzureisen; dort wollen sie ein Haus ausmalen, das einem Freund Jorns gehört. Bei ihrer Rückkehr nach Holland finden sie sich wieder in den Schlagzeilen; die von Appel ausgemalten Wirtsräume im Rathaus von Amsterdam waren auf Anordnung der Verwaltung überpinselt worden. Constant hatte Cobras Standpunkt bereits in der vierten Ausgabe der Zeitschrift in einem Artikel mit der Überschrift *C'est notre désir qui fait la révolution*[34] dargelegt: »Wenn sich die Gesellschaft also gegen uns und unsere Arbeiten wendet, mit dem Vorwurf, wir machten »unverständliche« Kunst, antworten wir: 1. Daß die Menschheit 1949 etwas anderes als den notwendigen Kampf zu ihrer Befreiung gar nicht verstehen kann. 2. Daß auch wir nicht »verstanden«, sondern befreit werden wollen *und aus denselben Gründen, die die Welt zum Kampf zwingen, dazu verdammt sind, experimentell zu arbeiten.* 3. Daß wir in einer passiven Welt nicht kreativ sein könnten, und daß *gerade der derzeitige Kampf unserem Schaffensprozeß Nahrung gibt* [...] Verstehen ist nichts anderes als wiedererschaffen, was aus ein und demselben Begehren hervorgegangen ist. Die Menschheit ist dabei, ihren Begehren nachzugehen; das tun auch wir, und indem wir unsere Begehren befriedigen, tun wir sie kund.«[35] Constants allgemeine Worte können nicht darüber hinwegtäuschen, daß der »derzeitige Kampf« – ein persönlicher, nationaler und ideologischer Kampf –, der Cobra zu beschäftigen scheint, in Wirklichkeit bereits zahlreiche gänzlich neue Schöpfungen hervorgebracht hat.

Der Niedergang: vor den Trümmern

Aus einem Briefwechsel zwischen Constant, Dotremont und Jorn aus der ersten Hälfte der fünfziger Jahre geht hervor, welches Ausmaß die Meinungsverschiedenheiten zwischen den Gründungsmitgliedern von Cobra erreichten.[36]

Mit der Rolle, die er verkörpert, und seinen Aktivitäten ist Dotremont die Hauptursache für den Dissenz. Als Chefredakteur übt er eine fast uneingeschränkte Kontrolle über die Zeitschrift Cobra aus; das gilt auch für die Ausgaben, die außerhalb Belgiens herausgegeben werden. Außerdem hat er sich bei dem Kongreß in Amsterdam mit der Idee durchsetzen können, Cobra in eine Internationale des Artistes Expérimentaux (Internationale der Experimentellen Künstler, IAE) umzuwandeln, die Künstlern aus aller Herren Länder offenstehen soll, sofern sie die drei »Banner« des Formalismus meiden.

Dagegen ist Jorn trotz seiner Anstrengungen, Künstler im Exil zu gewinnen, zutiefst davon überzeugt, daß die Wahrung der nationalen Identität sinnvoll sei und das Professionelle gegenüber der von Dotremont vertretenen Maßgabe der Grenzüberschreitung der Vorrang gebühre; so sollten Schriftsteller beispielsweise nicht in letzter Instanz über die Entscheidungen von bildenden Künstlern hinsichtlich einer Zeitschrift oder einer Ausstellung befinden. Jorn schlägt ferner vor, Cobra eine festere Struktur zu geben. Jedes Land sollte eine eigene Sektion haben, die federführend mit der Herausgabe der sie betreffenden Nummern der Zeitschrift betraut ist und zwei Delegierte in einen Aufsichtsrat entsendet, der unter dem Vorsitz eines Generalsekretärs und eines Chefredakteurs steht. Diese Vorschläge zielen unmittelbar auf die dominante Stellung von Dotremont und dessen Vorschlag einer losen Struktur für die IAE. Jorn äußert darüber hinaus Zweifel an einer Tendenz der belgischen Gruppe zum literarischen Surrealismus und an Dotremonts vermeintlichem Bruch mit der an Schdanow ausgerichteten kommunistischen Partei Belgiens. Die Position von Dotremont scheint ihm ungeklärt, woran die Aussagen von Dotremont selbst nicht ganz unschuldig sind: Nachdem er erklärt hat, im Februar 1948 aus der Partei ausgetreten zu sein, datiert er seinen definitiven Bruch bei anderer Gelegenheit auf Oktober 1949.[37]

Jorns Zweifel sollten sich bestätigen und mit Dotremonts polemischem Pamphlet Le »Réalisme-socialiste« contre la Révolution, das im Mai 1950 in den Editions Cobra erscheint und seinen endgültigen Bruch mit der Partei herbeiführt, auch gleichzeitig ausgeräumt werden. In dieser Schrift macht Dotremont sich zum uneingeschränkten Fürsprecher des belgischen Surrealismus, den er entpolitisiert. Zu einem Zeitpunkt, da Jorn und Constant aus Protest gegen den damals beginnenden Koreakrieg kraftvolle und angsterfüllte Bilder malen und ihre instinktive Malerei als den wahren sozialistischen Realismus dem bürgerlichen Realismus der offiziellen Linie gegenüberstellen, sind Dotremonts Definitionen nicht willkommen. Aufschlußreich sind allerdings auch die Unterschiede, die sich im Vergleich der Werke von Jorn und von Constant auftun. Auf düsteren Gemälden zeigen sich bei ersterem bedrohliche Ungeheuer, die andere Ungeheuer verschlingen oder aus einer Metamorphose erneut als Ungetüme hervorgehen, während letzterer Trümmerlandschaften, die zwar keineswegs naturalistisch, aber dennoch identifizierbar sind, mit Menschengestalten wie von Kinderhand bevölkert. Bei Jorn ist eine unheilvolle Mythologie am Werke, während bei Constant Zerstörung und Entstellung vorherrschen.

Zwar hält Jorn in dieser Auseinandersetzung, die alle drei Künstler miteinander konfrontiert, mit dem eigenen Standpunkt nicht zurück; dennoch warnt er Constant, der dem Belgier die Auflösung seiner Gruppe zum Vorwurf macht, daß eine Verstoßung von Dotremont dem

Verlust einer weiteren Ländergruppe von Cobra gleichkäme. Ferner stellt er anerkennend fest, daß Dotremonts Rastlosigkeit vermutlich das Sandkorn sei, das die Perlen von Cobra erst hervorbringe.

Im Mai und Juni 1950 finden in Belgien, dem Brennpunkt der Cobra-Aktivitäten, mehrere – wie Dotremont es nennt – »dezentralisierende und vereinigende Veranstaltungen« statt, zu denen die Ausstellung in La Louvière als Auftakt gedacht ist. Hier sollen unter anderen Werke von Constant und Corneille, von Jorn und Pedersen, von Alechinsky und Dotremont gezeigt werden. Doch wird die Ausstellung wegen Dotremonts Pamphlet, das als subversiv eingestuft wird, von Amts wegen untersagt. Die zweite Veranstaltung, eine Ausstellung von Cobra-Réalité in Lüttich, hat in Wirklichkeit nur wenig mit Cobra zu tun, denn außer Pol Bury gehören der Gruppe um Georges Collignon nur Künstler an, deren Kontakte zu Cobra unverbindlich bleiben. Die Hauptaktivitäten finden in den Ateliers von Dotremont und Alechinsky statt, in denen zahlreiche Projekte und Gemeinschaftsarbeiten entstehen, häufig in Zusammenarbeit mit Künstlern, die vorübergehend bei ihnen zu Besuch sind, wie beispielsweise Atlan. Damals stößt auch der talentierte flämische Dichter und Maler Hugo Claus zu der Gruppe und leitet damit einen langen Prozeß der gemeinsamen Arbeit – namentlich mit den holländischen Künstlern – ein.

Die Holländer und die Dänen sind dagegen nur spärlich vertreten. Appel, Corneille und Constant beschließen im September 1950, nach Paris zu ziehen, was Dotremont sicherlich als Verrat auffaßt. Im Oktober tut Jorn es ihnen gleich.

Paris mit seinen zahlreichen Galerien und Salons bietet Möglichkeiten, die auch die Mitglieder von Cobra weidlich nutzen. Im Herbst stellt die Galerie Colette Allendy das holländische Trio gemeinsam mit Atlan, Doucet, Tajiri und, in einem Bereich für sich, Gilbert aus. Im Oktober sind in einer Ausstellung der Galerie Maeght (»Les Mains éblouies«) Werke von Alechinsky, Corneille, Doucet und auch Collignon zu sehen. Jorn setzt sich dafür ein, daß Bille, Jacobsen, Pedersen, Gudnason und er selbst im November beim Salon des Surindépendants vertreten sind. Constant kommt zur gleichen Zeit in den Genuß einer eigenen Ausstellung in der Galerie Breteau. Danach kehrt er – als einziger unter seinen Landsleuten – nach Holland zurück.

Mittlerweile zeigt sich Jorn beunruhigt über die Entwicklung der Cobra-Maler. In einem Schreiben an Pedersen äußert er die Einschätzung, daß »[Corneille und Appel] wie auch Gilbert dabei sind, sich der klassischen abstrakten Richtung anzuschließen. Neben Atlan ist Constant der einzige, der sich weiterhin nach vorn bewegt«[38]. Dieser geringfügige Trost hält nicht lange vor. Gilbert berichtet später von den häufigen Auseinandersetzungen, die er diesbezüglich mit Jorn hatte und die »[...] eine partielle Trennung [bewirkten]. Von dem Zeitpunkt an«, so Gilbert, »setzte für Constant und mich eine parallele Entwicklung ein, die sich über mehrere Jahre erstreckte und so etwas wie eine Erkundungsreise auf dem Gebiet der formalen Abstraktion war, mit der keiner von uns bis dahin Erfahrung hatte«[39].

Diese Hinwendung zur Pariser Szene und zur formalen Abstraktion steht in starkem Kontrast zu der Erfahrung, die Dotremont und Alechinsky im Dezember bei ihrem Aufenthalt in Kopenhagen und Malmö machen. Alechinsky ist begeistert von der umfangreichen Retrospektive zu Pedersens Werk, die gleichzeitig die letzte Ausstellung der Gruppe

Høst ist. Er selbst stellt gemeinsam mit der Gruppe Spiralen aus. Dotremont begegnet dem jungen Dichter Uffe Harder. Dieser wird in der Folge nach Brüssel reisen, um die Herausgabe der dänischen *Cobra*-Nummer mitzubetreuen; ursprünglich als kleine Anthologie dänischer Dichtung gedacht, sollte sie jedoch über das Stadium der Druckfahnen nicht hinausgehen.

Anfang 1951 geben zwei Ausstellungen in Paris Einblick in die beiden Tendenzen, die innerhalb der Gruppe herrschen. Die erste wird mit Unterstützung von Alechinsky und Dotremont im Februar und März im Hinblick auf das gleichzeitige Erscheinen des Cobra-Buchs von Michel Ragon veranstaltet, *Expression et non-figuration*. Ausstellende Künstler sind Alechinsky, Bury, Atlan, Doucet, Gilbert, Österlin, Jacobsen, Jorn, Appel, Corneille, Tajiri und Wolvekamp, ferner Collignon und Louis van Lint von der sehr lose mit ihnen in Verbindung stehenden Gruppe La Jeune Peinture belge. Obwohl Mathieu im Katalog aufgeführt wird, ist er mit keinem Werk vertreten. Die auf Belgien zurückgehende Tendenz, auch Künstler einzubeziehen, die nur am Rande mit Cobra in Kontakt stehen, wird durch Alechinskys Hinwendung zu der Kunst von Jean Bazaine und Alfred Manessier, die ebenfalls der Galerie Maeght nahestehen, noch verstärkt. Die zweite Ausstellung, die im April von Jorn organisiert wird, dreht sich um Künstler mit einer deutlich engeren Anbindung an Cobra. Neben Jorn, Jacobsen, Appel und Corneille sollte auch Mogens Balle ausgestellt werden, ein junger Künstler aus der Gruppe Spiralen, dem ein überzeugender Ausdruck in seinen von Jorn beeinflußten Arbeiten jedoch nicht gelang. Alechinsky scheint zunächst eine Zusage erhalten zu haben, wird dann aber ausgeschlossen. Vor dem Erscheinen des Katalogs bittet Jorn darum, ihm das Vorwort von Dotremont vorzulegen. Angesichts der zwischen Jorn und den Belgiern bestehenden Differenzen scheint der Text von Ragon auf der Einladungskarte denkbar unglücklich gewählt: »COBRA ist weniger eine Richtung als vielmehr eine Gelegenheit zu erfreulichen Begegnungen.«

Auf einer Postkarte, die als Werbung für die Ausgabe *Cobra 8–9* gedacht war, welche jedoch nie erschien, holt Dotremont dann zum Angriff aus: »Alles deutet darauf hin, daß Dänemark innerhalb seiner eigenen Grenzen sein gesamtes solidarisches Potential, sein Bedürfnis nach Austausch, seinen Wunsch, sich mit anderen Produktionen als den eigenen auseinanderzusetzen, erschöpft hat. Wenn die Franzosen Giraffen sind, die von ihrer hohen Warte auf Dinge hinabsehen, die ihnen fremd sind, dann sind die Dänen Straußenvögel, die diese Dinge nicht einmal sehen.«[40]

Etwa zur selben Zeit löst Jorn sich von Cobra. Er leidet an Tuberkulose und Unterernährung und kehrt nach Dänemark zurück, wo er am 10. Mai in das Silkeborger Sanatorium aufgenommen wird. Im Editorial zur Nummer 10 der Zeitschrift ist auch bei Dotremont eine gewisse Erschöpfung spürbar. »Dabei bin ich nicht gerade ein Feind der Malerei, ebensowenig wie ein Freund der Natur, wie man sagt. Aber man sagt Schlechtes«, klagt er, doch ist auch die Rede davon, »soviel Realität wie möglich mit sowenig Malerei wie nötig« zu zeigen. Am Ende des Sommers führt ihn eine Liebesaffäre nach Dänemark. Am 2. November gesellt er sich zu Jorn in das Sanatorium, nachdem auch er an Tuberkulose erkrankt ist. Jorn schreibt später: »[...] diese künstlerische Bewegung, der wir den Namen COBRA gegeben hatten, war dabei auseinanderzubrechen, als Christian und ich verzweifelt und mit tiefem gegen-

[1] Die Psychogeografie ist eines der Konzepte, die von der Internationale Situationniste (Internationale der Situationisten) entwickelt wurden, der Jorn und Constant zwischen 1957 und 1961 bzw. 1960 angehörten. Sie ist definiert als »präzise Studie der unmittelbaren Auswirkungen des bewußt oder unbewußt gestalteten geographischen Milieus auf das affektive Verhalten der Individuen« (*Internationale Situationniste*, Nr. 1, Paris, Juni 1958, S. 13).

[2] Brief von Dotremont an Constant vom 7. Oktober 1948, Bibliothek des Stedelijk Museums, Amsterdam.

[3] Brief von Dotremont an Jorn vom 13. November 1948, zitiert in: Christian Dotremont, *Isabelle*, Brüssel, La Pierre d'Alun, 1985, S. 9.

[4] Siehe dazu beispielsweise Asger Jorn, *Naturens orden*, Kopenhagen, Borgen, 1962, S. 123.

[5] Liniens red. [Richard Mortensen und Ejler Bille], »linien tager afstand fra bjerke-petersens bog: surrealisme«, *Linien*, Kopenhagen, 1. Bd., Nr. 7, 20. November 1934, S. 2.

[6] Egill Jacobsen schloß sich 1945 der Gruppe Grønningen an, unterhielt aber weiterhin enge Beziehungen zu Høst.

[7] Hel ist die nordische Göttin des Totenreichs.

[8] Hans Christian Andersen, übers. nach *Œuvres, Le Livres d'images de Parrain*, Paris, 1992, Gallimard, Reihe La Pléiade, Bd. 1, S. 998.

[9] Mitteilung an das *Bulletin Intérieur du Surréalisme Révolutionnaire*, Hjarnø, 21. August 1948, unterzeichnet von Jacobsen, Bille, Jorn, Dahlmann-Olsen, Thommesen, Pedersen, Alfelt, Archive des Kunstmuseums in Silkeborg (ungekürzt abgedruckt in: *CRAS*, XXXVII, 1984, Silkeborg, S. 53 ff.).

[10] Constant Nieuwenhuys, »Manifest«, in: *Reflex*, Nr. 1, Amsterdam, September-Oktober 1948.

[11] Christian Dotremont, »Le Surréalisme révolutionnaire«, in: *Les Deux Sœurs*, Nr. 3, Brüssel, Mai 1947.

[12] Noël Arnaud und Christian Dotremont, »Le Surréalisme en 1947«, in: *»Patalogue« officiel de l'Exposition internationale du surréalisme*, Paris, 1947.

[13] Titel eines kurzen Artikels von Jorn für die Zeitschrift *Cobra 6*, Brüssel, April 1950, S. 6.

[14] In einer Überschrift zu einem Rundbrief vom 20. Oktober 1949, in dem Dotremont die Mitglieder der Gruppe zum Congrès International d'Amsterdam im November 1949 einlud.

[15] Damit sind noch nicht alle Mitglieder der Gruppe genannt, die zudem immer wieder Künstler, die sich Cobra nicht anschlossen, als Gastteilnehmer zu ihren Ausstellungen einlud.

[16] Aramis (Pseudonym von Otto Gelsted), »Vi vil ikke skille skønhed og liv ...«, in: *Land og Folk*, Kopenhagen, 3. Dezember 1948.

[17] »Zeichnungen und Gouachen ausländischer Gefährten der Holländischen Gruppe für experimentelle Kunst.«

[18] Brief von Dotremont an Constant vom 25. März 1949, zitiert in: Jean-Clarence Lambert, *Cobra*, London, Sotheby's, 1983, S. 111.

[19] Brief von Jorn an Constant vom April 1949, Archive des Kunstmuseums in Silkeborg.

[20] Asger Jorn, »Discours aux pingouins«, in: *Cobra 1*, Kopenhagen, S. 8.

[21] Asger Jorn, »Les formes conçues comme langage«, in: *Cobra 2*, Brüssel, März 1949, S. 7.

[22] Brief von Constant an Rooskens vom 9. Juni 1949, abgedruckt in: *Cobra 1948–1951*, Ausstellungskatalog, Hamburg, 1982, S. 22.

[23] Christian Dotremont, »Les grandes choses«, in: *Le Petit Cobra*, Nr. 2, Brüssel. 1949, S. 6.

[24] Verschiedenenorts ist die Rede davon, mehrere Künstler der Gruppe Høst hätten die Treffen aufgrund von Jorns Verhalten boykottiert, doch halte ich das für unwahrscheinlich. Egill Jacobsen verbrachte einen Nachmittag dort; Bille, der sich zu jener Zeit in Paris aufhielt, besuchte Jorn und Matie nach Ende der Treffen; Ortvad war über sie nicht auf dem laufenden (Ortvad in einem Brief an den Autor vom 26. März 1983), und Thommesen wirkte zu keiner Zeit aktiv bei Cobra mit. Die Gruppe, die in Bregnerød zusammenkam, fand sich für die Treffen im Atelier von Heerup (und vielleicht auch von Bille und Jacobsen) ein.

[25] Dotremont, a. a. O., Anm. 23, S. 4.

[26] Für eine ausführliche Schilderung dieser Begegnungen siehe Peter Shield, »Les Rencontres de Bregnerød. Cobra Myth and Cobra Reality«, in: *Jong Holland*, Nr. 1, Rotterdam, 1992, S. 30–44.

[27] Elsa Gress, *Compania I*, Kopenhagen, Gyldendal, 1976, S. 51. Gress hatte als Besucherin an den Treffen teilgenommen.

[28] Dotremont und Jaguer planten die Publikation von vierzehn Heften, die der Reihe nach Alfelt, Appel, Atlan, Bille, Constant, Corneille, Ferlov, Gilbert, Gudnason, Heerup, Jacobsen, Jorn, Ortvad, Pedersen und Thommesen gewidmet sein sollten. Dotremont verfaßte elf und Jaguer drei Texte. Als die Reihe im darauffolgenden Jahr in Kopenhagen veröffentlicht wurde, fielen Ortvad und Thommesen weg; Texte anderer Autoren über Alechinsky, Atlan und Doucet kamen hinzu. Somit waren drei zusätzliche Länder vertreten (Belgien, Algerien und Frankreich), während sich die ursprünglich vorgesehene Zahl von Heften, die sich den Dänen widmete, verringerte.

seitigem Mißtrauen Seite an Seite in den Betten des Silkeborger Sanatoriums lagen und uns über das austauschten, was geschehen war. Keiner von uns hätte auch nur zu träumen gewagt, daß wir trotz allem etwas Einzigartiges zuwege gebracht hatten.«[41] Trotz ihrer Unterschiede gelingt es den beiden, eine Reihe von »Wort-Bildern« über das Leben von Invaliden zu kreieren.

Derweil ruht die Last der Organisation der zweiten Cobra-Ausstellung in Lüttich auf den Schultern von Alechinsky. Getreu dem großzügigen belgischen Ansatz beschränkt er sich nicht nur auf die Hauptmitglieder von Cobra, die größtenteils vertreten sind, sondern stellt ihnen mehrere Künstler von La Jeune Peinture belge sowie einige bekannte Namen der Galerie Maeght zur Seite: Miró, Bazaine und Giacometti. Auch Wifredo Lam und einige unbekannte Künstler, die keinen direkten Bezug zu Cobra haben, stehen auf dem Programm, wenngleich zweifelhaft ist, ob in der Ausstellung, die erneut in spektakulärer Weise von Aldo van Eyck gestaltet wird, tatsächlich alle vertreten waren.

Wie dem auch sei: Am 8. November 1951, auf den Tag genau drei Jahre nach der Gründung von Cobra, verkündet Dotremont – der auf diese Art von Koinzidenzen Wert legt – in einem Brief an Alechinsky die Auflösung der Gruppe. Wenig später verläßt Alechinsky Brüssel, um in Paris ein Studium zu beginnen.

Im darauffolgenden Herbst schreibt Jorn an Constant: »Jetzt überlege ich hin und her: Hatte Constant recht? Hätten wir Dotremont und all diese Surrealisten sofort vor die Tür setzen und unsere eigene Zeitschrift machen sollen? Ich gebe zu, daß Reflex viel erfrischender ist als Cobra, und wer weiß? Ich komme zu keinem Schluß. Ich sehe ein, daß Cobra immer schlechter wurde. Aber dennoch glaube ich, daß wir dabei etwas gelernt haben. Ich vergleiche sie mit Helhest und Der Blaue Reiter von Kandinsky und March [sic], und ich finde, daß doch etwas daran ist, was die anderen nicht haben, zumindest die Tatsache, daß sie in Holland, Belgien, Dänemark und Deutschland mit französischen Künstlern gemacht wurde, das ist einzigartig. Wenn ich mir Cobra ansehe, denke ich: Wer hat gewonnen, wir oder die Surrealisten und die Arrivisten? Ich glaube, die Antwort liegt in der Zukunft, nicht in dem künftigen Urteil über Cobra, sondern in dem Urteil über unsere künftige Arbeit.«[42]

Nachhall: ein »Ursprung in der Zukunft«[43]

Daß Jorn in Kategorien von Sieg oder Niederlage denkt, wenn er rückblickend Betrachtungen zu Cobra anstellt, ist bemerkenswert; eine Bilanzierung fällt jedoch schwer. Unter dem Gesichtspunkt ihrer ursprünglichen antipariserischen Haltung könnte man zu dem Schluß kommen, daß die Bewegung gescheitert ist. Eine solche Betrachtungsweise ist jedoch nicht haltbar. Die Tatsache, daß Atlan in seinem Pariser Atelier seine Mitstreiter mit offenen Armen empfing, zeigt, daß der Weg zur Ecole de Paris immer gangbar war, was sich insbesondere die jüngeren Künstler auch zunutze machten. Und die meisten »deplazierten« Künstler hatten Paris wegen seiner Fremdenfreundlichkeit zu ihrem Wohnsitz gemacht und waren aufgrund von künstlerischen Gemeinsamkeiten, die sie in den Arbeiten der Holländer oder der Dänen ausgemacht hatten, zu Cobra gestoßen.

Cobra war der Schnittpunkt, an dem die Wege der Dänen, der Holländer und der Belgier sich kreuzten – und erneut auseinanderliefen.

Zu unterschiedlich waren die Vorstellungen, als daß sie in eine dauerhafte Synthese hätten münden können. Wenn die Holländer die Unterschiede zur eigenen Kultur hervorhoben, lief das letztlich auf eine Ablehnung des Prinzips der Bildung nationaler Gruppen hinaus. Jorns Anliegen dagegen war es, der skandinavischen Denkweise neben der klassischen römischen Tradition zu gleichberechtigter Anerkennung zu verhelfen. Und die Belgier wiederum hatten sich auf einen im wesentlichen frankophonen literarischen Surrealismus festgelegt, in dem Skandinavien als eine exotische und magische Region der Mythen vorkam.

Am ehesten trifft der Begriff der Niederlage vielleicht noch auf Dotremont und sein entschiedenes Eintreten für Gemeinschaftsarbeiten von Nicht-Spezialisten zu, denn selbst wenn auch nach Ende von Cobra noch sehr gelungene Arbeiten dieser Art zustande kamen, sind doch die Maler Maler und die Schriftsteller Schriftsteller geblieben. Die eindeutigen »Gewinner« waren diejenigen Maler, die für sich arbeiteten und aus der Berührung mit Cobra eine wertvolle Erfahrung für ihre eigene Entwicklung gewinnen konnten. Ihre Arbeiten sind von Dauer, und die entscheidende Kraft ging von ihnen, wie diese Ausstellung des Jahres 1997 zeigt, schon in den Jahren 1948 bis 1951 aus.

Fast zehn Jahre nach der Gründung von Cobra schlossen Jorn und Constant sich einer anderen Bewegung an, der sie etwa ebensolange angehörten wie Cobra. Die Rede ist von der Internationale Situationniste (Situationistische Internationale), in der Guy Debord eine dominante Rolle spielte. Angestrebt war eine Synthese aus Kunst und Literatur vor dem Hintergrund politischer Zielsetzungen. Für beide Künstler war die Begegnung gewinnbringend: Jorn wurde durch sie zu einer Neubetrachtung der gesamten modernen Philosophie aus künstlerischer Sicht angeregt[44], während Constant mit seinem Projekt »New Babylon« den Versuch unternahm, einen utopischen Raum für eine experimentelle, sich stets wandelnde Gemeinschaft zu entwerfen. Zwischen Jorn und Alechinsky wiederum kam es Anfang der sechziger Jahre zu einer neuerlichen Begegnung, durch die Alechinsky Impulse für eine Neugestaltung insbesondere seiner bildnerischen Arbeiten erhielt.

Auch von der Krankheit unbezwingbar, setzte Dotremont die Sache Cobras fort und initiierte weitere Gemeinschaftsarbeiten experimenteller Art, doch gelang es ihm nicht, einen namhaften Künstler dauerhaft in sein Projekt einzubinden. Er selbst schuf mit seinen *Logogrammen* bemerkenswerte Variationen der kalligrafischen Arabeske.

Der Werdegang der meisten übrigen Maler verlief in geordneteren Bahnen; sie schlugen im wesentlichen keine neuen Wege ein. Manche brachten es zu internationalem Ruhm, andere entwickelten sich in ihrem Herkunftsland oder ihrer Wahlheimat zu einem Doyen der Kunst.

Ungeachtet dieses Auseinanderdriftens geben Fabelwesen, bedrohliche Masken, unschuldige Gesichter und vor allem die vielgestaltigen Arabesken aus der Cobra-Zeit nach wie vor Zeugnis von einer Epoche, in der eine heterogene Gruppe europäischer Maler eine ausdrucksstarke Bildersprache schuf, die ohne die *lingua franca* der Ecole de Paris auskam.

[29] Karl-Otto Götz hat durchblicken lassen, daß zahlreiche Dänen gegen ihren Willen an der Ausstellung teilnahmen (Brief an den Autoren vom 21. Januar 1983). Ortvad dagegen hat hervorgehoben, daß Pedersen, Alfelt sowie er selbst nach Amsterdam gereist waren und sich begeistert geäußert hatten, ungeachtet mancher sprachlicher Schwierigkeiten (so geht es aus mehreren Gesprächen mit dem Autor hervor).
[30] Christian Dotremont, »Le grand rendez-vous naturel«, in: *Cobra 6*, Brüssel, April 1950, S. 12 (enthält Auszüge aus der Rede).
[31] Brief von Dotremont an Jaguer vom 18. November 1949, zitiert in: Lambert, a. a. O., Anm. 18, S. 146.
[32] Brief von Ortvad an den Autor vom 26. März 1983.
[33] Brief von Jorn, der Ende 1949 an Else Alfelt ging, abgedruckt in: Troels Andersen und Aksel Evin Olesen (Hrsg.), *Erindringer om Asger Jorn*, Silkeborg, Galerie Moderne, 1982, S. 88.
[34] »Unser Begehren macht die Revolution.«
[35] Constant, »C'est notre désir qui fait la révolution«, in: *Cobra 4*, Amsterdam, März 1949, S. 4.
[36] Ein lesenswertes Resümee dieses Briefwechsels findet sich in Troels Andersen, *Asger Jorn. En biografi. Årene 1914–1953*, Kopenhagen, Borgen, 1994, S. 203–206.
[37] Christian Dotremont, Brief an Achille Chavée vom 22. Oktober 1949. Siehe Gilles Béraud, »Ephéméride«, in: *Cobra 1948–1951*, Ausstellungskatalog, Paris, 1982, S. 64.
[38] Brief von Jorn an Pedersen, verfaßt in Paris Anfang November 1950 und zitiert in: Andersen und Olsen, a. a. O., Anm. 33, S. 90.
[39] Brief von Gilbert an den Autor vom 2. Mai 1981.
[40] Zitiert nach Lambert, a. a. O., Anm. 18, S. 179.
[41] Asger Jorn, *Held og hasard*, Kopenhagen, Borgen, 1963, Umschlaginnenseite.
[42] Brief von Jorn an Constant aus dem Herbst 1952, übers. nach einer Abschrift aus den Archiven des Kunstmuseums in Silkeborg.
[43] S. Christian Dotremont, »Cobra, qu'est-ce que c'est«, abgedruckt in: *Cobra 1948–1951*, Paris, Jean-Michel Laplace, 1980.
[44] Vgl. die fünf Berichte, die Jorn zwischen 1961 und 1964 an sein Skandinavisches Institut für vergleichenden Vandalismus schickt.

Troels Andersen

Asger Jorn
Von *Sacima* zu Cobra

Man kann Cobra in die kleinsten Bestandteile zerlegen, bis nichts mehr davon übrigbleibt. Man kann sämtliche Ereignisse, die Cobra vorausgingen, aneinanderreihen und sie als die Prämissen eines bedeutenden Zeitpunkts darstellen, von dem an alles anders war. Man kann aber auch der Meinung sein, daß sich die Geschichte, einem monotonen Parallelismus folgend, immer wiederholt und nichts sich je verändert. Welchen Standpunkt man letztlich bezieht, ist mir vollkommen einerlei. Wenn Ihr die Dinge jedoch in einer bestimmten Weise darstellt, so vergeßt nicht, dies auch deutlich zu machen und den Blickwinkel anzugeben. Dann nämlich könnt Ihr jede Kritik ignorieren, die darauf abhebt, daß Ihr nicht einen anderen anstelle des von Euch gewählten Standpunkts vertretet. Versucht vor allen Dingen nicht, objektiv zu sein, unparteiisch und diesen ganzen Zinnober, denn das ist alles andere als künstlerisch. Räumt man der Kunst einen bestimmten Stellenwert ein, hat dies in meinen Augen auch für den Begriff der Zäsur zu gelten. So ist eine künstlerische Richtung nur dann von Bedeutung, wenn sie die Bedingungen verändert, unter denen ein Kunstwerk geschaffen wird, und mithin auch das Wesen dieses Kunstwerks gegenüber anderen Kunstwerken. In diesem Sinn ist jede künstlerische Richtung ebenso unbedeutend wie notwendig.[1]

Asger Jorn

Bei der Entstehung von Cobra hat nicht zuletzt der Zufall eine Rolle gespielt. Jedenfalls bedurfte es der Entschlossenheit und Initiativen eines ihrer Protagonisten, um die einzelnen Aktivitäten zu koordinieren und in kontinuierliche Bahnen zu lenken. Diese treibende Kraft war Asger Jorn. Im Herbst 1946 reiste er nach Paris, wo er schon vor dem Krieg als junger Künstler viel Zeit verbracht hatte.

Wie gewohnt steigt er in einem billigen Hotel in der Rue des Ciseaux im 6. Arrondissement ab. In der Galerie Pierre, der er einige seiner Lithografien anbieten will, begegnet er zufällig Constant. Die Wahl der Galerie ist indes kein Zufall: Jorn kennt und schätzt Pierre Loeb und dessen Auffassung von zeitgenössischer Kunst. Es lohnt sich, so meint er, einem Besucher dieser Galerie Zeit zu widmen, und der Lauf der Dinge gibt ihm recht. Constant wird später berichten, wie sehr ihn der Anblick der bunten Gemälde auf der geblümten Tapete von Jorns Hotelzimmer überraschte – Formen und Farben, wie er sie weder hier in Paris noch überhaupt je zuvor gesehen hatte.

◁
Helhesten Nr. 5 – 6, 1944, Farblithografie von Asger Jorn

Helhesten Nr. 2, 1941, Artikel von Asger Jorn: »Banalités intimes« mit Illustrationen von Tätowierungsmotiven

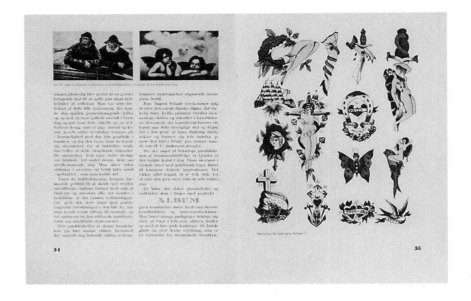

Plakat für eine Ausstellung über Asger Jorn in der Galerie Breteau, Paris, 1948

Vergeblich versucht Jorn in Paris eine Begegnung mit Paul Eluard herbeizuführen; er möchte sich mit ihm über sein Manuskript zur Ästhetik und Politik austauschen, von dem er dem »Genossen Eluard« eine Übersetzung hatte zukommen lassen. Er reist nach Antibes, wo er mit Picasso über seinen Plan einer internationalen Kunstzeitschrift spricht, zweifellos in der Hoffnung, ihn für das Projekt zu gewinnen. Während des ganzen Jahres 1946 steht Jorn in regem Briefwechsel mit den jungen französischen Korrespondenten der in Marseille erscheinenden Zeitschrift *Cahiers du Sud*, die dort über künstlerische Ereignisse im Mittelmeerraum und im übrigen Europa – Skandinavien eingeschlossen – sowie in den Vereinigten Staaten berichten. Einer von ihnen, Claude Serbanne, erhält von Jorn reiches Informationsmaterial über die künstlerische und literarische Entwicklung in Dänemark während der Kriegsjahre.

Besonders beeindruckt ist Jorn in Paris von den Gemälden Wifredo Lams. Es kommt zu einer Begegnung der beiden Künstler. Lam macht Jorn mit André Breton bekannt, der jedoch in einer Diskussion Jorns Vorstellung von einer Fusion zwischen Surrealismus und Abstraktion in der neuen dänischen Kunstbewegung rundweg ablehnt. Während seines Pariser Aufenthalts gelingt es Jorn, in persönlichen Kontakt zu einer Reihe von Künstlern zu treten, darunter Jean-Michel Atlan, seine Nachbarn Henri Goetz und Christine Boumeester, Oscar Domínguez, Karl Hartung sowie der Kritiker Edouard Jaguer. In der Galerie René Drouin entdeckt er Dubuffets *Art brut*-Sammlung und dessen eigenes Werk.

Auf dem Rückweg nach Dänemark lernt Jorn im Zug nach Amsterdam, wo er einige Tage gemeinsam mit Constant verbringen möchte, einen britischen Offizier in Uniform kennen: es ist H.L.C. Jaffé, Konservator bei Willem Sandberg am Stedelijk Museum, der dort gerade eine Mondrian-Retrospektive eingerichtet hat, die Jorn besucht. Er trifft Sandberg und schlägt ihm spontan ein Ausstellungsprojekt über zeitgenössische dänische Kunst vor. Es ist sein erklärtes Anliegen, das Schaffen dänischer Künstler seiner Generation, die während der deutschen Besatzung in der Zeitschrift *Helhesten* und der Gruppe Høst hervorgetreten waren, im Ausland in einer großen Schau zu präsentieren. Dieser Künst-

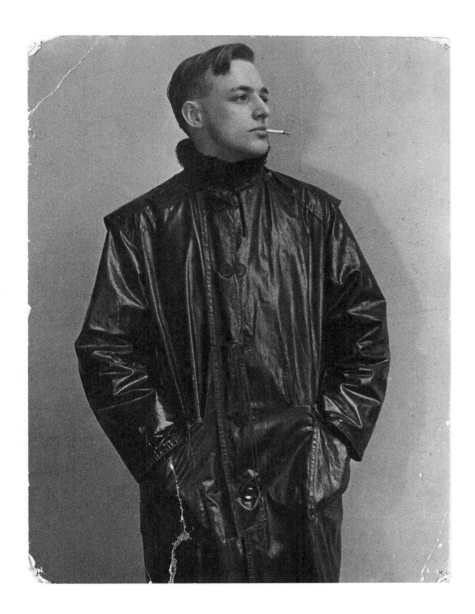

Asger Jorn um 1938

lerkreis hatte eine starkfarbige, expressive Malerei entwickelt, in der mit Hilfe von maskenhaften anthropomorphen und zoomorphen Figuren Empfindungen zum Ausdruck gebracht werden, ähnlich den Methoden der Psychoanalyse: eine malerische Variante zum »stream of consciousness« – oder zur automatischen Zeichnung –, eine Art *all over*-Malerei, die sich ohne eine im voraus festgelegte Komposition oder Idee spontan auf der Leinwand entfaltet. Für diese Richtung wurde der Begriff der *abstraction spontanée* (Spontane Abstraktion) geprägt.

Sandberg geht auf Jorns Vorschlag ein und nimmt auch dessen Angebot an, einen Artikel für die Zeitschrift *open oog* («offenes Auge«) zu schreiben, die Sandberg soeben gemeinsam mit dem Architekten Mart Stam ins Leben gerufen hat. Stam erklärt sich bereit, eines von Jorns Gemälden zu erwerben, so daß dieser seine Rückfahrt bezahlen kann. Nicht ohne Stolz wird in dem Abonnementsformular zu *open oog* darauf hingewiesen, daß die Zeitschrift auch dänische Künstler zu ihren ausländischen Mitarbeitern zählt.[2]

Zurück in Dänemark, empfiehlt Jorn in einem Brief an Serbanne, Atlan, Lam und Matta an der geplanten Zeitschrift, die in Absprache mit

Helhesten Nr. 3, 1941, Linolschnitt von Asger Jorn und Werbung für den Fotografen Jonals

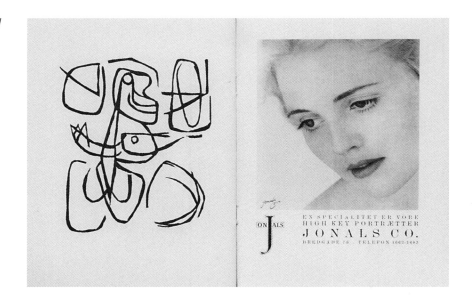

Serbanne den Namen *Sacima* erhalten soll, mitwirken zu lassen. Doch schon in den ersten Monaten des Jahres 1947 findet der Plan ein jähes Ende. René Renne scheint insbesondere Jorns Wahl von Künstlern wie Oscar Domínguez oder Atlan zu mißbilligen. Ferner tragen fehlende finanzielle Mittel und Vertriebsmöglichkeiten zu dem Rückzieher der Franzosen bei.

Einzig Constant steht nach wie vor hinter Jorns Projekt. Jorn schlägt ihm vor, die Zeitschrift anläßlich der dänischen Ausstellung, die für Oktober 1947 im Stedelijk Museum geplant ist, herauszubringen. Zur gleichen Zeit könnten in der bereits bestehenden Zeitschrift *Centaur* dänische Gedichte erscheinen.

Erneut ist es dem Zufall zu verdanken, daß Jorn auf ein weiteres Teil jenes Puzzles stößt, das er quer durch Europa zusammenzufügen versucht. Der junge tschechische Keramikkünstler Pravoslav Rada hat ein Stipendium in Dänemark bekommen, wo ihn der Direktor jener Schule bei sich aufnimmt, die auch Jorns Sohn besucht. So werden die beiden Künstler miteinander bekannt. Über Rada bekommt Jorn Anfang 1947 Kontakt zur Zeitschrift *Blok*, deren Herausgeber der Schriftsteller Ludvik Kundera ist, sowie zu der Gruppe RA. Jorn verfaßt für die Zeitschrift einen Artikel über die Dalmålningar (Volksmalerei aus Schweden) und schlägt weitere Texte vor. Zwischen *Blok* und ihrem dänischen Vorläufer *Helhesten* bestehen etliche Gemeinsamkeiten. Auch hier ist nicht die Spezialisierung gefragt; die Zeitschrift widmet sich der Musik, dem Theater, dem Tanz und der Literatur, veröffentlicht die neuesten Werke von Picasso, Klee, Ernst und Dubuffet sowie Kinderzeichnungen und Volkskunst. Schnell wird Prag in die Reihe der geplanten Stationen für die dänische Wanderausstellung aufgenommen.

Doch schon bald wird klar, daß wegen fehlender finanzieller Mittel Oslo und Göteborg die einzigen Stationen bleiben werden. Jorns kühnster Traum, die Präsentation der Ausstellung in den Vereinigten Staaten nach einer Zwischenstation in Island, bleibt Utopie.

Im Juni 1947 besucht Jorn erneut Constant in Amsterdam. Er bleibt mehrere Wochen, bevor er gemeinsam mit seiner Frau und seinen drei Kindern eine Reise nach Frankreich und Nordafrika antritt. Die Familie führt eine Menge Gepäck mit sich, darunter vor allem Leinwände und Rahmen. Jorns Frau, die als Grundschullehrerin für ein regelmäßiges Einkommen sorgt, hat sich für ein Jahr beurlauben lassen, und Jorn möchte diese Zeit so gut wie möglich nutzen.

Über Edouard Jaguer beziehungsweise Noël Arnaud nimmt Jorn Verbindung zum Surréalisme Révolutionnaire (Revolutionärer Surrealismus) auf, der 1947 auch zwei in Frankreich lebende dänische Künstler in seinen Bann zieht: Richard Mortensen und Egill Jacobsen. Mortensen tendiert zur konkreten Abstraktion, der sich die Galerie Denise René widmet, und sieht sich als Gegenspieler von Jorn, der ihm zu Zeiten von *Helhesten* seine Rolle als Oberhaupt der abstrakten dänischen Maler abspenstig gemacht hatte. Auf dem Kongreß zum Revolutionären Surrealismus, der vom 29. bis 31. Oktober 1947 in Brüssel stattfindet und bei dem er zum ersten Mal Christian Dotremont begegnet, ist Jorn der einzige Vertreter der »Dänischen Gruppe für experimentelle Kunst«, wie er es nennt. Die tschechische Gruppe RA wird von Ludvik Kundera und dem Maler Josef Istler vertreten.

Im Anschluß an den Kongreß kommt es zu erbitterten Auseinandersetzungen. Christian Dotremont attackiert die französische Sektion und insbesondere Noël Arnaud.

Nach einem langen Aufenthalt auf der Insel Djerba, wo er mit Mühe und Not das nötige Geld für seine Rückreise zusammenbekommt, verbringt Jorn den Sommer 1948 auf der kleinen Insel Hjarnø in einem Jütländer Fjord. Mehrere Künstler besuchen ihn dort, mit anderen steht er in brieflichem Kontakt. Dieser Austausch mündet in die *Erklärung von Hjarnø*, die von den meisten dänischen Vertretern der Spontanen Abstraktion unterzeichnet wird – es ist ihre letzte gemeinsame Aktion. Das Dokument definiert in Kürze eine künstlerische Richtung, die sich sowohl von der Spontanen Abstraktion als auch vom dogmatischen Surrealismus unterscheidet. Diese Orientierung, die auch die tschechische Gruppe vertritt, steht in der Tradition von Klee und Miró. Darüber hinaus enthält die Erklärung einen detaillierten Aktionsplan, der namentlich die Gründung einer internationalen Zeitschrift vorsieht. Sie soll in französischer Sprache erscheinen und der Reihe nach von den beteiligten Ländern, die jeweils den Schwerpunkt bilden und einen Überblick über

Helhesten Nr. 4, 1942, Titelseite von Ejler Bille

Im Kopenhagener Zoo im Jahr 1948. Von links nach rechts Constant, Vibeke Afelt, Ejler Bille, Corneille, Knud Nielsen, Tony Appel, Sonja Ferlov mit Wonga, Karel Appel, Erik Ortvad, Ernest Mancoba, Kari Pedersen, Else Alfelt, Carl-Henning Pedersen, Agnete Therkildsen, Henrik Ortvad

Einladung bei M. Andersen, Kopenhagen, 1948. Karel Appel (mit erhobenem Arm), Constant, Christian Dotremont, Henry Heerup (?), Ragna Ortvad, Erik Ortvad, Carl-Henning Pedersen, Tony Appel, Corneille

die experimentelle Kunst ihres Landes vermitteln, herausgegeben werden. Ferner faßt man für das Jahr 1950, in dem das auf drei Jahre geplante Projekt auslaufen soll, eine große internationale Ausstellung ins Auge.

In der Erklärung von Hjarnø legen die Künstler außerdem ihre Position im Verhältnis zur kommunistischen Kulturpolitik dar, ein Thema, über das der Revolutionäre Surrealismus kurze Zeit später auseinanderbrechen sollte. Ziel der Unterzeichner ist eine »dialektische Kunst«, wobei das politische Engagement von der künstlerischen Arbeit zu trennen ist, »bis [unsere] Arbeit schließlich zum selbstverständlichen Bestandteil eines gesellschaftlichen Kontextes wird«.

In großen Zügen ist das künftige Cobra-Programm bereits in dieser Erklärung enthalten, die mehrere Monate vor der offiziellen Gründung der Gruppe verfaßt wird. Als Jorn erneut mit den streitbaren Fraktionen des Revolutionären Surrealismus zusammentrifft – Dotremont, Arnaud, Constant und weitere Teilnehmer an dem im November in Paris stattfindenden Kongreß über »Avantgardekunst« –, weiß er sehr genau, was er will. Keiner der Teilnehmer hat eine so durchdachte Strategie wie er. Der wegen der Auseinandersetzungen noch immer verstimmte Dotremont kann über Jorns Initiativgeist nur staunen. Dabei ist die kräftige Brise, die bei dieser Konferenz aufkommt, erst der Anfang.

Im Anschluß an die Zusammenkunft, die am 8. November 1948 zur Unterzeichnung des Cobra-Manifests führt, werden Appel, Constant und Corneille von Jorn zum Zug begleitet, der sie von Paris nach Kopenhagen bringt, wo Ejler Bille sie erwartet. Im Verlauf der folgenden Wochen entdecken die drei Künstler die dänischen Werke aus der Ausstellung der Gruppe Høst, an der sie auf Jorns Vermittlung als Gäste teilnehmen. Jorn fährt über Brüssel, um Dotremont zu einer dreiwöchigen Reise nach Jütland, Fünen und Kopenhagen mitzunehmen. Er führt lange Gespräche mit ihm über die künftige Zeitschrift und macht ihn mit dänischen Schriftstellern, Sammlern und Künstlern bekannt.

Auch Atlan und der Kritiker Michel Ragon begeben sich Ende 1948 nach Dänemark. Atlan stellt im Rahmen der Ausstellung der kommunistisch ausgerichteten Gruppe Corner eigene Werke aus, nachdem Ragon ihn als Gastteilnehmer im Katalog aufgeführt hat. Anfang 1949 versucht Jorn, Gelder aufzutreiben, um Renne und Serbanne nach Dänemark einzuladen, jedoch ohne Erfolg.

Die »Cobras« bei den Eltern von Erik Thommesen, Kopenhagen, 1948. Von links nach rechts Asger Jorn, Christian Dotremont, Corneille, Constant, Tony und Karel Appel, die Eltern von Erik Thommesen

Die meisten Aktivitäten Jorns im Rahmen der Cobra-Gruppe gehen auf Ideen und Initiativen zurück, die der Künstler zwischen 1946 und 1948 entwickelte. Das gilt für seine theoretischen Schriften über Ästhetik, Kultur und Gesellschaft[3] ebenso wie für seine Mitwirkung bei der Schaffung eines strukturellen Rahmens, der die Existenz der Gruppe erst ermöglichte. Die Zeitschrift, die die Verbindung zwischen den Mitgliedern der Bewegung herstellte, und die internationale Ausstellung, die im November 1949 im Stedelijk Museum gezeigt wurde, sind weitestgehend Jorns Verdienst, auch wenn diese Projekte aus verschiedenen Gründen von anderen verwirklicht wurden.

Über die gesamte Zeit des Bestehens der stets vom Auseinanderbrechen bedrohten Gruppe diente Jorn als Mittler zwischen ihren einzelnen Fraktionen. Mehr als einmal drohten die Konflikte zwischen Dotremont, Constant und den Franzosen jede weitere Zusammenarbeit in Frage zu stellen. Indem er ein und dieselbe Fraktion mal attackierte, mal unterstützte, wirkte Jorn als Schlichter. Er tat dies nicht etwa um des Kompromisses willen, sondern in der Absicht, durch die Diskussionen mehr Klarheit über die eigene Position zu gewinnen. Später schrieb er, daß die Probleme eines Künstlers auch die seiner Zeit seien und alle Künstler gleichermaßen beträfen. Jorn reduzierte sein Blickfeld niemals auf die Zufälligkeiten seiner eigenen Existenz, denn er wußte, daß »jede künstlerische Richtung ebenso unbedeutend wie notwendig [ist]«.

[1] Asger Jorn in einem Brief an Troels Andersen aus dem Jahr 1961.
[2] Jorns Text über Architektur wurde nie veröffentlicht, da die Zeitschrift ihr Erscheinen nach der ersten Ausgabe einstellte.
[3] Siehe dazu Graham Birtwistle, *Living Art. Asger Jorn's Comprehensive Theory of Art between Helhesten and Cobra (1946–1949)*, Utrecht, Reflex, 1986.

Richard Miller

Die Cobra-Periode

[...] mehr Raum- als Zeitgefühl
Christian Dotremont

Die Chronologie der Cobra-Bewegung kann nicht abgelöst von ihrer Geografie betrachtet werden. Es gibt nicht nur eine Cobra-Identität, sondern mehrere. Es gibt keine zeitlichen, vom Raum unabhängigen Entwicklungslinien, sondern Lebenslinien, die die Orte miteinander verknüpfen. Es gibt keinen Text, sondern nur Schreibweisen. Kein Werk, sondern eine Vielfalt verschiedener Arbeiten. Nicht ein Land, sondern mehrere Länder. Keine Lösung, sondern nur Erfahrungswerte. Die Cobra-Periode hat weder Anfang noch Ende. Sie ist von konstanten Anhaltspunkten übersät, Treffpunkten, Orten der Kontaktaufnahme, Heimstätten der Intensität. Kein einziger starrer Punkt: sich kreuzende Flugbahnen, die zusammenstoßen und sich wieder trennen, um vielleicht wieder zusammenzukommen. Später. Weit weg.

Es gibt individuelle Ausprägungen, die unter dem Aspekt der Nationalität zusammengefaßt werden können: Dänische, belgische, holländische, deutsche, französische, tschechische, ungarische, schwedische, isländische und englische Cobra-Künstler... Oder dem von Künstlergruppen: Cobra, das ist der Revolutionäre Surrealismus, Reflex, Høst, Spiralen, Meta... Oder von Kunstgattungen: Cobra, das ist Malerei, Dichtkunst, Plastik, Roman, Fotografie, Film... Oder Wissensgebieten: Cobra, das heißt Mythologie, Ethnologie, Philosophie, Psychoanalyse ... Oder Eigenschaften: Cobra ist experimentell, international, spontan, populär... Und Städten: Cobra, das ist Kopenhagen, Brüssel, Amsterdam, Silkeborg, Paris...

Vor 1940

Das von Vilhelm Bjerke Petersen 1933 in Kopenhagen veröffentlichte Buch *Symbole in der abstrakten Kunst* ist ein erster Anhaltspunkt der Cobra-Periode, ebenso wie die ein Jahr später erfolgte Gründung der abstrakt-surrealistischen Künstlervereinigung Linien durch Bjerke Petersen, Richard Mortensen und Ejler Bille. Henry Heerup nimmt an der ersten Ausstellung der Gruppe teil. Bald stoßen auch Sonja Ferlov, Egill Jacobsen und Jens August Schade dazu.

Asger Jorn, der 1933 mit der Teilnahme an »Freie jütländische Maler« erstmals öffentlich ausstellt, fährt 1936 mit dem Motorrad nach Paris. Er nimmt Stunden bei Fernand Léger und arbeitet für ein Projekt

◁
*Umschlag der ersten Ausgabe der Zeitschrift Reflex,
September 1948, mit einer Zeichnung von Corneille*

von Le Corbusier bei der Pariser Weltausstellung. Im folgenden Jahr ziehen auch Bille und Richard Mortensen in die französische Hauptstadt. Dort lernen sie Kandinsky kennen.

Die Ausstellung »Neoimpressionismus – abstrakte Kunst – Neoplastizismus – Surrealismus« bringt in Kopenhagen die dänischen Künstler von Linien mit einer bedeutenden ausländischen Delegation zusammen. Der Vielfalt der vorhandenen Strömungen entspricht ein gemeinsames Ziel, nämlich »die zeitgenössische Kunst nach Dänemark zu bringen«.

In dieser Periode unmittelbar vor den Zweiten Weltkrieg, zur Zeit der Machtübernahme durch die Nazis, schuf Jacobsen mit *Ophoning* (Aufhäufung) ein bildnerisches Manifest und damit das erste Vorläuferwerk von Cobra.

1940–1948

Viele der zukünftigen belgischen Cobra-Mitglieder engagierten sich zunächst beim Surrealismus: Marcel Havrenne, Paul Colinet, Pol Bury. 1940 veröffentlicht der aus Paris zurückgekehrte Raoul Ubac gemeinsam mit René Magritte die Zeitschrift *L'Invention collective*. Nach der Lektüre des ersten Hefts stellt sich ein junger Schriftsteller mit einem Gedicht bei Ubac und Magritte vor: Christian Dotremont. Er wird der unermüdliche Dreh- und Angelpunkt der Bewegung sein. Als einer der größten Dichter seiner Zeit hat er aus Theorie, Praxis und Schaffen von Cobra einer ihrer besten Errungenschaften hervorgebracht: die logogrammatische Schrift.[1]

1941 hält sich Dotremont in Paris auf. Er lernt Gaston Bachelard, Jean Cocteau, Alberto Giacometti, Paul Eluard, Pablo Picasso und Noël Arnaud kennen. Letzterer verfolgt den Surrealismus in der Gruppe La Main à Plume trotz der Besatzung durch die Nazis weiter. Im Verlag La Main à Plume veröffentlicht Dotremont die zwei Bände *Noués comme une cravate* und *Lettres d'amour*.

Zu diesem Zeitpunkt besuchen zwei junge Maler, Corneille und Karel Appel, Zeichen- und Grafikkurse an der Amsterdamer Kunstakademie.

In den Jahren 1941 bis 1944 veröffentlichen die späteren dänischen Cobra-Künstler die Zeitschrift *Helhesten*, in der archäologische, volkskundliche und mythologische Themen im Vordergrund stehen.[2] In dieser dänischen Bewegung lassen sich bereits zahlreiche Züge von Cobra erkennen: die Reisen, die Zusammentreffen, der Gruppengeist, die Vermischung der Gattungen, die Veröffentlichung einer Zeitschrift, der Wille zur Spontaneität und schließlich eine besondere Aufmerksamkeit gegenüber der skandinavischen Kunst und der Mythologie der Wikinger.

Seit Kriegsende knüpft Asger Jorn Kontakte im Ausland und versucht, künstlerische Aktivitäten auf internationaler Ebene zu organisieren. In Paris kommt er mit Jean-Michel Atlan, Noël Arnaud und vor allem mit dem jungen holländischen Maler Constant Nieuwenhuis, den er in der Galerie Pierre kennenlernt, zusammen. Über ein späteres Treffen der beiden in Amsterdam schreibt Constant: »Bei dieser Gelegenheit kamen wir den Dingen auf den Grund [...] mit der Sicherheit, daß das Konzept einer rein abstrakten Kunst Illusion sei und daß jedes Bild einen Inhalt in sich trägt, der uns zur Gestaltung von Bildern anregt und provoziert.«[3]

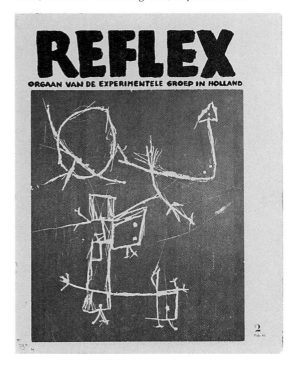

Umschlag der zweiten Ausgabe von Reflex, Februar 1949, mit einer Zeichnung von Jacques Doucet

Redaktionssitzung der Zeitschrift Cobra im Atelier von Jean-Michel Atlan, Rue de la Grande Chaumière in Paris. Jacques Doucet, Constant, Christian Dotremont, Denise Atlan, Jean-Michel Atlan, Corneille, Karel Appel

In Brüssel wird Dotremont von der Gruppe um Magritte auf die schwarze Liste gesetzt, weil er seiner Bewunderung für Jean Cocteau Ausdruck verliehen hatte.[4] Dennoch nimmt er 1945 an der Surrealisten-Ausstellung teil, aus deren Anlaß Paul Nougé bekanntgibt, daß »sich die Surrealisten ohne Zögern der Kommunistischen Partei angeschlossen haben«. Dotremont arbeitet bei *Drapeau Rouge* mit, dem offiziellen Organ der Kommunistischen Partei Belgiens. Er lernt Edouard Jaguer, Yves Bonnefoy und Tristan Tzara kennen.

Zu dieser Zeit entsteht die andere, aus der Künstlervereinigung La Jeune Peinture Belge hervorgegangene und später zum Teil in Cobra übergehende Bewegung, der folgende Künstler angehören: Louis van Lint, Jan Cox, Georges Collignon und vor allem Pierre Alechinsky.

Dotremont verwendet weiterhin seine ganze Kraft auf den Zusammenhalt von Surrealismus und Kommunismus. Zu diesem Zweck veröffentlicht er in der dritten Ausgabe der Zeitschrift *Les Deux Sœurs* den Aufsatz *Le Surréalisme Révolutionnaire* und gründet im April und Mai 1947 die gleichnamige Bewegung.[5]

Zur gleichen Zeit spaltet sich die surrealistische Bewegung in Paris. André Breton versammelt die Stalin-Gegner um sich. Die anderen, darunter Noël Arnaud, die durch den jahrelangen gemeinsamen Widerstand zusammengeschweißt waren, berufen sich auf den Kommunismus. Am 1. Juli veröffentlichen sie *La cause est entendue* gemeinsam mit den belgischen Mitgliedern des Surréalisme Révolutionnaire.

Ende Oktober 1947 findet in Brüssel der Internationale Kongreß des Revolutionären Surrealismus statt. Den Vorsitz hat Achille Chavée; mit ihm sitzen Dotremont, die Franzosen Noël Arnaud und René Passeron, der Däne Jorn, aber auch die Tschechen Joseph Istler und Zdenek Lorenc von der Gruppe Ra auf dem Podium. Bei dieser Gelegenheit tritt Joseph Noiret, der soeben die Bekanntschaft von Dotremont gemacht hatte, dem Revolutionären Surrealismus bei.

Ebenfalls im Jahr 1947 begegnet Corneille in Ungarn dem Franzosen Jacques Doucet, mit dem er Freundschaft schließt, was im folgenden die Kontakte zwischen den holländischen und Pariser Cobra-Gruppen erleichtern wird.

1948 ist gekennzeichnet von dem Streit zwischen den revolutionären Surrealisten in Frankreich, die sich von der französischen Kom-

Gruppenfoto der Høst-Ausstellung 1948 in Kopenhagen, abgebildet in der ersten Ausgabe des Cobra-Magazins. Von links nach rechts stehend: S. Wiklund, E. Mancoba, C.-H. Pedersen, E. Ortvad, E. Bille, K. Nielsen, T. Mellrup, A. Vögel-Jørgensen, E. Thommesen. Davor sitzend: K. Appel, T. Appel, Ch. Dotremont, S. Ferlov, E. Alfelt. In der vordersten Reihe: A. Jorn, Corneille, Constant, H. Heerup

munistischen Partei distanzieren, und den Belgiern, die sich unter der Führung von Dotremont nach wie vor den Kommunisten anschließen.

Jorn reist im Oktober über Amsterdam, wo er mit Constant zusammentrifft, nach Brüssel.

La cause était entendue

Vom 5. bis 7. November 1948 findet in der Rue Férou in Paris der »Internationale Kongreß des Informationszentrums für Avantgardekunst« statt. Dotremont und Joseph Noiret treffen sich mit Jorn und drei weiteren Mitgliedern der Holländischen Gruppe für experimentelle Kunst, nämlich Constant, Appel und Corneille. Sie verlassen diesen stürmischen Vortrag, um mit dem theoretischen Gerede endgültig Schluß zu machen. Jorn und Dotremont experimentieren gemeinsam an »Wort-Bildern«: *La chevelure des choses; Je lève, tu lèves, nous rêvons; Un visage suffit à nier le miroir.* Sie versammeln sich am 8. November im Hôtel Notre Dame, wo sie beschließen, gemeinsam Experimente zu entwickeln – eine internationale experimentelle Kunst. Dotremont verfaßt das von allen unterschriebene Künstlermanifest *La cause était entendue*: »Die organische experimentelle Zusammenarbeit frei von jeglicher steriler Theorie und Dogmatik ist für uns die einzige Möglichkeit, um eine internationale Aktivität fortzusetzen [...].«

Ihre Haltung ist dem Pariser Zentrismus zu diesem Zeitpunkt diametral entgegengesetzt. Ihr Wille: den eigenständigen Charakter der regionalen, an die Volkskunst gebundenen Kulturen zu erhalten und auf diesem Wege eine internationale Dimension zu erlangen. Im Ausstellungskatalog der Høst-Gruppe von 1948 schreibt Bille: »Der experimentellen dänischen Kunst ist es offenbar gelungen, die Wurzeln, die sie mit den lebendigen Traditionen unseres Landes verbinden, zu verstärken, ohne ihre internationale Ausstrahlung einzubüßen. [...].« Es handelt sich hierbei um ein Charakteristikum von Cobra, auf das Dotremont immer wieder hinweist. So gibt er 1976 beispielsweise auf die Frage »Besteht kein Widerspruch zwischen Regionalismus und Internationalismus?«

folgende Antwort: »Ich glaube, man muß zuerst seine einheimischen Grundlagen suchen. Von dort aus sollte man sich dann für die Grundlagen der anderen interessieren [...] aus den Entsprechungen, Ähnlichkeiten und Gegensätzen bildet sich dann der echte Internationalismus heraus.«[6]

Einige Tage nach Abfassung des Manifests erfindet Dotremont in Brüssel das Akronym »Cobra«, das sich aus den Anfangsbuchstaben der drei europäischen Hauptstädte Kopenhagen, Brüssel und Amsterdam zusammensetzt.

Im Anschluß daran haben Dotremont, Appel, Corneille und Constant ihre erste Begegnung mit dem Norden: Vom 15. November bis 5. Dezember findet in Kopenhagen eine Ausstellung von Høst statt. Die Zugreise durch das in Ruinen liegende Deutschland hat einen tiefen Eindruck auf die Holländer hinterlassen. Namentlich Appel hat das Bild der bettelnden Kinder (*Vragende kinderen*) auf den Bahnsteigen in Erinnerung behalten.

Jorn, der im Namen der Dänen als einziger *La cause était entendue* unterschrieben hat, organisiert eine Zusammenkunft seiner Landsleute Heerup, Bille, Pedersen, Ferlov, Alfelt, Erik Thommesen. Das ist der Anfang von Cobra. Die Entstehung wird fotografisch dokumentiert: Dotremont als geistige Mitte, Jorn in einer unakademischen Pose, Heerup Flöte spielend, Constant und Corneille mit strahlenden Augen, Appel schelmisch, Pedersen mit seinem Engelshaar à la Harpo Marx, das Kind von Sonja Ferlov und Ernest Mancoba... Der Mythos beginnt sich zu entfalten.

Dotremont wird Generalsekretär der Bewegung und Chefredakteur der Zeitschrift *Cobra*[7], deren Ausgaben reihum von den verschiedenen Landesgruppen herausgegeben werden sollen.

Am 20. Feburar 1949 erscheint in Brüssel die erste Ausgabe von *Petit Cobra*, einer zusätzlichen Zeitschrift.[8] Darin sind außer dem Künstlermanifest eine erste Definition von Cobra durch Dotremont unter dem Titel *Qu'est-ce-que c'est?* sowie ein Text von Constant mit der Überschrift *Les neufs points du Groupe Expérimental Hollandais* abgedruckt. Als Brüsseler Cobra-Adresse wird das Haus Nr. 10 in der Rue de la Paille angegeben, der Wohnort Dotremonts.

Zweiseitiges Layout aus der ersten Cobra-Ausgabe, erschienen März 1948, mit einem Gruppenfoto der Høst-Ausstellung und einer Lithografie von Asger Jorn

Erste internationale Ausstellung für experimentelle Kunst im Stedelijk Museum Amsterdam, November 1949. Auf den Wänden Arbeiten von Constant (links) und von Zoltan Kemeny (rechts). Werke von Karl-Otto Götz und Pierre Alechinsky auf Sockeln

Zur gleichen Zeit erscheint in Amsterdam die zweite Ausgabe der Zeitschrift *Reflex*, die sich ebenfalls international gibt. Die Umschlaggestaltung hat Doucet besorgt; es sind Werke von Erik Thommesen und Pedersen abgebildet, neben einem Text von Dotremont in französischer Sprache. Um unnütze Wiederholungen zu vermeiden, wird *Reflex* eingestellt. Die ersten beiden Ausgaben von *Cobra* sind erschienen. Die Energie der Gruppe ist deutlich erkennbar. Die verschiedenen Sprachen stehen nebeneinander. Die Gattungen überschneiden sich. Zahlreiche Arbeiten sind Gemeinschaftsproduktionen. Der Umschlag für die erste Ausgabe stammt von Jorn, Pedersen und Jacobsen. Die Themen sind bildende Kunst, Dichtung, Archäologie, Mythologie. Die Volkskunst nimmt einen bedeutenden Platz ein. In dem Artikel *Discours aux pingouins* (Rede an die Pinguine) setzt Jorn Spontaneität an die Stelle des surrealistischen Automatismus. In der zweiten Ausgabe wird der Einfluß von Gaston Bachelard spürbar, insbesondere in dem Artikel von Pol Bury mit dem Titel *De la pièce montée à la pierre*.

Anfang März stellen Appel, Constant und Corneille in Amsterdam aus. Unmittelbar danach verstärkt die Brüsseler Ausstellung »La fin et les moyens« (Der Zweck und die Mittel) den internationalen Charakter der Bewegung: Zu den Dänen, Belgiern und Holländern stoßen der Franzose Doucet, der Tscheche Joseph Istler und der Brite Stephen Gilbert. Die belgischen Cobra-Mitglieder erweitern ihren Kreis: Alechinsky trifft Dotremont in der Ausstellung und schließt sich sofort der Cobra-Gruppe an, woraufhin auch Luc Zangrie (alias Luc de Heusch), Jean Raine, Reinhoud d'Haese, Hugo Claus und Michel Olyff beitreten. Alechinsky bringt die »Logistik« der Ateliers du Marais in die Gruppe ein, wo die reisenden Künstler arbeiten können: Atlan, Jorn, Appel, Constant, Corneille, Edouard Jaguer, Uffe Harder, Ubac... Eine große Zahl von Cobra-Arbeiten werden auf der Lithopresse der Ateliers gedruckt.

Im April nehmen Dotremont und Noiret am Weltkongreß der Friedenskämpfer teil. Sie veröffentlichen *La colombe de Picasso* (Picassos Friedenstaube) und engagieren sich weiterhin bei der Kommunistischen Partei.

Erste internationale Ausstellung für experimentelle Kunst im Stedelijk Museum Amsterdam, November 1949. Im Hintergrund ein Gemälde von Karel Appel und eine Plastik von Henry Heerup. Im Vordergrund links die Grafikserie Die Berufe von Pierre Alechinsky. Rechts ein Gemälde von Jacques Doucet

Erste internationale Ausstellung für experimentelle Kunst im Stedelijk Museum Amsterdam, November 1949. Auf den Wänden Bilder von Theo Wolvecamp und Carl-Henning Pedersen, Im Vordergund Skulpturen von Erik Thommesen

Corneille, Constant und Appel stellen in Paris in der Galerie Colette Allendy aus. Dotremont verfaßt das Katalogvorwort *Par la grande porte* (Durch die große Tür). Im Mai haben sie eine Ausstellung in der Galerie Birch in Kopenhagen. Im Juni geht Corneille nach Algier, während Constant mit seiner Familie bei Jørgen Nash ist, wo er mit Jorn ein Zementrelief ausführt. Jorn und Constant werden sich erst Jahre später wiedersehen.

In Knokke-le-Zout findet vom 18. Juni bis 10. Juli 1949 das Zweite weltweite Festival des Kunstfilms statt. In seinem Rahmen organisiert das belgische Filmmuseum (Cinémathèque) vom 25. Juni bis 8. Juli ein internationales Festival für experimentellen und poetischen Film. Das Plakat für diese Veranstaltung stammt von Alechinsky, ebenso wie der Umschlag für die dritte Ausgabe von *Cobra*, die bei dieser Gelegenheit dem Experimentalfilm gewidmet ist.[9]

Anfang August organisieren die belgischen *Cobra*-Schriftsteller Paul Bourgoignie, Marcel Havrenne, Joseph Noiret und Dotremont in der kleinen Galerie des Kunstseminars die in erster Linie burleske und poetische Ausstellung »L'objet à travers les âges«, die wie ein Vorläufer des minimalistischen Geistes daherkommt. Der Musiker Jacques Calonne gesellt sich zu ihnen.

Der Ausstellung folgt von Mitte August bis Mitte September das Internationale Künstlertreffen von Bregnerød nördlich von Kopenhagen. Unter den ausländischen Teilnehmern befinden sich: Stephen Gilbert, Simone und Edouard Jaguer, Anders Österlin und Dotremont. Jorn hatte den Architektur-Studenten, die ihr Gebäude zur Verfügung stellten, versprochen, es künstlerisch zu gestalten. Auf diese Weise kommt es zu einem der bedeutendsten Cobra-Kollektivwerke. Die zweite Ausgabe von *Le Petit Cobra* ist dieser Begegnung gewidmet. Dotremont und Edouard Jaguer nutzen die Gelegenheit, einen Sprung nach Schweden zu machen, wo sie die Imaginisten Carl-Otto Hultén, Anders Österlin und Max Walter Svanberg treffen.

Die Holländische Gruppe für experimentelle Kunst veröffentlicht die Texte *Goede morgen Haan* (Guten Morgen, Hahn) von Constant und

Umschlag der sechsten Ausgabe des Cobra-Magazins von 1950 mit einer Zeichnung von Léo van Roy

Umschlag der siebten Ausgabe des Cobra-Magazins von 1950 mit einer Schiefer-Grafik von Raoul Ubac

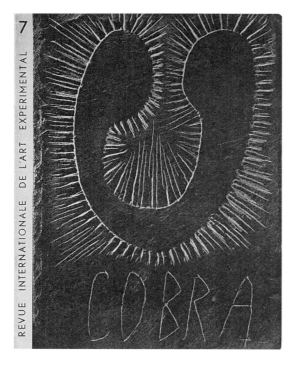

Gerrit Kouwenaar, *Promenade aus pays des pommes* (Spaziergang im Apfelland) von Corneille und *Les jambages au cou* (Die Sockel am Hals) von Dotremont mit Zeichnungen von Corneille.

In Brüssel brechen Dotremont, Jospeh Noiret und Alechinsky aufgrund der jdanovistischen Thesen im Oktober endgültig mit den *Lettres françaises* und den Kommunisten.[10]

Unter der Leitung von Willem Sandberg findet vom 3. bis 28. November 1949 im Stedelijk Museum Amsterdam die erste der beiden großen internationalen Cobra-Ausstellungen statt. Die holländische Sektion besorgt die vierte Ausgabe von *Cobra*, die gleichzeitig als Ausstellungskatalog dient. Auf dem Umschlag sind provozierende Fotogramme von Jørgen Roos abgedruckt, im Innern des Heftes: Kinderzeichnungen, ein Künstlermanifest von Constant mit dem Titel *C'est notre désir qui fait la révolution* (Unser Trieb ist die Revolution), ein Text von Marcel Havrenne mit der Überschrift *Pour une physique de l'écriture* (Für eine exakte Wissenschaft der Schrift) sowie mehrere (nicht signierte) Aphorismen: »L'art n'a rien de commun avec la beauté« (Die Kunst hat mit der Schönheit nichts gemein), »Le meilleur tableau est celui que la raison ne peut admettre« (Das beste Gemälde ist jenes, das die Vernunft nicht zuläßt), »En art pas de politesse. L'art c'est du désir brut« (Keine Höflichkeit in der Kunst. Die Kunst ist das reine Triebverlangen). Anläßlich dieser Ausstellung tauchen einige neue Namen auf: Ein Amerikaner japanischer Herkunft, Shinkichi Tajiri, zwei Ungarn, Zoltan und Madeleine Kemeny, als Repräsentanten der Schweiz und die Deutschen Karl-Otto Götz und Anneliese Hager... Die gänzlich neue Präsentationsform der Ausstellung ist dem Architekten Aldo van Eyck zu verdanken.

Am 5. November ruft Dotremont einen Skandal hervor. Auf Einladung der Schriftsteller der Holländischen Gruppe für experimentelle Kunst liest er einen langen, sehr langen französischen Text mit dem Titel *Le grand rendez-vous naturel* (Das große natürliche Stelldichein). Es kommt zu einer Schlägerei. Die Presse berichtet darüber und spart bei dieser Gelegenheit nicht mit Kritik an der Ausstellung. Diese Ereignisse spalten die Holländische Gruppe für experimentelle Kunst: die Schriftsteller Lucebert, Bert Schierbeek, Gerrit Kouwenaar und die Maler

Micky und Pierre Alechinsky mit dem Werbeplakat für die siebte Ausgabe von Cobra bei der Arbeit an der Lithografiepresse in den Ateliers du Marais, Brüssel, 1950

Eugène Brands und Anton Rooskens verlassen Cobra. Theo Wolvecamp folgt ihnen kurze Zeit später.

Constant, Corneille und Appel unternehmen vom 19. November bis 4. Dezember eine Reise nach Dänemark. Sie beteiligen sich an der Ausstellung der Gruppe Høst. Mehrere dänische Cobra-Mitglieder, unter anderem Heerup und Jorn, verweigern die Teilnahme. Die Holländer gehen nach Malmö, wo sie im Kollektiv mit den schwedischen Imaginisten an Lithografien arbeiten. Zurück in Dänemark, wohnen sie bei Eric Nyholm in der Nähe von Silkeborg und malen sein Haus mit Wandbildern aus.

Am Jahresende begeben sich Dotremont und Alechinsky nach Paris. Vom 30. Dezember 1949 bis zum 15. Januar 1950 findet in Kopenhagen eine Ausstellung der Künstlergruppe Spiralen statt, bei der Cobra mit Mogens Balle, Carl Otto Hultén, Anders Österlin, Dotremont, Edouard Jaguer, Jorn und Robert Dahlmann-Olsen stark vertreten ist.

Zweite internationale Ausstellung für experimentelle Kunst, Lüttich, 1951. Auf der linken Wand Gemälde von Constant und Louis Van Lint. In der Raummitte Skulpturen von Henry Heerup auf einem Kohlefeld. Aufnahme von Serge Vandercam

Zweite internationale Ausstellung für experimentelle Kunst, Lüttich, 1951. Skulpturensaal mit Werken von Erik Thommesen, Shinkichi Tajiri (links) und Coq de Reinhoud (rechts). Aufnahme von Serge Vandercam

Zweite internationale Ausstellung für experimentelle Kunst, Lüttich, 1951. Karel Appel-Raum. Aufnahme von Serge Vandercam

1950

Cobra erweitert seinen internationalen Aktivitätsradius. Aber die Streitpunkte häufen sich in den holländischen und dänischen Sektionen der Bewegung. Die belgische Gruppe ist weiterhin sehr aktiv an der Herausgabe der Zeitschrift und am Austausch von Korrespondenzen, Briefen und Artikeln mit anderen Bewegungen und Zeitschriften beteiligt: Numero (Fiamma Vigo) in Florenz, Rixes (Edouard Jaguer) in Frankreich, Meta (Karl-Otto Götz) in Deutschland ...

Am 12. Januar veröffentlicht Aldo van Eyck ein Pamphlet mit dem Titel *Een appel aan de verbeelding* (Ein Appel an die Fantasie), das er mit »Experimentelle Gruppe« unterschreibt. Er stellt die Verantwortlichen der Amsterdamer Stadtverwaltung in Frage, die den Auftrag gegeben hatten, das von Appel für die Wirtsräume des Amsterdamer Rathauses geschaffene Wandgemälde *Fragende Kinder* zu entfernen.[11]

Im Februar erscheint im Cobra-Verlag *Les Poupées de Dixmude* (Die Puppen von Dixmude) von Pierre Alechinsky mit einer Einleitung von Luc de Heusch. Als nächster Band erscheint *La main heureuse* (Die glückliche Hand) von Marcel Havrenne mit zehn Zeichnungen von Pol Bury.

Aus dieser Zeit stammt auch die erste Reihe von Heften, die zusammen eine *Encyclopédie permanente de l'art expérimental* (Enzyklopädie der experimentellen Kunst) ergeben sollten. Es handelt sich dabei um fünfzehn, von Cobra-Autoren geschriebene kurze Monografien über Cobra-Künstler in einem farbig lithografierten Umschlag. Dotremont hat die meisten Monografien verfaßt, nämlich jene über Appel, Constant, Corneille, Ferlov, Heerup, Jacobsen, Jorn und Pedersen; von Pedersen stammen die Hefte über Alfelt, Gilbert und Gudnason; Luc de Heusch schreibt über Alechinsky, Michel Ragon über Atlan und Bille und Jean Laude verfaßt die Monografie über Doucet. Die Beweggründe beschreibt Jorn mit folgenden Worten: »Wir versuchten einen Kontakt zwischen den Künstlern und dem Publikum herzustellen. Wir wollten einen Austausch analog jenem aufbauen, wie er in der Wissenschaft herrscht, der ihre Stärke ausmacht und sie zur internationalen Zusammenarbeit anstößt. Wir hoffen, daß die Vertreter anderer Kunsttendenzen diese Idee aufgreifen und ebenfalls mithelfen, die künstlichen Schranken niederzureißen, in denen sich die Ismen der zeitgenössischen Kunst bewegen.«

Mehrere Cobra-Mitglieder stellen vom 17. Feburar bis 2. März in der Brüsseler Galerie Apollo aus. Im März arbeiten Dotremont und Atlan in den Ateliers du Marais an den *Verwandelten* (Transformes).

In Hannover besorgt Karl-Otto Götz die fünfte *Cobra*-Ausgabe, bei der ein Dutzend deutsche Künstler mitarbeiten. Alle folgenden Ausgaben werden in Brüssel herausgegeben.

Die sechste Ausgabe konzentriert sich auf die Volkskunst, die Jorn folgendermaßen definiert: »[...] Kunst der Weltbevölkerung, und es gibt keine spezifisch nationale Kunst. Der Nationalcharakter stellt nur eine Variante eines gemeinsamen Gegenstandes dar [...] Nur ein Künstler von internationalem Geist findet seine Inspirationsquelle in der Volkskunst.« Daneben sind Texte über den Karneval von Binche abgedruckt, über den belgischen Kongo und über Vertreter der Volkskunst sowie ein Brief von Jean Dubuffet, ein Text von Hans Bellmer, Bemerkungen von Gaston Bachelard ... Dotremont veröffentlicht die Fortsetzung seines *Grand rendez-vous naturel*. In Begleitung zu dieser Ausgabe findet vom

8. bis 15. April in der Galerie Apollo eine Ausstellung mit Werken von Hugo Claus, Corneille, Anders Österlin, Karl-Otto Götz und Jorn statt.

Im Cobra-Verlag erscheint *L'aventure dévorante* (Das verschlingende Abenteuer) von Joseph Noiret mit Zeichnungen von Pol Bury.

Die Gruppe Réalité-Cobra um Georges Collignon organisiert vom 27. Mai bis 2. Juni in Lüttich eine Ausstellung, in der unter anderem Werke von Pol Bury zu sehen sind. Gleichzeitig erscheint ein acht Seiten starkes Heft mit dem Titel *Réalité-Internationale de Cobra* (Cobras Internationale Wirklichkeit).

Im Juni gibt es zwei Neuerscheinungen: *Zonder vorm van Proces* (Ohne jeglichen Prozeß) von Hugo Claus, die Umschlaggestaltung sowie eine Sonderseite stammen von Alechinsky, und *Notes de Zoologie* von Lewis Caroll, der das Interesse Cobras an der Tierwelt anschaulich macht.[12] Der Text wird von einem Vorwort von Dotremont eingeleitet und von vier Holzschnitten von Michel Olyff begleitet. Dotremont bringt die Schrift *Le réalisme-socialiste contre la révolution* (Der sozialistische Realismus ist gegen die Revolution) heraus, und es folgt die dritte Ausgabe von *Le Petit Cobra*.

In dieser Zeit erscheinen neu neben *Cobra* und *Le Petit Cobra* fünf Ausgaben von *Le Tout Petit Cobra*, von denen vier unter der Leitung von Joseph Noiret entstanden sind. In der fünften Ausgabe ist ein mörderischer Aphorismus gegen den sozialistischen Realismus von Alechinsky enthalten: »C'est en forçant qu'on devient forgeron.«

Im Sommer laufen die Dreharbeiten zu dem einzigen Cobra-Film *Perséphone*. Drehbuch und Regie: Luc de Heusch. Textvorlage von Jean Raine. Musik von André Souris. Im September lassen sich Constant, Corneille und Appel in Paris nieder. Vom 6. bis 30. Oktober veranstaltet die Galerie Maeght die vierte Folge der Ausstellungsreihe »Mains Ebrouies«, die jungen Künstlern gewidmet ist. Die Auswahl umfaßt unter anderem Arbeiten von Alechinsky, Georges Collignon, Corneille und Doucet. Im Buchladen der Galerie improvisieren die vier Künstler eine Cobra-Ausstellung, die jedoch nicht beachtet wird.

Ebenfalls in Paris und etwa zum gleichen Zeitpunkt nehmen Jorn, Bille, Jacobsen, Pedersen und Svavar Gudnason am 17. Salon des Surindépendants teil, während in der Galerie Colette Allendy Doucet, Atlan, Tajiri, Constant, Corneille und Appel zu sehen sind.

In Brüssel veranstaltet die Galerie Saint-Laurent eine Ausstellung mit Arbeiten von Ubac, Roland d'Ursel und Serge Vandercam. Das Vorwort zum Ausstellungskatalog von Dotremont, das den Titel *Les développements de l'œil* (Die Entwicklungen des Auges) trägt, hat eine große Bedeutung für die Fotografie.

Die siebte *Cobra*-Ausgabe erscheint. Zu den bevorzugten Themen kommt dieses Mal die Psychoanalyse in Form mehrerer Textbeiträge von Jean Raine, Alechinsky und Franz Hellens. Hervorzuheben sind auch der Beitrag *L'Atlas psychologique* (Der psychologische Atlas) von Pol Bury über Hainaut, der einen signifikanten Beleg für die geografische Dimension von Cobra darstellt, sowie der Text *Le Frej (Frö). De la fête populaire au mythe universel* (Der Frö. Vom Volksfest zum Universalmythos) von Jorn. Er ist beispielhaft für Jorns Studien über skandinavische Mythologie, die sein ganzes Leben geprägt haben; und schließlich *Signification et sinification* (Bedeutung und »Verchinesung«) von Dotremont, der festhält: »Die wahre Poesie ist diejenige, bei der die Schrift ein Wörtchen mitzureden hat.«

Zweite internationale Ausstellung für experimentelle Kunst, Lüttich, 1951. Shinkichi Tajiri-Raum. Aufnahme von Serge Vandercam

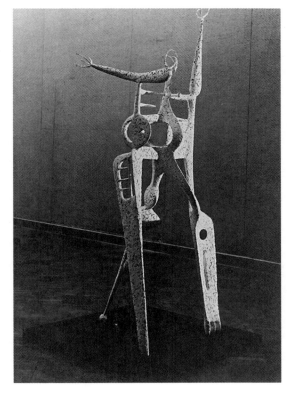

Zweite internationale Ausstellung für experimentelle Kunst, Lüttich, 1951. Plastik von Shinkichi Tajiri. Aufnahme von Serge Vandercam

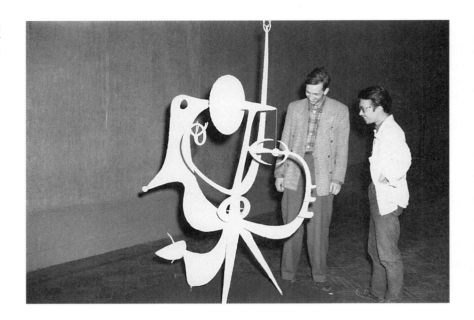

Zweite internationale Ausstellung für experimentelle Kunst, Lüttich, 1951. Constant und Shinkichi Tajiri vor einer Plastik von Tajiri. Aufnahme von Serge Vandercam

[1] Die ersten Logogramme entstehen 1962; siehe Max Loreau, *Dotremont Logogrammes,* Paris, Georges Falle, 1975.
[2] Søren Kaspersen, »Carl Henning Pedersen et les fresques«, in: *Carl-Hen ning Pedersen og Else Alfelt,* Sammlungs-Kat., Herning, Carl-Henning Pedersen und Else Alfelt-Museum, 1993, S. 97–121.
[3] »Constant«, in: *Jean-Clarence Lambert, Grand Hôtel des valises. Locataire: Dotremont,* Paris, Galilée, 1981, S. 70. Dieser Satz von Constant drückt ein zentrales Anliegen der Cobra-Maler aus. Diesen Aspekt habe ich mit dem Begriff »Bildwerdung« gefaßt. (in: Richard Miller, *Cobra,* Paris Nouvelles Editions Françaises, 1994).
[4] Besonders in einem mit Pangloss unterzeichneten Artikel, der in *Pan* Nr. 45 erschienen ist; siehe die von André Blavier herausgegebenen Schriften von René Magritte, *Ecrits complets,* Paris, Flammarion, 1979, S. 240.
[5] Siehe dazu Christian Dotremont, »La porte va enfin s'ouvrir tout à fait: Du surréalisme à Cobra (1940–1948)«, von Joseph Noiret herausgegeben in: *L'Estaminet,* Nr. 7, Waterloo, 1996.
[6] »Christian Dotremont«, in: *Jean-Clarence Lambert,* a.a.O., Anm. 3, S. 76.
[7] Siehe Neudruck von *Cobra, Petit Cobra, Tout Petit Cobra* und Dokumente im Anhang im Verlag Jean-Michel Place, Paris, 1980.
[8] »Während Cobra sich zum Inneren wendet, veranschaulicht, will Petit Cobra die Nachrichten der experimentellen Welt in der anti-experimentellen Welt verbreiten; es ist selbst ein Experiment« (Christian Dotremont, in: *Le Petit Cobra,* Nr. 3).

Constant hat vom 2. bis 13. November eine Einzelausstellung in Paris, während dem Schaffen von Pedersen vom 18. November bis 3. Dezember in Kopenhagen eine Retrospektive gewidmet ist. Alechinsky und Dotremont besuchen die Ausstellung und fahren dann nach Schweden weiter. Alechinsky, Mogens Balle, Pol Bury und Jorn werden von der Gruppe Spiralen zu einer Ausstellung in Kopenhagen eingeladen. In Paris geben Hugo Claus und Appel *De blijde en onvoorziene week* (Die glückliche und unerwartete Woche) heraus.

1951

Zum Jahresbeginn erscheint die vierte und letzte Ausgabe von *Petit Cobra* mit einer Hommage an Max Ernst. Im Februar organisieren Dotremont und Michel Ragon in Paris in der Galerie 73 eine Cobra-Überblicksausstellung mit Werken von Alechinsky, Pol Bury, Hugo Claus, Georges Collignon, Atlan, Doucet, Stephen Gilbert, Anders Österlin, Jacobsen, Jorn, Appel, Corneille, Tajiri und Wolvecamp. Im April findet in der Galerie Pierre in Paris die Ausstellung »5 Cobra-Maler« statt mit Appel, Mogens Balle, Corneille, Jacobsen und Jorn, der jedoch an Tuberkulose erkrankt und zu einem langen Aufenthalt im Sanatorium von Silkeborg nach Dänemark zurückkehren muß.

In diesen Zeitraum fällt die große Reise, die Corneille und Aldo van Eyck in die Wüste Hoggar unternommen haben.[13] Mit Unterstützung des jungen dänischen Autors Uffe Harder bereitet Dotremont die *Cobra-*Doppelausgabe Nummer 8/9 vor (sie kommt nicht über das Stadium der Druckreife hinaus), die mit Jens August Schade, Autor des außergewöhnlichen Romans *Deux êtres se rencontrent et une douce musique s'élève dans leurs cœurs* (Zwei Wesen begegnen sich, und eine zarte Musik ertönt in ihren Herzen), eine starke literarische Beteiligung von seiten der Dänen enthält. Ein Gedicht auf Dänisch und Französisch sticht hervor, das von einem Autor namens Bent Findel signiert ist. In Wirklichkeit handelt es sich um Dotremont, dessen Begeisterung für den Norden ihn zu wiederholten Aufenthalten sowie zum Erlernen der dänischen Sprache anregt. Er ist mit einer Dänin liiert, die in seinem gesamten Schaffen unter dem Namen Gloria auftaucht.

Vom 9. bis 29. Mai stellen Appel, Constant, Corneille und Wolvecamp in Paris im Salon du Mai aus.

Der Herbst ist den Vorbereitungen zu der Lütticher Ausstellung gewidmet, die vom 6. Oktober bis 6. November im Palais des Beaux-Arts gezeigt wird. Aldo van Eyck erfindet eine neue Präsentationsform: Die Plastiken von Heerup sind beispielsweise auf einem Feld aus Kohlestücken aufgestellt, die auf den Ausstellungsort Wallonien anspielen.

Mehrere bekannte Künstler haben sich mit unterschiedlichem Erfolg an der Ausstellung beteiligt. Jean Raine organisiert parallel dazu ein kleines Festival für experimentellen und abstrakten Film. Auf dem Programm stehen *Perséphone*, aber auch Kurzfilme von Hans Richter, Norman McLaren, Fernand Léger...

Die zehnte *Cobra*-Ausgabe dient als Katalog. Sie scheint weniger literarisch als theoretisch orientiert und enthält Beiträge von Brian Martinoir, Luc de Heusch und Alechinsky (Abstraction faite). Dotremont, der sich ebenfalls im Sanatorium in Silkeborg aufhält, erscheint nicht zur Ausstellungseröffnung. Von dieser Zeit berichtet Dotremont in einem Roman, der 1955 unter dem Titel *La pierre et l'oreiller* (Der Stein und das Kopfkissen) erscheint. Auch die Dänen kommen nicht zur Vernissage. Alechinsky läßt sich in Paris nieder. Auf der letzten Seite der zehnten *Cobra*-Ausgabe, deren Produktion er leitete, liest man: »Diese letzte Ausgabe des *Cobra*-Magazins [...].« Dies ist der letzte offizielle Anhaltspunkt.

Karel Appel und Pierre Alechinsky. Tuschezeichnungen zu zwei Pinseln im Atelier von Alechinsky in Bougival, 1976

Cobra après Cobra

Cobra bricht damit abrupt ab, ohne sich die Zeit für ein langsames Abnehmen zu geben. Die Bewegung alterte nicht, sie erlebte nur blühende Talente und die Vielfalt möglicher Erfahrungen. Dotremont schreibt: »Obwohl einer den anderen häufig aus den Augen verliert, eint uns noch immer das Ablehnen jeder Methode und die Freiheit der Betrachtung. Selbstverständlich mit unseren jeweiligen persönlichen Vorlieben innerhalb des großen naturgegebenen Dispatchings, das bereits unsere große natürliche Begegnung bewegt hatte [...].«[14] Anläßlich der 1966 organisierten Ausstellung »Cobra 1948–1951« wiederholt Alechinsky in bezug auf die These von Willemijn Stockvis[15]: »Weil sie sich zu ausschließlich auf die Daten von Gründung und Auflösung der Bewegung beschränkt, vergißt die *Thésière* nur allzu leicht, daß die aus Cobra hervorgegangenen Ideen und Projekte von den besten Malern und Schriftsteller der ehemaligen Gruppe mächtig weiterentwickelt werden.«[16]

Cobra scheint niemals ganz untergegangen zu sein: Mythengleich lebt die Bewegung unvergleichlich klar weiter.

Es gibt weniger Gedenk- als Gruppenausstellungen. Es wird weiterhin viel gereist: Alechinsky nach Japan, Appel nach Peru, Pedersen nach Tibet, Corneille nach Afrika, Jorn nach Italien, Dotremont nach Lappland...

Cobra lebt weiter in der Mitarbeit an unterschiedlichen Zeitschriften: *Phantomas, Phases, Plus, Daily-Bûl, Strates*..., in denen man auf Edouard Jaguer, Alechinsky, Joseph Noiret, Marcel Havrenne, Pol Bury, Dotremont und andere trifft.

[9] Siehe dazu den Aufsatz von Carl Nørrested im vorliegenden Katalog.

[10] Zu diesem Bruch siehe Christian Dotremont, »Le réalisme-socialiste contre la révolution«, in: *Cobra*, 1950; Pierre Alechinsky, »Un réalisme nécrophage« (1951) in: *La Part de L'Œil*, Nr. 12, Brüssel, 1996, S. 223–225; Joseph Noiret, »Cobra et Les Lettres Françaises«, in: *L'Estaminet*, Nr. 6, Waterloo, 1995; siehe auch Richard Miller, »Art expérial et transnationalisme de Cobra«, in: *La Part de L'Œil*, ebda., S. 206–222.

[11] Siehe dazu vollständige Dokumentation von Julien Alvard, Wim Beeren u.a., in: *Karel Appel: 40 ans de peinture, sculpture et dessin*, Paris, Galilée, 1987, S. 89–100.

[12] Zu diesem Aspekt siehe Françoise Armengaud, *Bestiaire Cobra. Une zoo-anthropologie picturale*, Paris, La Différence, 1992.

[13] Siehe dazu Graham Birtwistle, in: *Corneille. L'œuvre gravé (1948–1975)*, Amsterdam, Meulenhoff, 1991, S. 13.

Daneben gibt es die von Dotremont verfaßten Kataloge zu den Ausstellungen von Alechinsky, Tajiri, Jacobsen, Jorn, Pedersen... sowie die Illustrationen zu Dotremont-Texten von Alechinsky (*La Reine des murs*), Corneille (*Petite géométrie fidèle*), Appel (*Hors blanc*), Vandercam (*Fagnes*)...

Dann wäre da die Gründung der Situationistischen Internationale durch Jorn und Constant, unterstützt durch Guy Debord. Constant arbeitet zehn Jahre lang an dem ehrgeizigen Projekt *New Babylon*, in dem sich politische und architektonische Konzepte zu einem »Nomadenlager im Weltmaßstab« verbinden. Der Situationismus war stärker politisch ausgerichtet als die Cobra-Bewegung. Er stellt das Ergebnis der von Jorn in Italien geknüpften Kontakte dar. 1954 hatte er in Albisola das Mouvement pour un Bauhaus Imaginiste (Internationale Bewegung für ein bildnerisches Bauhaus) ins Leben gerufen, in dessen Rahmen experimentelle Künstler wie Corneille und Appel sich mit den keramischen Techniken vertraut machten.

Und dann wären da schließlich die Arbeiten »zu mehreren Händen«[17], die *Boues* von Christian Dotremont und Serge Vandercam[18], die »Wort-Gemälde« von Jorn, Dotremont, Pierre Alechinsky, der von Dotremont und Alechinsky im Kollektiv gestaltete Paravent *Stockende Erzählung*, die *Tuschezeichnungen zu zwei Pinseln* von Karel Appel und Alechinsky mit Gedichten von Hugo Claus und einem Vorwort von Dotremont, die *Wort-Collagen* von Joseph Noiret und Vandercam, das Buch *Geplette Gedaanten* von Reinhoud und Hugo Claus...

1961 koloriert Jorn die von Pierre Alechinsky geschaffene Tuschezeichnung *Der große Pum* (Titel von Jorn), die von Dotremont unterzeichnet wird. »Pum« ergibt sich aus jenen ersten Buchstaben der drei Hauptstädte Dänemarks, Belgiens und Hollands, die auf die Silben »Co.br.a« folgen. Gerade durch deren Abwesenheit bestätigt dieses »Wort-Gemälde«, ein mehrhändiges Werk, die Allgegenwart von Cobra.

[14] Christian Dotremont, »Une rencontre lithographique de vagabonds«, in: *Cobra* 73, Kopenhagen, Galerie Birch.
[15] Siehe dazu Willemijn Stockvis, *Cobra*, Paris, Albin Michel, 1988.
[16] Pierre Alechinsky, »Souvenotes«, in: Ders., *Peintures et écrits*, Paris, Yves Rivière, 1977, S. 216.
[17] Zum Beispiel Pierre Alechinsky, *Travaux à deux ou trois*, Paris, Galilée, 1994.
[18] »Cobra en fange«, in: *Cahiers du GRAM*, Nr. 1, hrsg. von Michel Draguet, Brüssel, 1994.

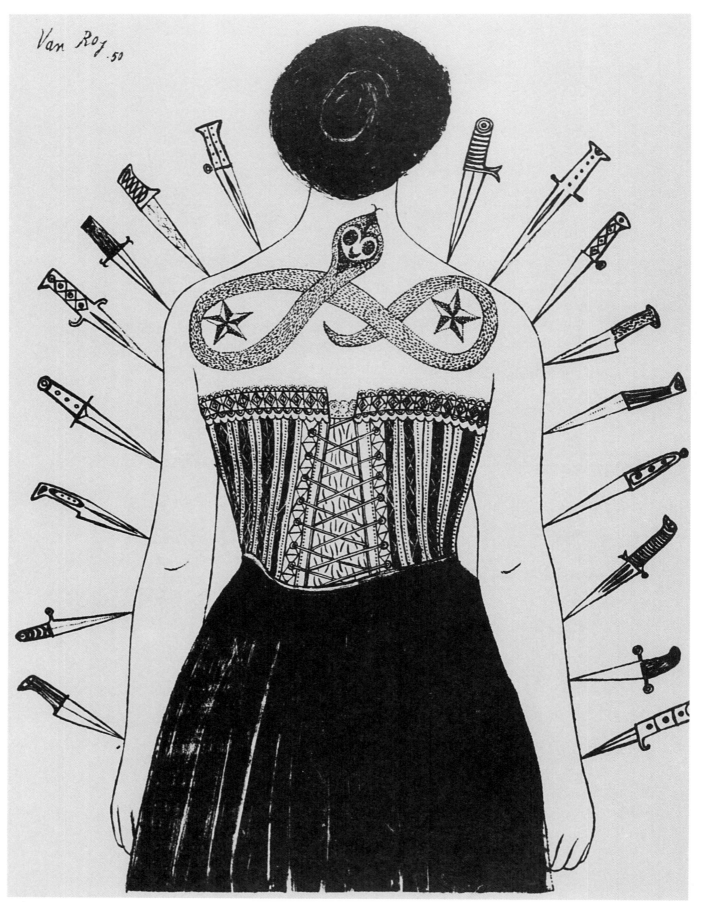

Cobra 6, 1950, Umschlaggestaltung von Léo van Roy

Ausgestellte Werke

Pierre Alechinsky

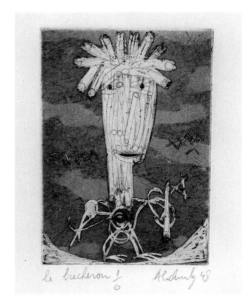
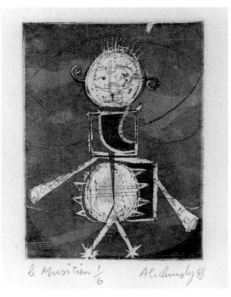

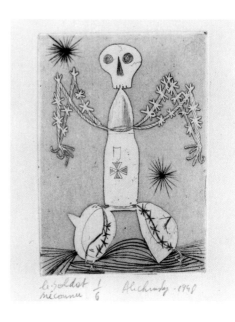

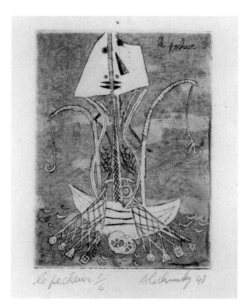

Pierre Alechinsky

1
Die Berufe, 1948
Der Holzfäller, der Musiker, der Automechaniker, die Schneiderin, der Feuerwehrmann, der Pfarrer, der unbekannte Soldat, der Frisör, der Fischer
Les Métiers
le bûcheron, le musicien, le garagiste, la couturière, le pompier, le curé, le soldat méconnu, le coiffeur, le pêcheur

Neun Schwarzweiß-Kaltnadelradierungen auf Papier, 13,5 x 10 cm
Privatsammlung

2
Die Stufe, 1948
La Marche

Auf Papier collagierte Landkarte, 29,5 x 29 cm
Privatsammlung

Pierre Alechinsky

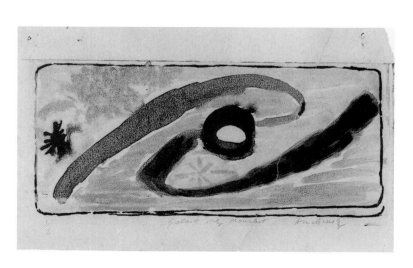

Pierre Alechinsky

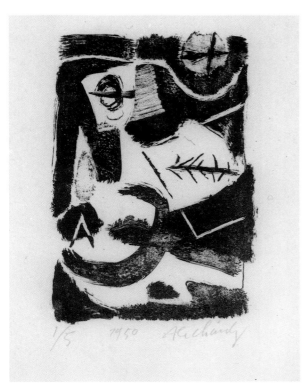

3
Erfahrung ohne Erfahrung, 1950
L'Expérience sans expérience

Zehn Schwarzweiß-Lithographien auf Papier, 46 x 62 cm
Privatsammlung

Pierre Alechinsky

4
Morgengymnastik, 1949
Gymnastique matinale

Gouache auf Papier, 32,5 x 42 cm
Privatsammlung

5
Strandgut, 1950
Epaves

Öl auf Leinwand, 22 x 27 cm
Privatsammlung

Pierre Alechinsky

6
Unter freiem Himmel, 1949
En Plein Air

Tinte und Gouache auf Papier, 64 x 50 cm
Privatsammlung

7
Eingang zur Grotte, 1950
Entrée de la grotte

Gouache auf Papier,
33 x 39,5 cm
Privatsammlung

Pierre Alechinsky

Pierre Alechinsky

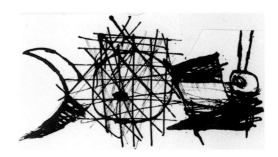

8
16 Vignetten für Petit Cobra Nr. 4 und 1 für Cobra Nr. 8-9, 1951
16 vignettes pour le Petit Cobra no 4 dont 1 pour Cobra no 8-9

Tinte auf Papier
Sammlung Alechinsky

Pierre Alechinsky

9
Arsenal, 1950
Panoplie
Tusche auf Papier, 29,5 x 20 cm
Privatsammlung

10
Schlange, 1950
Serpent
Tinte auf Papier, 41 x 43 cm
Privatsammlung

Pierre Alechinsky

Die Federzeichnung *Schlange* entstand 1950 in der rebellischen Epoche der Cobra-Bewegung. Die Schlange ist ein Tier, dessen Symbol in allen Mythologien und Religionen zu finden ist. Jede Darstellung evoziert die ewigen Gemeinsamkeiten und Gegensätze der Beziehung Mensch – Schlange. Alechinsky malte eine ganze Reihe dieser »lebendigen Linien« (*Lebendiges Cobra*, 1966, und *Seepferd*, 1976). Die *Schlange* von 1950 erscheint mit ihren großen runden Augen und ihrem weit geöffneten Maul als freundliches Wesen. Die linke obere Partie der Zeichnung wird von einer Form beherrscht, die in den Arbeiten dieser Zeit häufig auftaucht: ein kurzer Bogen, der wie die Schneide eines Beils aussieht. Sie ist auf *Totem, Eingang zur Grotte, Die portugiesische Nonne* und in den für die vierte Ausgabe von *Le Petit Cobra* gestalteten Vignetten sichtbar. Hier dienen die Schlangenlinien noch nicht als Vorwand für die spätere Überfülle in sich verschlungener Kurven. Noch sind die Linienbündel in schwarzen Umrissen gebändigt. Zwischen den Schraffuren erscheinen mehr oder weniger im Mittelpunkt vier Leerflächen in symmetrischer Anordnung, die den Blick auf sich ziehen. Sie finden ihre formale Entsprechung in den Augen der Schlange, die von der gleichen bildkonstituierenden Kraft sind. Doch was versinnbildlichen sie? Zwei von ihnen umschließen runde schwarze Formen. Die dritte umfaßt ein weiteres Rund mit einem Schlitz in der Mitte, allgemeingültiges Symbol des weiblichen Geschlechts. Doch diese Schlange hat zugleich männliche und weibliche Eigenschaften: Eine Wellenlinie, die sich wie ein Tau einrollt und so zur Kreisform wird. Der Mythos kennt viele Beispiele, in denen das Tier wie eine Art Zwillingswesen beide Geschlechter in sich enthält und ein komplexes Symbol allen Ursprungs darstellt. Aber auch ein Sinnbild dessen, was das spätere Werk Alechinskys ausmachen wird und hier bereits im Keim vorhanden ist.
Richard Miller

11

Totem, 1950

Gouache auf Papier, 65 x 18 cm
Privatsammlung

Pierre Alechinsky

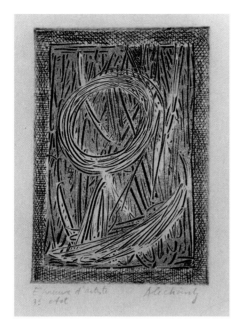

12

Die Ateliers im Marais, undatiert
Les Ateliers du Marais

Fünf Radierungen auf Papier, 46 x 62 cm
Privatsammlung

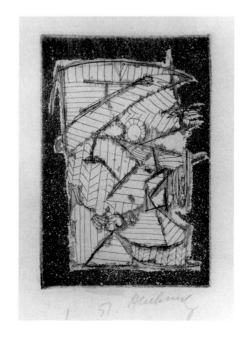

Pierre Alechinsky

13
Die portugiesische Nonne, 1951
La Religieuse portugaise

Sieben Federzeichnungen auf Papier,
68 x 81 cm
Privatsammlung

Pierre Alechinsky

14
Arsenal, 1951
Panoplie
Öl auf Leinwand, 21 x 27 cm
Privatsammlung

15
Promenade der gestrandeten Schiffe, 1951
Promenade des épaves
Öl auf Leinwand, 21 x 27 cm
Privatsammlung

Pierre Alechinsky

16
Wanderung, 1951
Migration

Öl auf Leinwand, 114 x 147 cm
Brüssel, Musées royaux des Beaux-Arts de Belgique

Pierre Alechinsky

17
Der Frühling, 1951
Le Printemps

Öl auf Leinwand, 70 x 100 cm
Amstelveen, Cobra Museum voor Moderne Kunst

Pierre Alechinsky

18
Central Park, 1965
Central Park

Acryl mit Randzeichnungen in Tusche
auf Papier auf Leinwand aufgezogen,
162 x 183 cm
Sammlung Alechinsky

Pierre Alechinsky und Christian Dotremont

19
In meiner Vernunft bin ich nicht zuhause, 1950
Ma raison n'est pas ma maison
Gouache auf Papier, 34,5 x 50 cm
Privatsammlung

20
Oh, wie sie aus vollem Halse lachte, die Haare standen ihr zu Berge, 1972
Ah qu'elle riait, à chevelure éperdue, à gorge déployée
Tinte auf Papier auf Leinwand aufgezogen, 100 x 67 cm
Sammlung Alechinsky

Pierre Alechinsky und Christian Dotremont

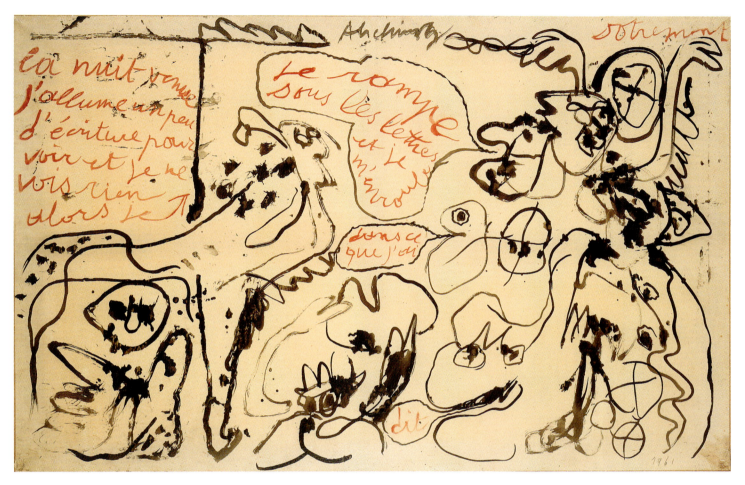

21
Nach Einbruch der Nacht..., 1961
La nuit venue...

Tinte auf Papier auf Leinwand aufgezogen,
100 x 154 cm
Sammlung Alechinsky

Pierre Alechinsky und Christian Dotremont

22

Stockende Erzählung, 1975
Abrupte fable

Fünfteiliger Paravent mit Logogrammen von Dotremont, Acryl und Tusche auf Papier auf Baumwolleinwand aufgezogen, 284 x 475 cm
Brüssel, Musées royaux des Beaux-Arts de Belgique

1976 arbeiten Pierre Alechinsky und Christian Dotremont in einem Raum des Brüsseler Theaters Vicinal an einem Paravent. Alechinsky malt für jede Tafel zwei Flächen aus. Dotremont gestaltet Tafeln aus ein oder zwei Bereichen. Alechinsky (A) sorgt für das Grundtempo und kurbelt Dotremont (D) an, der seine zerbrechlichen Logogramme schnell auf den hellen Grund schreibt. Neben den horizontalen Variationen zeichnen sich die von Dotremont geschaffenen Tafeln durch eine Umkehrung (D-A-D-A/A-D-A-D) in der gestalterischen Abfolge aus, während die Bereiche, für die Alechinsky verantwortlich ist, alle dem gleichen Aufbau folgen. Die Verse sind leserlich auf die Mitte der fünften Tafel geschrieben: Das Paravent als Unterlage entspricht dem Wunsch Dotremonts, das Gedicht möge »anstatt wie in den Büchern in der Horizontalen, sich senkrecht aufrichten, aufrecht stehen... Man soll das Gedicht sehen, nicht nur lesen«. *Stockende Erzählung* steht für eine Cobra-Arbeit, die aus dem gemeinsamen Schaffen eines Malers und eines Schriftstellers heraus entstanden ist. Alechinsky nutzt die durch das Logogramm eröffneten neuen Gestaltungsmöglichkeiten. Er setzt die flüssigen Eigenschaften der Acrylfarbe ein, um ein bildnerisches Logogramm zu schaffen, eine Komposition aus intensiven und ruhigen Zonen. Helle Figuren auf sepia-braunem Grund stehen rötlichen Formen auf schwarzem Grund gegenüber. Sie treiben ein seltsames Spiel mit der Wiederholung und wirken durch dieses »So tun als ob« wie gemausert. Während das fragmentierte Logogramm auf der fünften Tafel als ganzer Text erscheint, neigen auch die roten Formelemente dazu, sich zu enthüllen. Auf der ersten Tafel erscheint in einem Kreis und verkleinert etwas, das wie eine Baumkrone aussieht. Ebenso die wolkigen Wellen, die Schlange und die Schraubenform... Einzig der aus Pinselhieben gebildete rote Stern der fünften Tafel kommt nur scheinbar zum Vorschein und entzieht sich. Es hat eine Verwandlung stattgefunden. Der Stern wurde durch einen leeren Kreis ersetzt. In der Spannung zwischen dem roten Stern und seiner »Signatur« kondensiert Alechinsky das Spiel von Sichtbarem und Unsichtbarem, das Mysterium des Bildes, diesem eigentlichen Lebensnerv Cobras.

Richard Miller

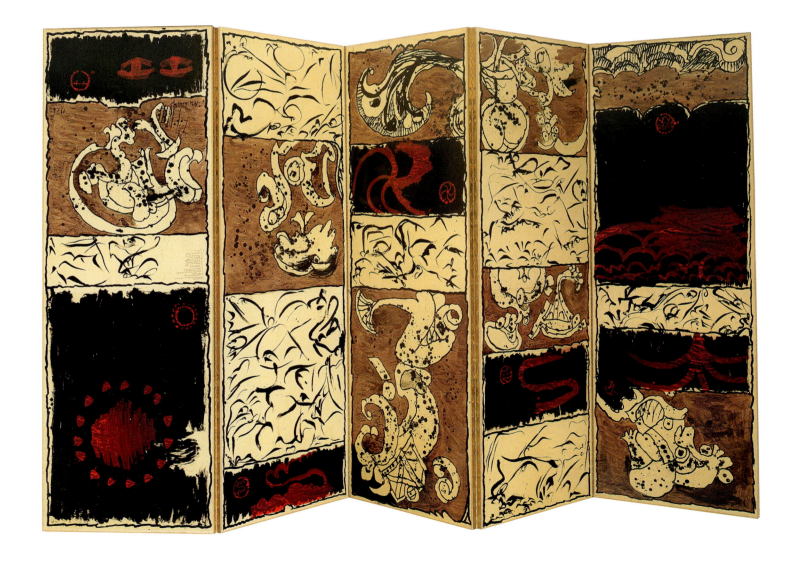

Pierre Alechinsky und Christian Dotremont

23
Äußerste Wellen, 1974-1979
Ondes extrêmes

Acryl mit einer Predella in Tusche auf Papier
auf Leinwand aufgezogen, 151 x 154 cm
Sammlung Alechinsky

Pierre Alechinsky, Asger Jorn und Christian Dotremont

24
Der große Pum, 1961
Le grand Pum

Tuschezeichnung von Alechinsky, koloriert und bezeichnet von Jorn und von Dotremont signiert, auf altem Papier, 19,5 x 31,5 cm
Sammlung Alechinsky

Pierre Alechinsky und Christian Dotremont

25
Unser Denken... II, 1971-1983
Notre pensée... II

Tinte auf Papier,
205 x 218 cm
Silkeborg, Kunstmuseum

Pierre Alechinsky und Reinhoud

26
Das Wilde Auge, 1967
L'œil sauvage
Messing, 132 x 80 x 50 cm
Privatsammlung

Else Alfelt

27
Die blauen Berge. Norwegen, 1948
Bjergenes verden. Blånende Fjell-verden

Öl auf Sperrholz, 127 x 127 cm
Herning, Carl-Henning Pedersen og
Else Alfelts Museum

Else Alfelt

28
Bergsymphonie. Norwegen, 1948
Bjergsymfoni. Fjell-symfoni

Öl auf Sperrholz, 127 x 127 cm
Herning, Carl-Henning Pedersen og
Else Alfelts Museum

29
Impression in den Bergen. Norwegen, 1948
Indtryk af bjerge. Fjell-Impressioner

Öl auf Sperrholz, 127 x 127 cm
Herning, Carl-Henning Pedersen og
Else Alfelts Museum

Karel Appel

Im Jahre 1949 schuf Appel mehrere Werke, die dem gleichen Thema gewidmet sind. Darunter Assemblagen aus bemalten Holzfragmenten, in der Art von Schwitters Merzbau, außerdem Gemälde und Zeichnungen und schließlich, ebenfalls 1949, ein großes Wandbild für das Rathaus der Stadt Amsterdam. Appel bekräftigte, daß das Thema dieser Serie auf bettelnde deutsche Kinder zurückgeht, die er bei seiner Reise nach Kopenhagen 1948 vom Zug aus gesehen hatte, als er sich auf dem Weg zur Teilnahme an der Ausstellung Høst befand. Stellen diese Kinder über ihr vordergründiges Bitten hinaus nicht auch die Frage nach dem Warum des Kriegs? Das Wandbild des Amsterdamer Rathauses löste einen Skandal aus und wurde schließlich verdeckt und erst später freigelegt und restauriert. Für das Ölbild, von dem hier die Rede ist, hat Appel den vertikalen Aufbau der Holzassemblagen beibehalten, indem er die summarisch angedeuteten Gesichter ohne bestimmte Hierarchie übereinanderschichtet. Diese Kinder drücken nicht Zartheit und Unschuld, sondern die von den Kriegsopfern erlebte Gewalt und Hoffnungslosigkeit aus. Aus den schwarz umrandeten Gesichtern blicken große Augen, aber der Mund fehlt, mit Ausnahme eines gelben Gesichts, in dem sich ein großes Maul in Form eines schwarzen Rechtecks öffnet. Die Komposition strahlt trotz der bunten Farbigkeit eine von den schwarzen Umrissen unterstrichene Tragik aus.

Patrick Schaefer

30
Fragende Kinder, 1949
Vragende Kinderen

Öl auf Leinwand, 100 x 60 cm
Amsterdam, Stedelijk Museum

Karel Appel

31
Fragende Kinder, 1949
Vragende Kinderen

Relief, Kasein auf Holz,
105 x 67 x 17,5 cm
Amsterdam,
Stedelijk Museum

Karel Appel

32
Tiere, 1949
Dieren

Öl auf Leinwand, 171 x 240 cm
Amsterdam, Stedelijk Museum

Karel Appel

33
Hipp, hipp, hurra!, 1949
Hiep, hiep, hoera!

Öl auf Leinwand, 82 x 129 cm
London, Tate Gallery,
erworben mit Hilfe des Evelyn
Lady Downshire's Trust Fund
und des Gytha Trust

34
Mensch und Tiere, 1949
Mens en dieren

Öl auf Leinwand, 352 x 358 cm
Amsterdam, Stedelijk Museum

Karel Appel

35
Hund, 1949
Öl auf Leinwand, 60,3 x 80,5 cm
Aalborg, Nordjyllands Kunstmuseum

36
Stier, 1949
Tyr
Öl auf Leinwand, 40 x 50,7 cm
Aalborg, Nordjyllands Kunstmuseum

Karel Appel

37
Ursprüngliche Formen, 1950
Oervormen

Öl auf Leinwand, 110 x 136 cm
Amsterdam, Stedelijk Museum

Karel Appel

38
Paar, 1951
Öl auf Leinwand, 81 x 100 cm
Amsterdam, Stedelijk Museum

39
Wildes Tier, 1952
Beest
Öl auf Leinwand,
76 x 117 cm
Amsterdam,
Stedelijk Museum

Karel Appel

40

Das bunte Leben, 1951
Het kleurige leven

Öl auf Leinwand, 130 x 196 cm
Amsterdam, Stedelijk Museum

1951 erhält Appel den Auftrag, das Café des Amsterdamer Stedelijk Museums zu dekorieren. Er malte die Wände mit großen, lebhaft bunten Kompositionen aus, die von Joan Miró beeinflußt sind. *Das bunte Leben* ist eine Vorstudie zu einem der Wandbilder. Auf einen weiten Bildgrund setzt Appel in spielerischer Weise mehrere Farbschichten, über die der Vogel oben links, die Blume rechts von der Mitte und die Gesichter in der unteren Bildhälfte in Beziehung zueinander treten. Die Bildgegenstände sind in ein komplexes System von Linien und Flächen eingespannt, durch die die Komposition sowohl geometrisch als auch figurativ wirkt. Obwohl der Bildaufbau auf jede Zentralperspektive im traditionellen Sinne verzichtet, erscheinen manche Bildelemente räumlich. So kann die beim ersten Hinsehen als menschliches Gesicht erkennbare Form in der rechten Bildhälfte auch als Kopf eines Tieres wahrgenommen werden, dessen Pfoten zwei dunklen länglichen Formen im unteren Bildbereich entsprechen. Appel verwendet lebhafte Farben und einfache geometrische, grob umrandete Formen. Mit dieser rohen Malweise und durch die Schichtung und Konfrontation der Bildelemente will er den konventionellen Bildaufbau zerstören. Dennoch geraten die Formen und Farben in ein neues Gleichgewicht. Den übrigen Cobra-Künstlern vergleichbar setzt sich Appels bildnerisches Vokabular, das von der Welt der Kinderzeichnung inspiriert ist, aus Vögeln, Blumen, phantastischen Tiergestalten und dem Mensch-Tier-Wesen zusammen, das eine zentrale Stellung in seinem Schaffen einnimmt.

Patrick Schaefer

Karel Appel

41
Vogel und Mensch, 1952
Vogel en mens

Öl auf Leinwand, 111 x 101 cm
Amsterdam, Stedelijk Museum

42
Frau und Strauß, 1957
Vrouw en struisvogel

Öl auf Leinwand, 130 x 162 cm
Amsterdam, Stedelijk Museum

Karel Appel

Nach der Beschäftigung mit glatten geometrischen Flächen geht Appel ein paar Jahre später zu einem pastosen Farbauftrag über, der zu einer neuen Bewegtheit der Bildoberfläche beiträgt. Aus dieser körperlich und sinnlich empfundenen Materialität heraus entstehen die Bildgegenstände, Gesichter, ein weiblicher Körper, oder, wie in unserem Beispiel, eine Blume. Die Wirkung des Bildes ergibt sich aus der Kombination der Farben. Sein Interesse an der Gegensätzlichkeit von Licht und Dunkel führt ihn bereits 1947 dazu, nachts zu arbeiten und die Farbe gewissermaßen blind auf die Leinwand aufzutragen. Während der ersten Jahre seiner künstlerischen Tätigkeit entwickelt Appel rasch einen gekonnten Umgang mit den verschiedenen plastischen Ausdrucksformen: Das Reliefhafte, die Flächengesetzlichkeit, das Verhältnis von Linie und Farbe, die Bildmaterie und ihre Dichte stehen im Dienste einer größtmöglichen Intensität des Ausdrucks. Die Begegnung mit der Kunst der Schizophrenen hatte ihn auf diesen gestalterischen Weg gebracht. Für Appel stellen Gewalt und Zerstörung wesentliche Antriebskräfte des künstlerischen Prozesses dar. Sie entsprechen dem Versuch, sich während des schöpferischen Gestaltens dem Zufall zu überlassen und sich dem spontanen Gestalten hinzugeben.

Patrick Schaefer

43
Große Nachtblume, 1954
Grote nachtbloem

Öl auf Leinwand,
194,5 x 129,5 cm
Amsterdam, Stedelijk Museum

Karel Appel und Pierre Alechinsky

44
Zum x-ten Mal, 1976
Pour la tantième fois

Tinte auf Papier, 153 x 153 cm
Privatsammlung

Karel Appel und Pierre Alechinsky

46
Der Riese, 1977
Le Géant

Tinte auf Papier, 106 x 77 cm
Privatsammlung

45
Geflügeltes Schwein, 1977
Cochon ailé

Tinte auf Papier, 106 x 75 cm
Privatsammlung

Jean-Michel Atlan und Christian Dotremont

Jean-Michel Atlan und Christian Dotremont

47
Les Transformes, April 1950
Les Transformes

Sechs Gouachen auf Papier, 25 x 35 cm
Privatsammlung

Ejler Bille

48
Schnabeltier, 1936
Naebdyr

Bronze, 34,7 x 36,3 x 34,9 cm
Kopenhagen, Statens Museum for Kunst

Ejler Bille

1931 schuf Ejler Bille im Alter von 21 Jahren seine erste Skulptur, ein stilisiertes Tier. Zuerst modellierte er die Figur, fertigte dann eine Gußform aus Gips an und schnitt sie schließlich in Holz. Danach entstehen weitere, formal stark vereinfachte Tierfiguren. 1931/32 sieht Bille in Berlin und in einer Kopenhagener Ausstellung deutscher Kunst Arbeiten von Ewald Mataré und erkennt darin eine Entsprechung zur formalen Vereinfachung in seinem eigenen Schaffen. Bille gibt die figurative Gestaltung bald auf und wendet sich ganz der abstrakten Malerei und Plastik zu. Unter dem Einfluß seiner Künstlerkollegen in der Gruppe Linien tauchen surrealistische Elemente in seinem Schaffen auf. In den Arbeiten der Jahre 1935 und 1936 unterstreicht er die psychischen und magischen Aspekte des Ausdrucks. Die Gestalt von *Spazierende Form* von 1936 beschreibt er als »Ku-Klux-Wesen, dessen erhobener Arm einen zweiten Kopf, einen Vogelkopf, mitschleppt – wie ein Kobold in einem Märchen. Man kann es aber genausogut als Wechselwirkung plastischer Formen ansehen, als eine im Weltraum tanzende Gestalt, auch wenn sie sich in dem geschilderten Augenblick nur langsam vorwärts bewegt, im Grunde spazierengeht«. Obwohl Bille es nicht explizit erwähnt, ist die Swastika-Form in der Skulptur nur schwer zu übersehen. Der Maler Richard Mortensen, mit dem er eng befreundet war, hat bereits in Zeichnungen und in einem später zerstörten Gemälde von 1934 ausgesprochen unverblümt gegen das Hitler-Regime Stellung genommen. Billes plastisches Schaffen weist außerdem Bezüge zu dem Frühwerk von Sonja Ferlov-Mancoba, einer weiteren Vertreterin der Linien-Gruppe, auf, die in ihren Arbeiten von 1935/36 ebenfalls die Figur des Vogels als Symbol einsetzte.

Troels Andersen

49
Spazierende Form, 1936
Spadserende form

Bronze, 28,2 x 23,5 x 24 cm
Kopenhagen, Statens Museum for Kunst

50
Vogel auf der Lauer, 1933
Lurende fugl

Bronze, 15,8 x 24,1 x 16,7 cm
Kopenhagen, Statens Museum for Kunst

Ejler Bille

51
Echse, 1936
Øgle

Synthetischer Stein, 17 x 31 x 31 cm
Vejle, Kunstmuseum, Wørzner-Fonden

Ejler Bille

52
Ohne Titel, 1942
Öl auf Leinwand, 74,5 x 66,8 cm
Vejle, Kunstmuseum, Wørzner-Fonden

Ejler Bille

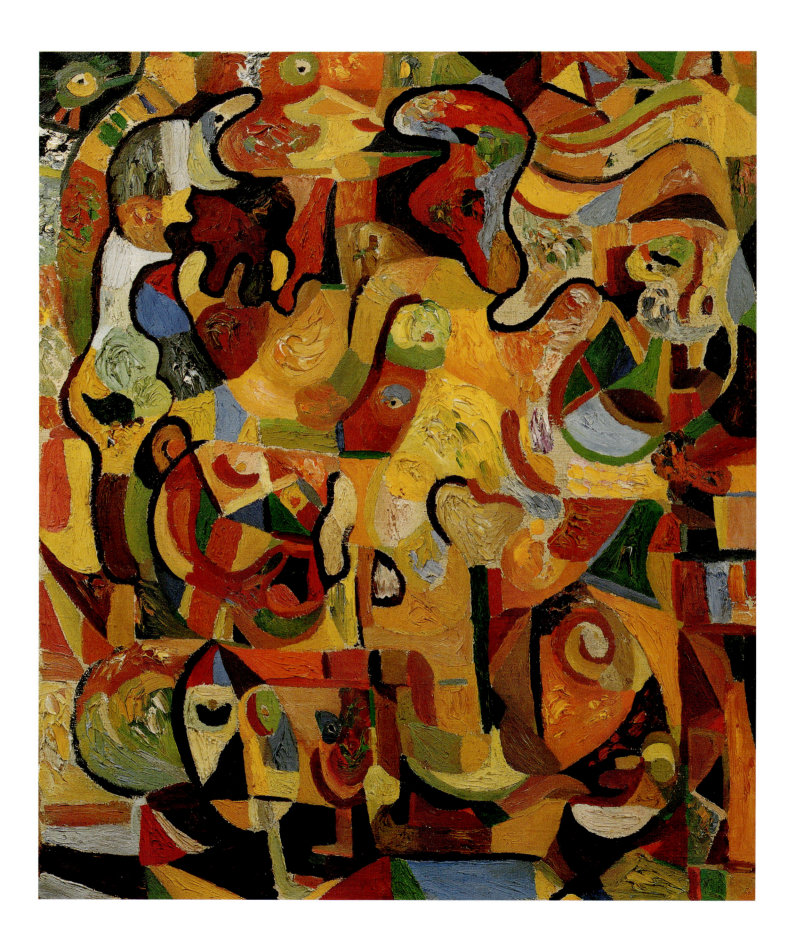

Ejler Bille

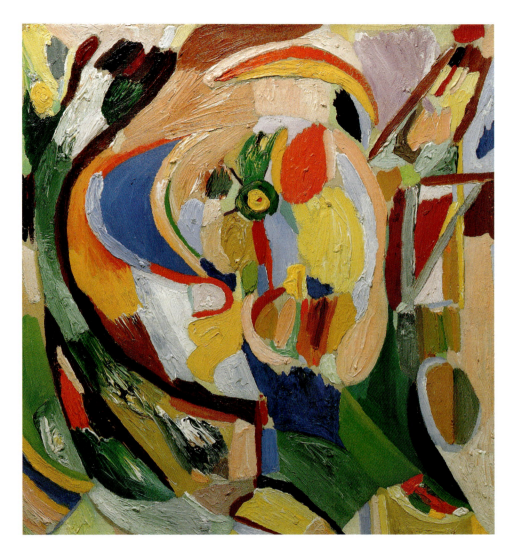

54
Kleines Darum, 1944
Lille Darum
Öl auf Leinwand, 75,5 x 72 cm
Vejle, Kunstmuseum, Wørzner-Fonden

53
Verschiedene Gestalten. Samsø, o. J.
Forskellige figurer. Samsø
Öl auf Leinwand, 120 x 97 cm
Vejle, Kunstmuseum, Wørzner-Fonden

Eugène Brands

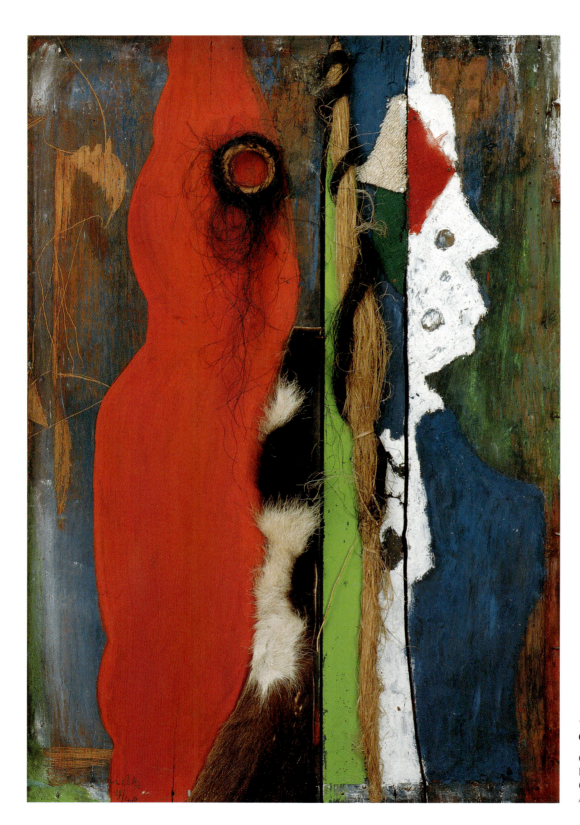

55
Collage IX, 1948
Öl auf Holz, Gouache, Stoff,
Leder, Haare und Faden,
63,5 x 43 cm
Amsterdam, Stedelijk Museum

Eugène Brands

56
Rote Form mit 13 Zähnen, 1948
Rode vorm met 13 tanden

Öl auf Holz, Eisen und Leinen,
62 x 30 cm
Amsterdam, Stedelijk Museum

Constant

57
Satyr, 1948
Öl auf Leinwand, 90 x 55 cm
Silkeborg, Kunstmuseum

58
Ich habe die Eisbären besucht, 1948
J'ai visité les ours blancs

Öl auf Leinwand, 144,3 x 109,6 cm
Aalborg, Nordjyllands Kunstmuseum

Constant nahm 1948 zusammen mit Karel Appel und Corneille, den beiden holländischen Mitgliedern der ersten Stunde, an der Kopenhagener Ausstellung der dänischen Gruppe Høst teil. Das Gemälde *Ich habe die Eisbären besucht* weist nicht nur von seiner spontanen Malweise her Parallelen zum Stil der dänischen Gastgeber auf, sondern insbesondere die Art und Weise, wie Constant imaginäre Natureindrücke in weiße und braune biomorphe Zwitterformen auf schwarzem Grund umsetzt, erinnert an Asger Jorn. Daneben dienten ihm Kinderzeichnungen, Masken und Idole primitiver Kulturen sowie archäologische Funde der skandinavischen Frühgeschichte als Inspirationsquelle. Mythische Inhalte möchte er in eine »lebendige, direkte und kollektive Ausdrucksweise« umsetzen, die sich an den unverbildeten, kreativen Menschen richtet. So erstaunt es nicht, wenn er in dem 1948 in der Zeitschrift *Reflex* publizierten *Manifest* seinen Bildbegriff als frei von jeglichem intellektuellen Kalkül entstandenen und direkt wirkenden Ausdruck definiert: »Ein Bild ist nicht eine Konstruktion aus Farben und Linien, sondern ein Tier, ein Schrei, ein Mensch, oder alle diese Elemente zusammen.« Darin kommt nicht zuletzt Constants ablehnende Haltung gegenüber dem Tachismus zum Ausdruck, dessen künstlerischer Anspruch sich in seinen Augen in einer rein formalen Problematik erschöpft.

Jörg Zutter

Constant

121

Constant

59
Katze, 1948
Kat
Öl auf Holz, 80,5 x 43 cm
Amsterdam, Stedelijk Museum

60
Vogelidylle, 1948
Öl auf Leinwand, 100 x 55 cm
Amsterdam, Stedelijk Museum

Constant

61
Vögel, 1948
Vogels

Öl auf Leinwand, 79,5 x 70 cm
Amsterdam, Stedelijk Museum

Constant

62
Ins Netz gegangener Vogel, 1948
Verstrikte Vogel

Öl auf Leinwand, 115 x 50 cm
Amstelveen, Cobra Museum voor
Moderne Kunst

Constant

63
Verbrannte Erde III, 1951
Verschroeide aarde III

Öl auf Leinwand,
118,5 x 73,5 cm
Schiedam,
Stedelijk Museum

Constant

64
Luftangriff, 1951
L'Attaque aérienne

Öl auf Leinwand, 125 x 117 cm
Eindhoven, Stedelijk Van Abbe Museum

Constant

65

Konzentrationslager (Krieg), 1950
Concentratiekamp (oorlog)

Öl auf Leinwand, 110 x 110 cm
Amsterdam, Stedelijk Museum

Auch Jahre nach der Befreiung der Niederlande prägten die Schreckensjahre des Zweiten Weltkriegs nicht nur das politische, sondern auch das kulturelle Geschehen des Landes. Während in Paris lebende Künstler wie Alberto Giacometti, Jean Dubuffet und andere diese spezifische Atmosphäre mit den formalen Mitteln der Reduktion, Leere und einer provozierenden Formlosigkeit anschaulich machten, verliehen holländische Maler wie Appel und Constant dem Zeitgeist einen naiv-realistischen und bisweilen phantastisch-suggestiven Ausdruck. Sie schöpften dabei einerseits aus der spontanen Erfahrungs- und Bildwelt der Geisteskranken und andererseits aus dem Expressionismus und dem sozialistischen Realismus. Zwar ist das Schaffen Constants um 1950 oftmals von drolligen Fabelwesen einer skurrilen Phantasiewelt bevölkert, doch steht diesem Aspekt des Werkes der Hang gegenüber, das Kriegsgeschehen immer wieder als erschreckende und pessimistische Vision zu schildern. Während Appel die zuvor durchlebte Besatzungszeit aus der Perspektive des Kindes darzustellen versucht, greift Constant bewußt präzise Momente des Schreckens heraus, deren Wirkung er durch Entstellung und Verzerrung steigert. Schlachtfelder, brennende Häuser, und immer wieder dieselben, ihre Arme hilflos zum Himmel streckenden Opfer prägen sich ein als Mahnmale einer vergangenen, aber nie vergessenen Zeit.

Jörg Zutter

Constant

66
Stierkampf, 1951
Corrida
Öl auf Leinwand, 81 x 64 cm
Amsterdam, Stedelijk Museum

67
Nacht, Angst, die rote Fahne, der Wolf, Mitternacht, Erwachen, die Sonne, 1950
Nacht, Angst, Rode Vlag, de Wolf, Middernacht, Ontwaken, de Zon
Sieben Ölgemälde auf Leinwand, je 13 x 18 cm
Amstelveen, Cobra Museum voor Moderne Kunst

  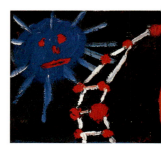

Constant

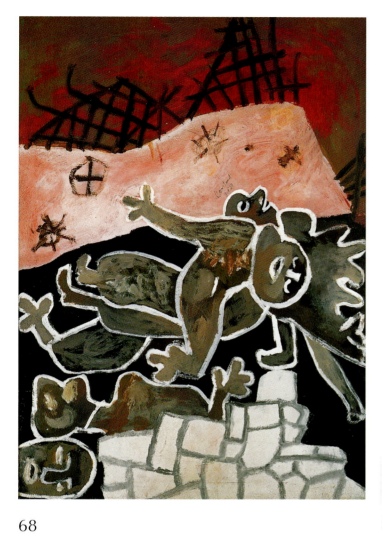

68
Der Krieg, 1950
De oorlog

Öl auf Leinwand, 101 x 70 cm
Amsterdam, Stedelijk Museum

69
Verbrannte Erde II, 1951
Verschroeide aarde II

Öl und schwarze Kreide auf Leinwand, 100 x 70 cm
Amsterdam, Stedelijk Museum

Constant

70
Verwundete Taube 1951
Gewonde Duif

Öl auf Leinwand, 141 x 133 cm
Rotterdam, Museum Boymans-van Beuningen

Constant

71

Künstliche Landschaft, 1963
Paysage artificiel

Öl auf Leinwand, 160 x 185 cm
Amstelveen, Cobra Museum voor
Moderne Kunst
Sammlung Rosemarie van Stuijvenberg

Corneille

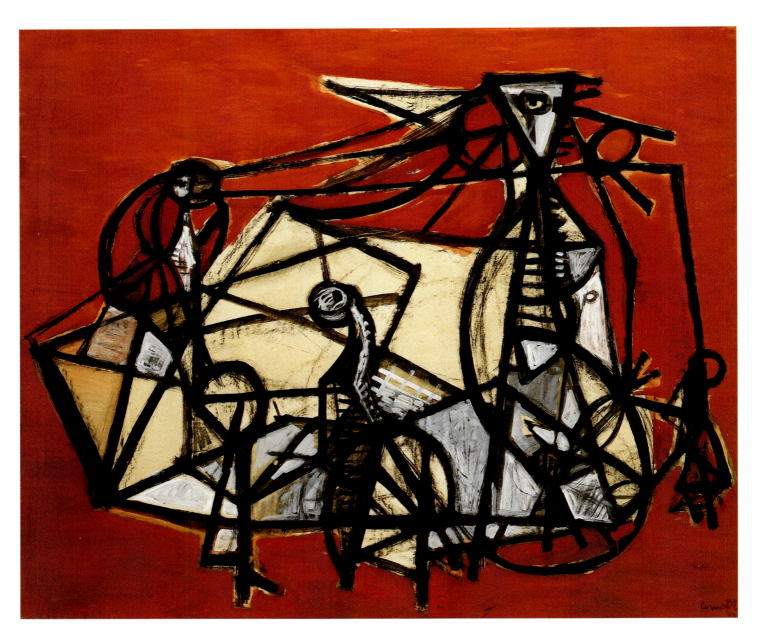

72
Komposition, 1949
Compositie

Gouache auf Papier auf Sperrholz,
149 x 179,5 cm
Amsterdam, Stedelijk Museum

Corneille

73

Paar, zuhause, 1951
Het paar in huis

Öl auf Leinwand, 55 x 55 cm
Amsterdam, Stedelijk Museum

Corneille studierte von 1940 bis 1943 in der Zeichenklasse der Kunstakademie in Amsterdam. Als Maler war er Autodidakt. Anfänglich waren seine Werke vom Einfluß Picassos, Matisse' und dem deutschen Expressionismus geprägt. Im Herbst 1947 reist Corneille zusammen mit Karel Appel nach Paris, wo sie mit den Malern der Jeune Peinture Française, insbesondere mit Edouard Pignon, Kontakt aufnehmen. In *Paar, zuhause* überkreuzen sich die Umrißlinien mehrerer Figuren und Objekte. Geometrisch begrenzte Farbflächen sind gegen einen grauen Hintergrund gesetzt, aus dem sie mehr oder weniger stark hervortreten. Die Flächen sind in hellem Grün, Gelb, Blau, Braun und Rosa ausgemalt. Im Bild oben rechts ist eine Form aus roten Linien in gelbe, blaue und orangefarbene Flächen unterteilt. Aus dem spannungsvollen Gegensatz von statischen Linien und räumlich bewegten Farbflächen ergibt sich ein fröhliches Gleichgewicht. Die Inspiration durch Kinderzeichnungen ist offensichtlich, aber auf raffinierte Weise vom Künstler umgesetzt. Es ist ein vom Thema her heiteres und für diese Schaffensperiode typisches Bild von festlicher Anspruchslosigkeit.

John Steen

Corneille

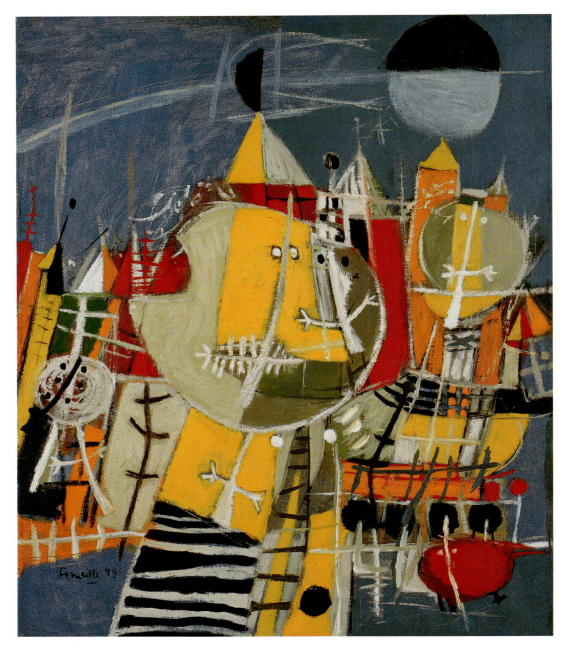

74
Der fröhliche Rhythmus der Stadt, 1949
Het vrolijke rythme van de stad

Öl auf Leinwand, 58,5 x 49 cm
Amsterdam, Stedelijk Museum

Corneille

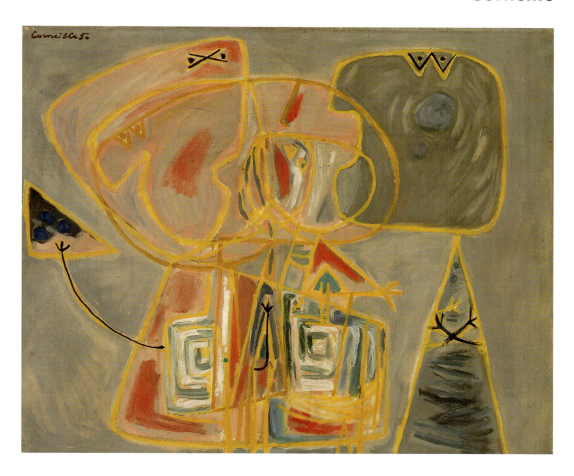

75
Die Familie, 1950
La Famille

Öl auf Leinwand, 50 x 60 cm
Amstelveen, Cobra Museum
voor Moderne Kunst

76
Der Pilzsucher, 1950
Paddestoelenzoeker

Öl auf Leinwand, 50 x 60 cm
Amsterdam, Stedelijk Museum

Corneille

77
Sommer, 1948
Zomer

Öl auf Leinwand, 100 x 100 cm
Amsterdam, Stedelijk Museum

Corneille

78
Park, 1952
Tuin

Öl auf Leinwand, 60 x 72 cm
Amsterdam, Stedelijk Museum

Angeregt von Malern wie Klee, Miró und Chagall sowie von Dichtern wie Rimbaud und Lautréamont entwickelte Corneille im Mai 1947 während eines Aufenthaltes in den Gärten des Königspalasts im zerstörten Budapest eine neue poetische Formensprache. In seinen Darstellungen erscheint die Welt in Bewegung und die Natur als Rhythmus. Er begann, anders als van Gogh, Cézanne und Picasso seine Bilder dialektisch aufzubauen. Dem Dichterfreund Louis Tiessen schrieb er am 18. Mai: »Ich glaube, jetzt ein anderes Element gefunden zu haben, das auf Kontrasten aufbaut: Die Ruinen sorgen für ein Spiel strenger, straffer Linien aus Vertikalen, Horizontalen und Diagonalen, während in der Vegetation geschwungene, bewegte Linien und gebogene Farbflächen zusammenwirken.« Auf seinen Reisen nach Tunis im Mai 1948, nach Nordafrika im Juni 1949 und nach Hoggar im März 1951 war Corneille von der Farbenpracht und den Urformen der Oasen in der schwarzen Wüstenlandschaft tief beeindruckt. Durch diese Erfahrung gewannen seine Bilder an Räumlichkeit und Farbe. In Park ist ein Pariser Stadtgarten dargestellt, in dem sich Leute spazierend, spielend und plaudernd erholen. Dabei erscheinen sie von der Steinwüste der Großstadt umringt. Auch in seinen späteren Arbeiten taucht der Garten, aus der Vogelperspektive gesehen, immer wieder in seiner traumauslösenden Funktion auf.

John Steen

Christian Dotremont

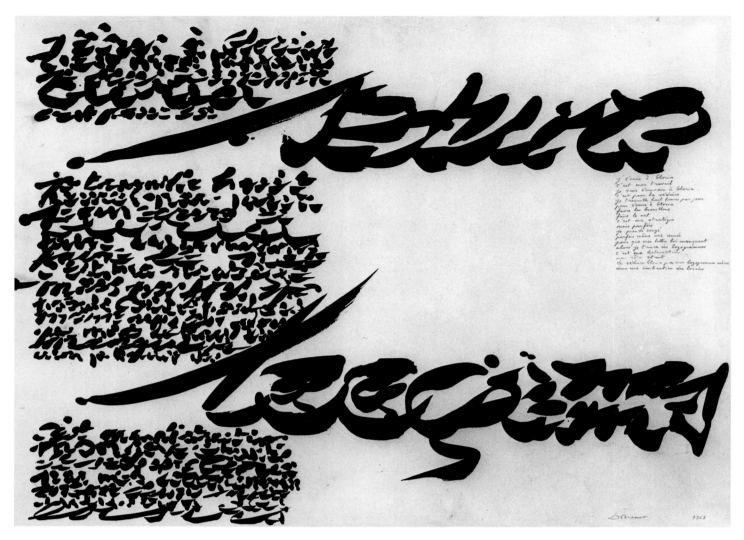

79
Ich schreibe an Gloria…, 1969
J'écris à Gloria...

Logogramm, Tusche auf Papier, 40 x 56 cm
Sammlung Alechinsky

J'écris à Gloria / c'est mon travail / je suis écrivain à Gloria / c'est pour la séduire / je travaille huit heures par jour / pour écrire à Gloria / faire les brouillons / faire le net / c'est ma stratégie / mais parfois je prends congé / parfois même une année / pour que mes lettres lui manquent / et alors je trace des logogrammes / c'est ma distraction / mon rêve étant / de séduire Gloria par mes logogrammes mêmes / dans une civilisation de loisirs.

Christian Dotremont

Christian Dotremont logogrammiert *Ich schreibe an Gloria* im Jahre 1969. Das Logogramm folgt einem spezifischen Aufbauprinzip. Zwei Wörter, »verführen« und »Logogramm«, sind durch größere Buchstaben aus dem Text herausgehoben und erstrecken sich über den Satzspiegel hinaus bis an den Seitenrand. Was sagt das Gedicht aus?: »Ich schreibe an Gloria / darin besteht meine Tätigkeit / ich bin Schriftsteller an Gloria / um sie zu verführen / arbeite ich acht Stunden täglich / um Gloria zu schreiben / Entwürfe machen / ins Reine schreiben / das ist meine Strategie / aber manchmal habe ich frei / manchmal sogar ein Jahr lang / damit sie meine Briefe vermißt / und dann mache ich / Logogramme / damit vertreibe ich mir die Zeit / während ich davon träume / Gloria mit meinen Logogrammen zu verführen / in einer Freizeitkultur.« Was zeigt das Logogramm? Es zeigt, was das Gedicht von sich aussagt, nämlich den Willen, »Gloria mit meinen Logogrammen zu verführen.« Dotremont schreibt nur aus Sehnsucht nach Gloria, er existiert nur durch sie: »ich bin Glorias Schriftsteller«. Er bestätigt dies in seinem Logbook: »Alle Logogramme gehören Gloria«. Das Logogramm wird hier zum Piktogramm und die Erektion anschaulich. Max Loreau: »Das Logogramm gleicht einem Kraftausbruch, der eine Flut von Fragmenten ausstößt... Der Körper strebt nach sich selbst,... um seine verlorene Ganzheit wiederherzustellen, sich in dem Masse wieder aufzubauen, wie er vergeht...«. Gloria zu schreiben, heißt eine Distanz zwischen dem »Dichter« und der Frau aufbauen und gleichzeitig mit dieser Distanz zu spielen »manchmal habe ich frei damit sie meine Briefe vermißt und dann mache ich Logogramme«. Wir werden Zeuge eines logogrammatischen und brieflichen Ausbruchs, diesem Lager einer aufgeschobenen Begierde. In seinem Roman *Der Stein und das Kopfkissen* beschreibt Christian Dotremont, wie ein Brief zur Metapher für eine Frau wird. »›Das heimliche Hinterlegen des Briefes‹, schreibt Luc Richir, ›spielt auf die Existenz und die Beständigkeit der Sexualität Ullas (Glorias) an‹«. Derjenige, welcher an Gloria schreibt, ist sich bewußt, daß auch ein beliebiger Dritter an Gloria schreiben kann. Aber in dem Augenblick, in dem er ihr in dem spezifischen Kontext des Logogramms schreibt, ist einzig und allein er Glorias Dichter.

Richard Miller

Christian Dotremont

«Ma prairie de rien mon boulingrin de neige mon champ de vision à perte de vue où d'abîmes surviendront / du sable de l'eau de la terre au printemps si attendu que rapide ainsi qu'un torrent de montagne / vers l'été de plus en plus assommant de soleil qui d'ailleurs avalé peu à peu tout à fait s'en ira de mon bien / me rendra ma prairie de neige et de lointain»

Christian Dotremont

80
Meine Wiese aus Nichts…, 1971
Ma prairie de rien...

Logogramm, Tusche, 94 x 64 cm
Sammlung Alechinsky

Christian Dotremont

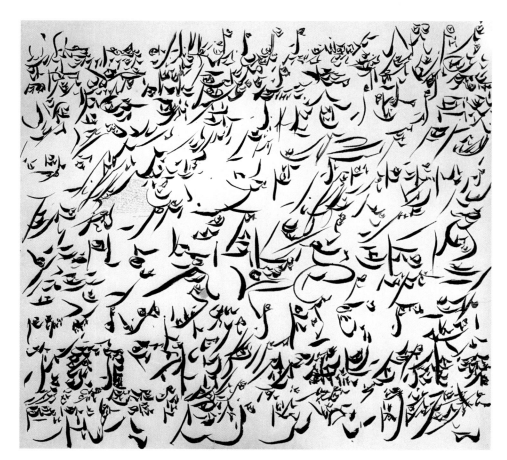

«Notre pensée est différente de celle des animaux. Notre pensée est comment dire, plus exacte, mais certes pas toujours, et plus vaste, jusqu'à considérer des choses que nous voyons rarement mais par exemple notre pensée même. Notre langage aussi est différent de celui des animaux: plus varié, plus subtil, mais certes pas toujours, en tout cas plus réglé. On peut disputer longtemps de ces différences. La différence est plus forte, sans doute, entre la pensée du règne végétal et la nôtre, entre le langage du règne végétal et le nôtre. C'est pourquoi nous devrions plutôt essayer de penser comme des arbres et d'écrire comme des feuilles, comme des plantes. C'est à dire essayer d'être vifs non sans enracinement, et d'être vastes dans une certaine harmonie de désordre. Tout en sachant bien que jamais nous y réussirons tout à fait, étant plus jeunes, ou plus vieux, plus passagers, ou plus lourds.»
Christian Dotremont

81
Unser Denken... I, 1971
Notre pensée... I

(Gesamtansicht und Ausschnitt)
Logogramm, Tusche auf Papier,
205 x 218 cm
Silkeborg, Kunstmuseum

Christian Dotremont

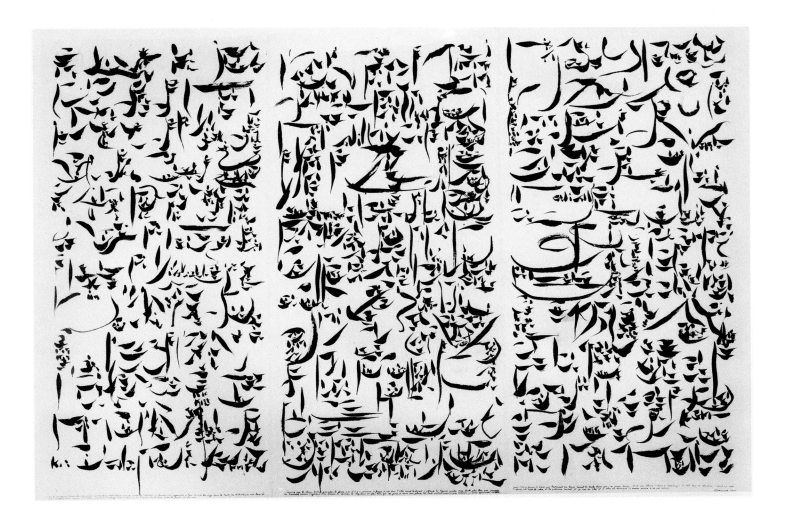

82

Wintertag in Lappland…, 1971
En hiver un jour lapon...

Triptychon, Logogramm, Tusche auf Papier
auf Leinwand aufgezogen, 136 x 201 cm
Sammlung Alechinsky

«en hiver un jour lapon donc de nuit je rentre de la bibliothèque avec des contes de Tchekhov en finnois pour apprendre à lire et voir la neige dans le texte, la bibliothèque est loin où l'hiver était doux comme à l'école j'arrive à l'auberge comme chez moi où l'hiver était doux mais la porte est fermée / j'arrive par le chemin distinct par plus de glace mais il n'y a personne, je frappe je crie dans l'écho sourd, lentement j'attends la logeuse partie sans doute plus loin que jamais ne laissant aucun vagabond d'ici dormir ni rentrer le vagabond de plus loin qu'ici puis je cours sur place et tout autour pour ne pas mourir je cours après mon souffle / puis sans y penser je danse puis lentement ma danse devient la seule danse que j'ai jamais dansée, c'était avec Gloria, c'était à Copenhague la tête dans sa chevelure c'était une sorte de valse, et la patronne revient et je bois du thé et je dors et dormant je danse encore à ne pas mourir»

Christian Dotremont

Christian Dotremont

83
Ungeduld packt mich, 1972
L'Impatience me gagne

Tinte auf rotem Papier auf Leinwand
aufgezogen, 75 x 115 cm
Silkeborg, Kunstmuseum

Christian Dotremont

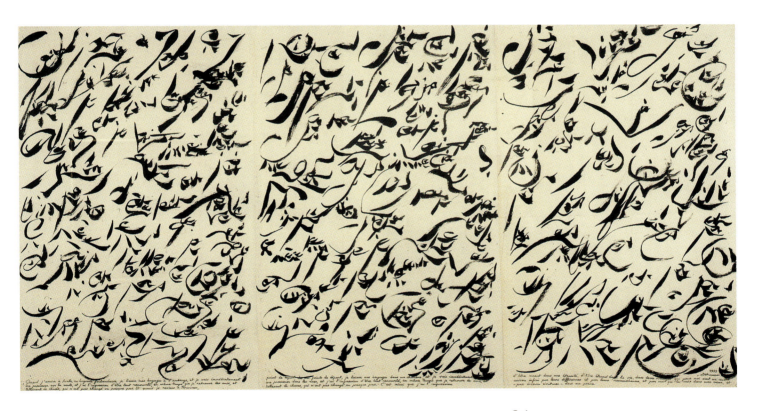

84
Wenn ich in Ivalo ankomme…, 1973
Quand j'arrive à Ivalo...

Tusche auf Papier auf Leinwand aufgezogen,
96,5 x 182,5 cm
Brüssel, Sammlung Sophie et Philippe Niels

Christian Dotremont

85

Wir haben hinter die Fassade geblickt…, 1975
On est allé voir le côté cour...

Logogramm, Tusche auf Papier
Sammlung Alechinsky

«On est allé voir le côté cour, la cour en labyrinthe de la ville, la course dite automobile. On est allergique. On est d'ailleurs allergique aussi au côté jardin. On préfère le désert immense comme il respire dans sa plénitude justement pas menteuse, de souffles et d'espace. Le désert est moins vide que la ville antiterrestre antisablonneuse antineige antigel, à peine mobile de spasmes gras de soufre, la ville tellement affairée de coter le cours de l'or qu'elle se plombe, s'avilit deux fois. De son côté, le jardinage fausse la nature par soins et pesage de paysage, mis hors course des lenteurs et bondissements qui ne sont pas dans l'ordre, élevage faux comme tout élevage, faux qui abat la vérité nue et la vérité encore naissante, fossilise toute la nature en la classifiant sous mille ordres imbéciles. On est pour le désordre, et surtout du désert.»

Christian Dotremont

Christian Dotremont

«Logogus fait un pâté. Gloria rigole. Chien dégouttant. Chatte de gouttière. Bêtes comme la nuit.»

Christian Dotremont

86
**Logogus backt einen Kuchen…,
1975**
Logogus fait un pâté...

Logogramm, Tusche auf Papier,
55,5 x 74,5 cm
Sammlung Alechinsky

Christian Dotremont

87

Logogus nimmt sich Zeit…, 1976
Logogus a tout le temps…

Logogramm, Tusche auf Papier,
63 x 90,5 cm
Sammlung Alechinsky

«Logogus a tout le temps de son quartier lapon: le passé 1956 redevenu immédiat 1973 aussi bien qu'aujourd'hui 1976, dans le même désordre d'échancrures de neige, aujourd'hier de la nuit qui s'abîme dans une folie brève de soleil ininterrompu, et même le passé que Logogus n'a pas vu du tout qui n'a certes jamais besoin pour devenir ni redevenir qu'il le voie, et le présent, la nouveauté, par exemple la fille du kiosque à journaux. entre-temps venue d'un quartier lapon voisin, ou la chanson légèrement changée parce que elle a peut-être besoin aussi de n'être pas identique pour se ressembler, et l'avenir lointain que Logogus devine qui viendra de ce centre-éparpillement, et ce que l'avenir aura sans doute de plus différent qui de toute façon ne le sera pas tout à fait, ne l'ayant jamais été, et ce qui est comme indifféremment présent, passé, avenir: la toute autre durée qui sans cesse dort et s'éveille, c'est-à-dire la fable réelle la ressemblance entrée de chaque démesure. Logogus a tout le temps, tous les temps, qu'il a chaque fois à résumer en gerbe, en perspective, en nœuds, et encore plus en logogrammes, par va-et-vient qui sautillent de cette éternité.»

Christian Dotremont

Jacques Doucet

88
Hommage an Armstrong, 1950
Hommage à Armstrong

Öl auf Leinwand, 88,5 x 115,5 cm
Silkeborg, Kunstmuseum, Schenkung Jorn

Sonja Ferlov-Mancoba

89
Maske, 1939
Mask

Bronze, 36 x 28 x 15 cm
Kopenhagen, Courtesy Galerie
Mikael Andersen

90
Skulptur, 1940-1946
Sculpture

Bronze, 50 x 108 x 35 cm
Kopenhagen, Courtesy Galerie
Mikael Andersen

Sonja Ferlov-Mancoba

91
Hommage an Elise Johansen. Solidarität, 1966
Hommage to Elise Johansen. Solidarity

Bronze, 81 x 27 x 26 cm
Kopenhagen, Courtesy Galerie Mikael Andersen

Henry Heerup

92
Ohne Titel, o. J.
Alabaster, 54 x 30 x 36 cm
Vejle, Kunstmuseum, Wørzner-Fonden

93
Moses, o. J.
Polychromer Kalkstein, 37 x 25 x 10 cm
Vejle, Kunstmuseum, Wørzner-Fonden

Henry Heerup

94
Männerkopf, o. J.
Mandshoved

Kalkstein, 58 x 37 x 37 cm
Vejle, Kunstmuseum,
Wørzner-Fonden

Henry Heerup

95
Ohne Titel, undatiert

Polychromer Kalkstein, 39 x 37 x 13 cm
Vejle, Kunstmuseum, Wørzner-Fonden

96
Mozart, 1942

Granit, Zement und Marmor, 40 x 25 x 20 cm
Vejle, Kunstmuseum, Wørzner-Fonden

Heerup stellte in seinen Arbeiten häufig Schlüsselfiguren der europäischen Kultur dar, zu denen er eine besondere Affinität verspürte, darunter Hans Christian Andersen und Mozart. Anläßlich des zweihundertjährigen Geburtstags des Komponisten schuf er ein gewaltiges Profilbildnis, das eher Mozarts Willensstärke unterstrich als seine Grazie. Daneben entstand eine Serie über Mozart als Wunderkind. Die Bildnisskulptur von 1942 stellt vermutlich das erste Mozartporträt Heerups dar, sie wurde 1942 in der Kopenhagener Ausstellung Corner & Høst zum ersten Mal öffentlich gezeigt. Sie besteht aus drei Teilen in jeweils verschiedenen Materialien. Heerups Liebe zur Musik war tief verwurzelt. Auf etlichen Bildern stellt er sich selbst mit einer Blockflöte dar. Für das Instrument komponierte er auch einfache Melodien, zu denen er Buntstiftzeichnungen anfertigte.

Troels Andersen

Henry Heerup

97
Hinterhofjunge, 1941
Baggaardsdrengen

Relief, polychromer Kalkstein, 32 x 31,5 cm
Vejle, Kunstmuseum, Wørzner-Fonden

98
Embryonale Form, 1941
Fosterform

Polychromer Stein, 24 x 15 x 10 cm
Vejle, Kunstmuseum, Wørzner-Fonden

Heerup war sowohl Maler und Graphiker als auch Bildhauer. Schon in den frühen dreißiger Jahren fügte er alltägliche Gegenstände zu völlig neuen und verblüffenden poetischen Bildern zusammen. Er modellierte zwar auch in Ton, sein bevorzugtes Material im Bereich der Steinskulptur war jedoch das schwierigste von allen, »der harte Kern des Granits«. Das Material hat in Dänemark eine lange Tradition, es taucht bereits im Jahre 5000 v. Chr. in den Grabmälern der Megalithkultur auf, wurde von den Wikingern für ihre Runensteine verwandt und fand in der romanischen Architektur des Mittelalters Verwendung. Heerup war mit dieser Tradition vertraut. Er zieht es zeitlebens vor, den Stein alleine ohne technische Hilfskräfte zu bearbeiten. Er läßt sich von der Form des Steins leiten, anstatt ihm seinen Willen aufzuzwingen, und versucht die Gestaltung aus den Ausdrucksmöglichkeiten des Materials abzuleiten. Oft verwendet er Farben, um die endgültige Form zu unterstreichen. In seinen Bildern wie auch in den Skulpturen, die in kühn ornamentalem Stil häufig erotische Themen behandeln, tauchen vorzugsweise Symbole allgemeiner Natur auf.
Troels Andersen

Egill Jacobsen

99
Stadtansicht, 1937
Bybillede

Öl auf Leinwand,
85 x 65 cm
Vejle, Kunstmuseum,
Wørzner-Fonden

1935 führt Egill Jacobsen die Maske als Thema in die spontan-abstrakte dänische Malerei ein. Zwei Jahre später löst er in dem Gemälde *Anhäufung* von 1937 den Bildgegenstand auf radikale Weise auf. Das Werk (abgebildet in *Helhesten* Nr. 2) »kann in seiner freien Gestaltung mit Pollock und anderen Malern dieser Bewegung verglichen werden. Es übte einen solchen Schock auf uns aus, daß sich unsere künstlerische Entwicklung im Anschluß daran grundlegend änderte«, sagte Jorn 1961. *Stadtansicht* von 1937 ist weniger bekannt als *Anhäufung*, weist aber die gleichen radikalen Eigenschaften auf. In der gewölbten Form eines eingestürzten Gitters löst sich die Farbe von der Zeichnung und kann frei wirken. Eine der wichtigsten Errungenschaften der spontan-abstrakten dänischen Malerei besteht in dem neuen Gleichgewicht von Farbe und Linie. Dieses Anliegen war in der Erklärung, die die Gruppe 1945 dem Museum of Modern Art in New York sandte, folgendermaßen ausgedrückt: »Wird das Bild in einer spontanen Geste auf die Leinwand gemalt, wird die Farbe in der Regel der Zeichnung unterworfen und damit unfrei.« Das Ziel war, die Farbe in einem rein intuitiv bestimmten Bereich freizusetzen.

Troels Andersen

Egill Jacobsen

100
Ohne Titel, 1944
Öl auf Leinwand, 62 x 48 cm
Kopenhagen, Egill og Evelyn Jacobsens Fond

101
Ohne Titel, 1944
Öl auf Leinwand, 69, 5 x 47 cm
Kopenhagen, Egill og Evelyn Jacobsens Fond

Egill Jacobsen

102
Ohne Titel, 1944-1945

Öl auf Leinwand, 70 x 53,5 cm
Kopenhagen, Egill og Evelyn Jacobsens Fond

103
Wachstum, Cagnes, 1947
Vækster Cagnes

Öl auf Leinwand, 99 x 74,5 cm
Kopenhagen, Statens Museum for Kunst

Egill Jacobsen

Robert Jacobsen

104
Form, o. J.
Roter Granit, 42 x 34 x 31 cm
Vejle, Kunstmuseum, Wørzner-Fonden

Robert Jacobsen

Robert Jacobsen begann um 1940 unter dem Eindruck der Arbeiten von Henry Heerup mit Stein- und Holzskulpturen. In den frühen vierziger Jahren war sein Schaffen von verzerrten, unregelmäßigen Formen bestimmt, die auf den Einfluß der surrealistischen Plastik schließen lassen. Um 1942 kam Jacobsen unter anderen mit Jorn und Bille in Kontakt und verbrachte gemeinsam mit ihnen den Sommer 1943 auf der Insel Samso. Hier arbeitete er zeitweise am Strand, wo Stein- und Holzskulpturen entstanden, darunter auch eine mit Jorn und Bille gemeinsam gefertigte Plastik aus Granit. In den meisten Arbeiten dieser Zeit taucht das Maskenmotiv in Verbindung mit abstrakten surrealistischen Formelementen auf. In einigen Fällen vermeint man den Einfluß der nordischen prähistorischen und mittelalterlichen Kunst auszumachen. Heerup und Jacobsen verwendeten in den frühen vierziger Jahren ausrangierte alte Grabsteine als Material für ihre Arbeiten, die dadurch oftmals reliefartig flach sind. Wie auch Heerup, verzichtet Robert Jacobsen auf handwerkliche Hilfskräfte und meißelt direkt in den Stein. Doch läßt er das Volumen des Steins nicht immer intakt, sondern durchbohrt es bisweilen ganz und greift damit auf seine konstruktiven Eisenkonstruktionen vor, die nach 1947 entstehen.

Troels Andersen

106
Ohne Titel, o. J.

Polychromer Kalkstein, 53 x 18 x 18 cm
Vejle, Kunstmuseum, Wørzner-Fonden

105
Der betrunkene Seemann, 1943
Den fulde sømand

Roter Granit, 47 x 19 x 32 cm
Vejle, Kunstmuseum, Wørzner-Fonden

Asger Jorn

107
Lästige Wesen, durch ihre Existenz daseinsberechtigt, 1939-1940
Paatrængende Væsener, hvis Existensberettigelse bevises ved deres Existens

Öl auf Leinwand, 69,2 x 85,8 cm
Vejle, Kunstmuseum, Wørzner Fonden

108
Das blaue Bild, 1940
Det blå billede

Öl auf Leinwand, 80 x 100 cm
Sammlung Thierry Barman

Das blaue Bild ist eines der wenigen Werke, die Asger Jorn ausführlich kommentiert hat. Es entstand kurz nach der Besatzung Dänemarks während eines Aufenthaltes auf der norwegischen Halbinsel Refsnaes in Sjaelland. Jorn bestückte mehrere Ausstellungen mit dem Gemälde, selbst noch im Jahr 1950 im Salon des Surindépendants in Paris, wo er versuchte, die Bedeutung und Entwicklung der dänischen spontan-abstrakten Malerei zu demonstrieren, indem er weitere Mitglieder der Bewegung zur Teilnahme ermunterte. In einem Interview von 1953, das in dem däni-

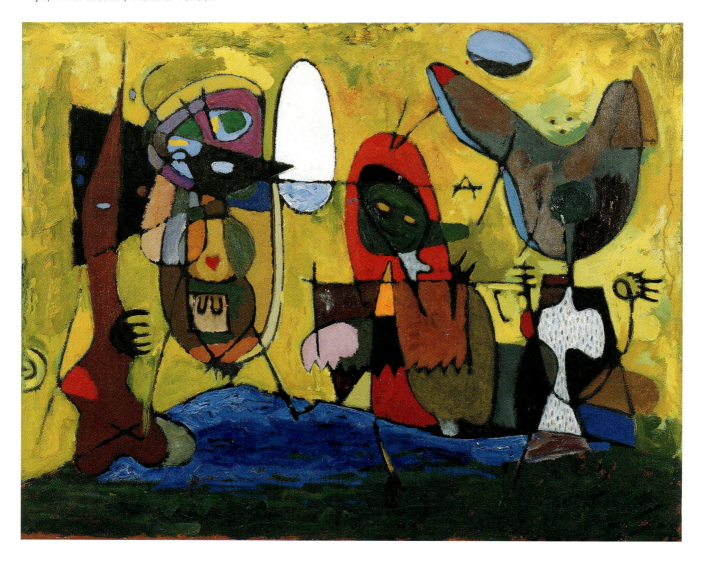

Asger Jorn

schen Magazin »Kunst« veröffentlicht wurde, erklärte Jorn: »Das blaue Bild entstand 1940 auf Refsnaes in einer Schaffensperiode, in der ich mich von der in Frankreich erlernten Malweise freimachen wollte. Damals arbeitete ich mit einer mehr oder weniger automatischen Zeichentechnik, um eine freiere, imaginärere Bildsprache zu entwickeln. Ich zeichnete auf Transparentpapier und legte dann mehrere Zeichnungen übereinander, die ich auf diese Weise in Beziehung zueinander setzte und alle auf einmal betrachten konnte. Jede Zeichnung stellte ein abstraktes Formgebilde dar und war so klar und vieldeutig wie nur irgend möglich. Ich versuchte so, einige Grundformen systematisch zu variieren. Ich wollte eine Art ABC schaffen, um dadurch neue Gestaltungsmöglichkeiten zu finden. Damals arbeitete ich sehr viel systematischer als heute. Doch die Formen unterschieden sich voneinander und durchdrangen sich gegenseitig. Ich ließ mich von der Wirkung des Zufalls leiten, der sich durch das Schichten der Zeichnungen automatisch ergab. Mir ist klar, daß dieses Prinzip dem Betrachter nicht gerade ins Auge springt, aber verglichen mit meiner vorherigen, äußerst disziplinierten Arbeitsweise spielt hier der Zufall eine sehr große Rolle. Das Bild folgt keinem bestimmten Kompositionsschema. Kleine Formelemente sind über den Bildgrund verstreut. Die Komposition entstand wie von selbst. Ich begann einfach von einer Ecke aus zu malen. Dabei fügte ich ein Formelement an das andere und so weiter, bis der Grund vollständig bedeckt war. Ich glaube, Bille hat in unserem Land als Erster so gearbeitet. Es überraschte mich sehr, daß man in einem Bild Form auf Form bauen konnte, ohne dieses als Ganzes zu betrachten, und daß etwas dabei herauskam. Es mag stellenweise etwas kubistisch wirken, aber die Gestaltung ist genau das Gegenteil des kubistischen Kompositionprinzips. Ich wandte es allerdings nur kurze Zeit an, denn ich brauchte es bald nicht mehr. Das Gemälde entstand nicht wirklich unter dem Eindruck von Kandinsky, obwohl ich seine Werke unbewußt vor Augen hatte, sondern war von der zeitgenössischen dänischen Kunst, von Bille, Richard Mortensen und anderen beeinflußt. Ich wählte die Farben so, daß sie mein Gefühl direkt widerspiegelten, aber die Farbwahl war ebenso von der französischen Malerei beeinflußt. Dennoch fühle ich mich nicht etwa als Kolorist wie Egill Jacobsen. Der Hauptakzent liegt auf etwas anderem.«

Troels Andersen

Asger Jorn

109
Ohne Titel, 1942

Öl auf Leinwand, 80 x 100 cm
Vejle, Kunstmuseum, Wørzner Fonden

Asger Jorn

110
Ohne Titel, 1944

Öl auf Leinwand,
53,2 x 64 cm
Vejle, Kunstmuseum,
Wørzner Fonden

111
Ohne Titel, 1944

Öl auf Leinwand,
75,5 x 99 cm
Vejle, Kunstmuseum,
Wørzner Fonden

Asger Jorn

112
Nachtfest, 1945
Nattefesten

Öl auf Leinwand, 117 x 159,5 cm
Privatsammlung

113
Ohne Titel. Saxnäs, 1946

Öl auf Preßspan, 152,2 x 122 cm
Kopenhagen, Statens Museum for Kunst

Im Sommer 1946 schuf Jorn im nordschwedischen Saxnäs eine Reihe von Bildern, die auf dem Prinzip der automatischen Zeichnung beruhen. Das formale Grundmuster der Serie bestand aus sich wirr überschneidenden, kurvigen Linien, die ein auf den ersten Blick ungegenständliches Geflecht bilden. Aus diesem Netz isolierte Jorn einzelne Konfigurationen, die zum Beispiel als zwei sich umarmende Personen gedeutet werden können. Zum gleichen Zeitpunkt machte Jorn ein Experiment mit einer kollektiven Bleistift- und Federzeichnung. Er zeigte seinen Künstlerkollegen in Dänemark und in Paris die automatische Zeichnung und bat jeden Künstler, die stärksten Figuren in diesem Liniennetz hervorzuheben. Er erhielt ebensoviele verschiedene Zeichnungen wie Antworten. Einige Künstler gaben derselben Zeichnung sogar zwei verschiedene Deutungen. Für Jorn war dies der Beweis, daß selbst eine automatische Zeichnung mehrere psychoanalytische Deutungen aufwerfen muß, da sie einen im Unterbewußtsein angesiedelten Fundus komplexer Erfahrungen anspricht. Die Deutung eines Bildes läuft zwangsläufig auf eine gewisse Zweideutigkeit hinaus. Das große Saxnäs-Bild gehörte damals einem Psychoanalytiker, den Jorn in regelmäßigen Abständen aufsuchte. Möglicherweise beglich der Künstler mit dem Werk das Honorar für analytische Sitzungen. Jorn verfolgte weiterhin seine Linienexperimente und bat sowohl Appel als auch Corneille, seine Zeichnungen zu deuten.

Troels Andersen

Asger Jorn

Asger Jorn

114
Das Recht des Adlers, 1951
Ørnens ret

Öl auf Masonit, 74,5 x 60 cm
Silkeborg, Kunstmuseum

Asger Jorn

115

Kranke Geister, 1951
Sygelige fantomer

Öl auf Sperrholz, 122 x 122 cm
Silkeborg, Jyske Bank

Kranke Geister entstand im Frühjahr 1951 in Suresnes in der Umgebung von Paris. Jorn war zu diesem Zeitpunkt an Tuberkulose erkrankt, ohne etwas davon zu ahnen. Man erkennt deutlich vier Figuren: Im Mittelpunkt eine Maske mit weit aufgerissenem Mund. Sie ist auf eine weibliche Figur gerichtet, die ein weißes Kleid trägt, das in etwa der Mode der Zeit entspricht. Ein drittes, kleines Wesen befindet sich in der linken oberen Bildecke. Das weiße Kleid der Frau und ihr vogelartiger Kopf sowie ein weiterer Vogel mit nach vorn gerichtetem Schnabel stehen in einem seltsamen Widerspruch zueinander. Jorn verwendet zoomorphe Bildelemente, um die intimen und privaten Sphären seiner Existenz zum Ausdruck zu bringen. Er schrieb in Suresnes über den animalischen Menschen und legt dar, wie die Verwandlung vom Menschen zum Tier die europäische Kunst und Literatur von Apuleius' »Metamorphosen« über Lautréamont zu Kafka durchdringt. »Demgemäß begann ich, Künstler in zwei Gruppen zu unterteilen, und zwar in solche, die moralisch für und jene, die gegen die menschliche Bestie sind....«

Troels Andersen

Asger Jorn

116
Die Hoffnungslosen, 1952
De fortvivlede
Öl auf Masonit, 79 x 91 cm
Silkeborg, Kunstmuseum

117
Mein Schloß in Spanien, 1954
Mit slot i Spanien
Öl auf Preßspan, 122 x 91,5 cm
Kopenhagen, Statens Museum for Kunst

Asger Jorn

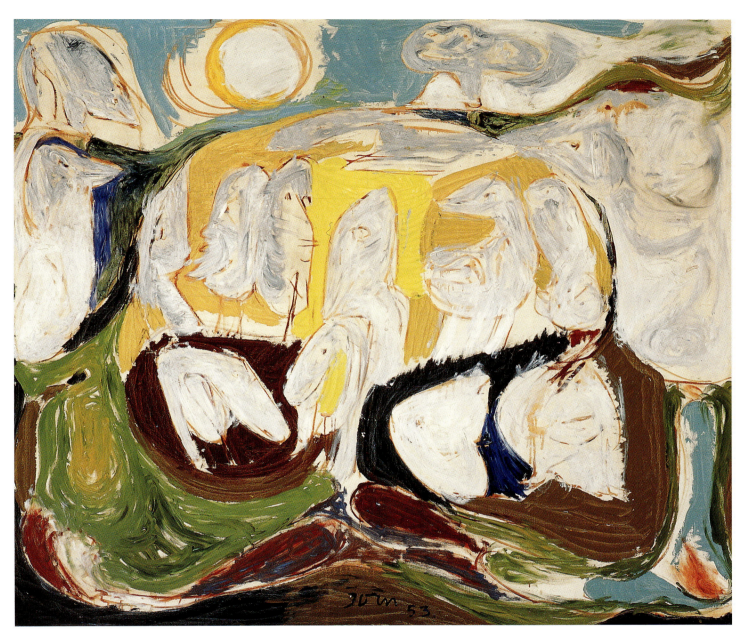

118
Mittsommernachtstraum, 1953
Midsommernatsdrøm

Öl auf Leinwand, 160 x 183 cm
Amstelveen, Cobra Museum voor
Moderne Kunst

Asger Jorn

119
Brief an meinen Sohn, 1956-1957
Lettre à mon fils

Öl auf Leinwand, 130 x 195 cm
London, Tate Gallery

Asger Jorn

120
Im Flügelschlag der Schwäne, 1963
In de vleugelslag der zwanen

Öl auf Leinwand, 199 x 302 cm
Amsterdam, Stedelijk Museum

Asger Jorn

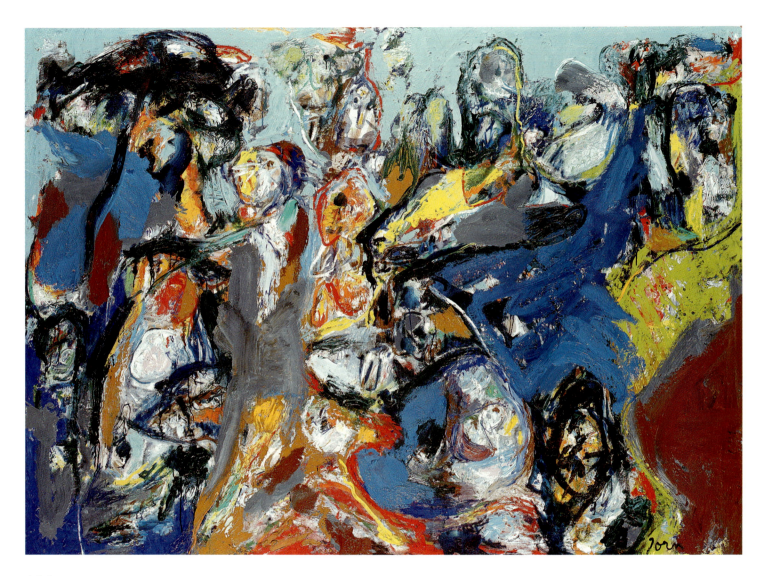

121
Zum quadratischen Hof, 1972
Au Four carré

Öl auf Leinwand, 149,9 x 195,6 cm
Staatliche Museen zu Berlin,
Neue Nationalgalerie

122
Das Rätsel des Eiswassers, 1970
L'Enigme de l'eau glacée

Öl auf Leinwand, 162 x 130,5 cm
Amsterdam, Stedelijk Museum

Asger Jorn

Asger Jorn und Christian Dotremont

123
Ich erhebe, du erhebst, wir träumen, 1948
Je lève, tu lèves, nous rêvons
Öl auf Leinwand, 37,5 × 32,5 cm
Sammlung Alechinsky

124
Hier der Schweif der Dinge, 1948
Ici la chevelure des choses...
Öl auf Karton, 17,5 × 21,5 cm
Sammlung Alechinsky

Asger Jorn und Christian Dotremont

125
Es gibt mehr Dinge in der Erde..., 1947-1948
Il y a plus de choses dans la terre...

Öl auf Leinwand, 100 x 129,5 cm
Ehemalige Sammlung E. van Zuylen,
Privatsammlung

Lucebert

126
Ohne Titel, um 1949/1950

Gouache auf Papier, 92 x 61 cm (59-G)
Amsterdam, Stedelijk Museum

Der Dichter Lucebert nimmt im Herbst 1949 gemeinsam mit den Cobra-Künstlern an der Internationalen Ausstellung für Experimentelle Kunst im Amsterdamer Stedelijk Museum teil. Bereits im Jahr zuvor zählte er mit Constant, Corneille und Appel zu den ersten Sympathisanten der holländischen Gruppe Experimenteller Künstler. Sein »Liebesbrief an Indonesien, unsere Märtyrergattin« erschien in der zweiten Ausgabe der Zeitschrift *Reflex* und belegt sein politisches Engagement. Mit der Lebendigkeit seiner aus dem Geist des Dadaismus heraus entstandenen experimentellen Gedichte markiert Lucebert den Bruch mit dem pessimistischen kulturellen Klima im Holland der Nachkriegszeit. Doch Lucebert ist mehr als nur ein Dichter. Von 1947 bis zu seinem Lebensende malte und zeichnete er, während er sich als bilden-

Lucebert

127
Ohne Titel, Juni 1951

Gouache und Tinte auf Papier, 21,4 x 33,5 cm (66-G)
Amsterdam, Stedelijk Museum

128
Spanisches Paar, 22. März 1952
Spanish couple

Tinte und Farbkreiden auf Papier,
21,5 x 27,5 cm (144-G)
Amsterdam, Stedelijk Museum

der Künstler Ende der fünfziger Jahre durchsetzt. Seine anfänglich bevorzugte Technik – Tinte auf unliniertem Notizblockpapier – zeigt, daß er sich die Möglichkeit offenhalten will, von einem Ausdrucksmedium ins andere zu wechseln. Unter allen Umständen läßt Lucebert die »Tyrannei der Freiheit« regieren (der Ausdruck avanciert 1966 zum Bildtitel). Es gibt während vieler Jahre keinen Bildentwurf, auf den er sich a priori festlegte, und keine dominante Bildthematik. Im Gegensatz zu den übrigen Cobra-Künstlern, deren Freude an der malerischen Geste und der Farbe sich in unzähligen Mensch- und Tiergestalten auslebte, läßt sich Lucebert von Themen an der Grenze zwischen mechanischem Alltagsgeschehen und kreativer Phantasie inspirieren. Aus diesem Niemandsland heraus entstehen ulkige, von Monsterkreaturen, halb Mensch, halb Tier, bevölkerte Szenen. Die Komposition baut ganz auf der Linie auf. Die teils bunten, teils gebrochenen, dünn bis pastos aufgetragenen Farben steigern die Form oder bringen Tiefenschärfe herein. Auch in stilistischer Hinsicht überrascht Luceberts Werk durch seinen Eklektizismus. In den ersten Kriegsjahren entstehen viele virtuosrealistische Bleistiftzeichnungen. Ende der vierziger Jahre tritt er in ein Zwiegespräch mit den wichtigsten Vertretern der modernen Kunst. Lucebert hat seine Bewunderung für Künstler wie Picasso, Kandinsky, Miró und Arp, die ihm gewissermaßen als Auslöser eigener schöpferischer Prozesse dienen, niemals verschwiegen. Der Einfluß des Surrealismus bestätigt sich in der Wahl von Verfahren wie der spontanen Zeichnung, in der sich aus Liniennetzen formale Assoziationen herauslesen lassen. Daneben bewundert er Kinderzeichnungen, Inbegriff hemmungslosen Ausdrucks, und interessiert sich für die naive und die primitve Kunst sowie die Kunst der Geisteskranken. Obwohl Lucebert ab 1949 nicht mehr an der Cobra-Bewegung teilnimmt, bleibt er deren Gestaltungsmitteln, der starken Farbigkeit, den Vögeln, Katzen, Monstern und Zwittergestalten weiterhin verbunden. Die Spontaneität bleibt für ihn immer gestalterische Grundregel.

Catherine Lepdor

Lucebert

129
Ohne Titel, 1951/1952
Tinte und Aquarell auf Papier,
21,5 x 34 cm (113-G)
Amsterdam, Stedelijk Museum

130
Ohne Titel, 1951-1952
Blaue Tinte auf Papier, 27,3 x 20 cm (100-G)
Amsterdam, Stedelijk Museum

Lucebert

131
Ohne Titel, 29. März 1952
Tinte und Farbstifte auf Papier,
18,4 x 23,4 cm (153-G)
Amsterdam, Stedelijk Museum

132
Ohne Titel, 1951/1952
Gouache auf Papier, 37 x 34 cm (119-G)
Amsterdam, Stedelijk Museum

Lucebert

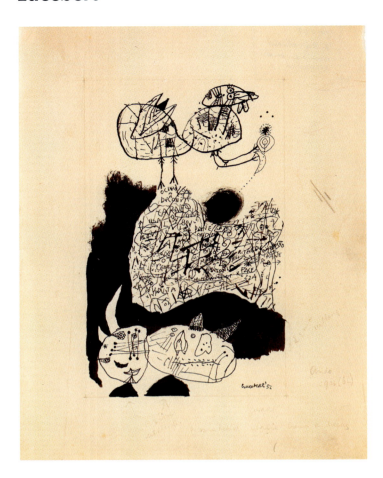

133
Ohne Titel, 1952
Tinte auf Papier, 19,8 x 12 cm (170-G)
Amsterdam, Stedelijk Museum

134
**Ohne Titel,
Juni 1952**
Aquarell und Farb
kreide auf Papier,
16 x 21 cm (156-G)
Amsterdam,
Stedelijk Museum

Lucebert

135
Bekehrung, 1952
Bekering

Tinte auf Papier, 22 x 16 cm (173-G)
Amsterdam, Stedelijk Museum

Lucebert

136
Ohne Titel, 1954
Gouache und Farbstift auf Papier,
42,5 x 52,6 cm (219-G)
Amsterdam, Stedelijk Museum

Lucebert

137
Wildkirsche, Bergen 1954
Wild cherry, Bergen

Gouache, Tinte und Farbstift auf
Papier, 30,8 x 48,3 cm (217-G)
Amsterdam, Stedelijk Museum

138
Schmetterlingssammler, 1958
Vlinderverzamelaar

Gouache auf Papier, 1958,
49 x 51,4 cm (298-S)
Amsterdam, Stedelijk Museum

Lucebert

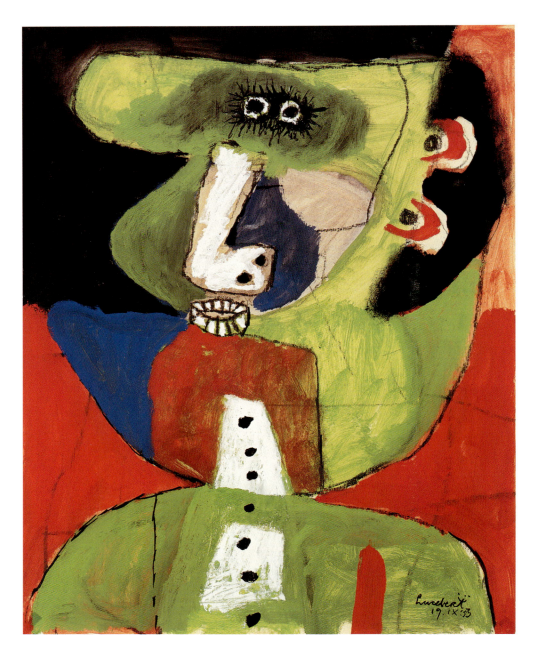

139
Ohne Titel, 17. September 1953

Gouache und schwarze Kreide
auf Papier, 55,7 x 44 cm (175-G)
Amsterdam, Stedelijk Museum

Erik Ortvad

140
Drottningholm, 1944
Drottningholm
Öl auf Leinwand, 67 x 81 cm
Silkeborg, Kunstmuseum

Carl-Henning Pedersen

141
Das fliegende rote Pferd, 1941
Den Flyvende røde hest

Öl auf Sperrholz,
84 x 101 cm
Herning, Carl-Henning
Pedersen og Else Alfelts
Museum

142
Menschen und Tiere in Landschaft, 1942
Mennesker og dyr i landskab

Öl auf Leinwand, 66 x 77 cm
Kopenhagen, Statens Museum for Kunst

Carl-Henning Pedersen

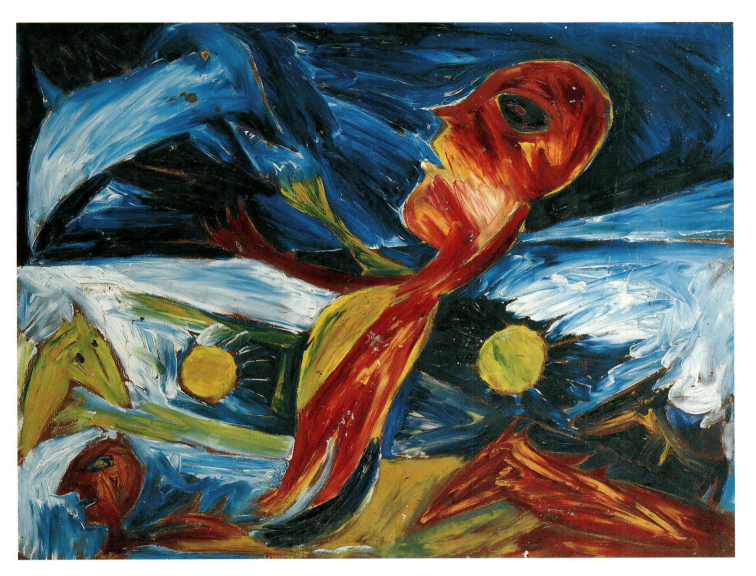

143
Zwei Sonnen, 1943
To sole

Öl auf Sperrholz, 79 x 101 cm
Herning, Carl-Henning Pedersen og
Else Alfelts Museum

Carl-Henning Pedersen

144
Schlafwandler, 1943
Søvngænger

Öl auf Sperrholz, 102 x 99 cm
Herning, Carl-Henning Pedersen og
Else Alfelts Museum

Carl-Henning Pedersen avanciert 1937 nach seiner Beteiligung an der Ausstellung der Gruppe Linien zu einem führenden Vertreter der dänischen spontan-abstrakten Malerei. Seine Arbeiten bauen auf den von Ejler Bille und Richard Mortensen eingeführten Bildelementen auf, darunter besonders der Vogel als Metapher für das menschliche Wesen. Er verwendet ebenfalls das Motiv der Maske, unter anderem entstand eine Gemeinschaftsarbeit mit Egill Jacobsen zu diesem Thema. Einige der während der deutschen Besatzung entstandenen Arbeiten widerspiegeln die Krise, die den scheinbar normalen Alltag belastete. Schlafwandler evoziert eine Atmosphäre der Angst. Eine bleiche, im Dunkeln tappende Gestalt trägt ein Vogeljunges auf dem Rücken, das den Schnabel weit aufsperrt und um Nahrung bettelt. Diese Figur, die sich zwischen Schlaf und Wachsein befindet, kann jedoch auch als Symbol des erwachenden Bewußtseins gedeutet werden.
Troels Andersen

Carl-Henning Pedersen

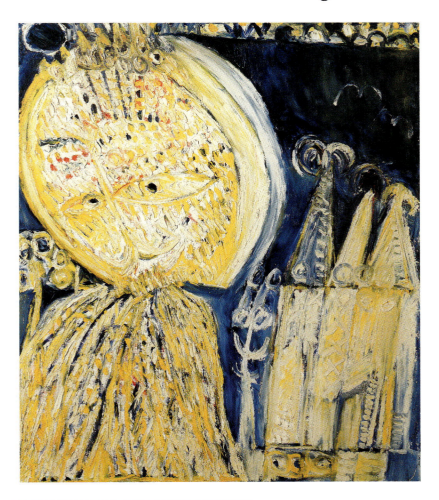

145
Mädchen bei den Häusern, 1948
Pige ved huse

Öl auf Leinwand, 121 x 102 cm
Herning, Carl-Henning Pedersen
og Else Alfelts Museum

146
Gelbe Vögel im Baum, 1949
Gule fugle og træ

Öl auf Leinwand,
101,5 x 123 cm
Kopenhagen,
Statens Museum for Kunst

Carl-Henning Pedersen

147
Gelbe Vögel im Baum, 1949
Gule fugle og træ

Öl auf Leinwand, 101,5 x 123 cm
Kopenhagen, Statens Museum for Kunst

148
Der grüne Reiter, 1961
Den grønne rytter

Öl auf Leinwand, 118 x 98 cm
Kopenhagen, Statens Museum for Kunst

Das Werk von Carl-Henning Pedersen baut auf wenigen, immer wiederkehrenden Motiven wie Maske, Stern und Vogel auf. Dieser festumrissene Themenbereich bildet die Grundlage für ein kontinuierliches Experimentieren mit der Farbe. In den frühen vierziger Jahren entstehen nahezu monochrome Gemälde in Schwarz und Weiß, in denen der Künstler alle Nuancen von Grauschattierungen auslotet. Die Farbfelder sind von schwarzen Linien begrenzt. Die Verwendung verschiedener Techniken – Bleistiftzeichnung, Tuschfeder, Aquarell und Ölmalerei – bietet ihm reichlich Gelegenheit zu Variationen frei von jeglicher Routine. In den späten Arbeiten wie Der grüne Reiter, läßt er seine vielfältigen Erfahrungen im Umgang mit dem Material spielen und verleiht dem poetischen Wortschwall gleichzeitig einen leicht bedrohlichen Charakter. Die Bildwelt von Carl-Henning Pedersen spiegelt sich auch in seinen Gedichten, die erstmals 1945 in dem Band »Traum-Gedichte« veröffentlicht wurden, der auch Texte und Zeichnungen umfaßt, die zuvor in der Zeitschrift Helhesten erschienen waren.

Troels Andersen

Carl-Henning Pedersen

Carl-Henning Pedersen

149
Höllenpferde, 1941
Helheste

Tuschepinsel auf Papier, 32 x 42 cm (411)
Herning, Carl-Henning Pedersen og
Else Alfelts Museum

150
Höllenpferde, 1941
Helheste

Tuschepinsel auf Papier,
33 x 39 cm (410)
Herning, Carl-Henning Pedersen og
Else Alfelts Museum

Carl-Henning Pedersen

151

Höllenpferde, 1941
Helheste

Tuschepinsel auf Papier,
33 x 42 cm (414)
Herning Carl-Henning Pedersen
og Else Alfelts Museum

152

Höllenpferde, 1941
Helheste

Tuschepinsel auf Papier,
41 x 32 cm (408)
Herning, Carl-Henning Pedersen
og Else Alfelts Museum

153

Höllenpferde, 1943
Helheste

Tuschepinsel auf Papier,
41 x 32 cm (530)
Herning, Carl-Henning Pedersen
og Else Alfelts Museum

152

153

Carl Henning Pedersen

154
Blaue Vögel, 1942
Blå fugle

Aquarell und Pastell auf Papier,
37 x 44 cm (435)
Herning, Carl-Henning Pedersen
og Else Alfelts Museum

155
Rote Vögel, 1941
Røde fugle

Aquarell und Pastell auf Papier,
37 x 43 cm (335)
Herning, Carl-Henning Pedersen og
Else Alfelts Museum

Carl-Henning Pedersen

156
Rote Vögel, 1940
Røde fugle

Aquarell und Pastell auf Papier, 30 x 41 cm
(326)
Herning, Carl-Henning Pedersen og
Else Alfelts Museum

Reinhoud

Anton Rooskens

158
Schwarze Komposition, o. J.
Compositie in zwart

Öl auf Leinwand, 77 x 90 cm
Amsterdam, Stedelijk Museum

157
Balzac, leicht zerknittert, 1963
Balzac un peu chiffonné

Kupfer, 157 x 120 x 65 cm
Silkeborg, Kunstmuseum

Shinkichi Tajiri

159
Krieger, 1952
Guerrier

Eisen, 59 x 30 x 38 cm
Amstelveen, Cobra Museum voor
Moderne Kunst

160
Krieger, 1949
Guerrier

Bronze, 135 x 33 x 39 cm
Amstelveen, Cobra Museum
voor Moderne Kunst

Raoul Ubac

161
Umschlag für die Zeitschrift »Cobra«, 1950
Couverture pour la Revue Cobra
Schiefer, 30 x 20 cm
Sammlung Alechinsky

Serge Vandercam

162
Hommage an Giacometti, 1948
Hommage à Giacometti

Fotografie, 40 x 30 cm
Sammlung Serge und Talia Vandercam

163
Ohne Titel, 1948

Fotografie, 40 x 30 cm
Charleroi, Musée de la Photographie

Serge Vandercam

164
Ohne Titel, 1948

Fotografie, 30 x 40 cm
Sammlung Serge und Talia Vandercam

165
Das Loch, 1950
Le Trou

Fotografie, 40 x 30 cm
Charleroi, Musée de la Photographie

Serge Vandercam

166
Ohne Titel, 1950
Fotografie, 40 x 30 cm
Charleroi, Musée de la Photographie

167
Pflugschar, 1950
Le Soc
Fotografie, 40 x 30 cm
Charleroi, Musée de la Photographie

168
Schiffsschraube, 1950
Hélice
Fotografie, 30 x 40 cm
Sammlung Serge und Talia Vandercam

Serge Vandercam

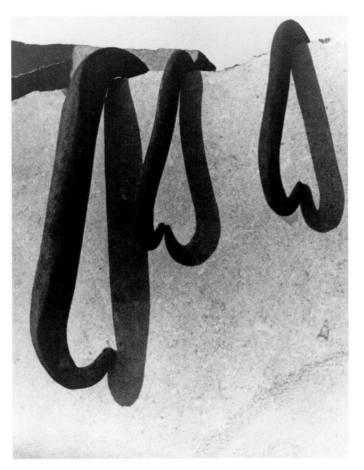

169

169
Ohne Titel, 1950

Fotografie, 40 x 30 cm
Sammlung Serge und
Talia Vandercam

170
Haken, 1952
Les Crochets

Fotografie, 40 x 30 cm
Charleroi, Musée de la Photographie

171
Treppe, 1950
L'Escalier

Fotografie, 40 x 30 cm
Charleroi, Musée de la Photographie

Serge Vandercam und Christian Dotremont

172
Singender Baum oder Wurzeln schlagender Vogel oder Sphinx, die eine Antwort gibt, 1958
Arbre qui chante ou oiseau qui s'enracine ou sphinx qui répond

Terracotta, 18 x 31 x 16 cm
Sammlung Serge und Talia Vandercam

173
Der Mittelpunkt der Erde schreit, spuckt, 1958
Le Centre de la terre crie crache

Bronze, 26 x 17 x 17 cm
Sammlung Serge und Talia Vandercam

174
Kindheitssumpf Schlammkristall, 1958
Enfange cristal de boue

Terracotta, 17 x 24 x 23 cm
Sammlung Serge und Talia Vandercam

Serge Vandercam und Christian Dotremont

175
Fallwind, 1958
Rafale

Bronze, 16 x 28 x 14 cm
Sammlung Serge und Talia Vandercam

176
Flügelast des Mauls, 1958
Branche d'aile de Gueule

Bronze, 28 x 26 x 21 cm
Sammlung Serge und Talia Vandercam

177
Taube Erd- und Wassertheater, 1958
Théâtres sourds de terre et d'eau

Bronze, 16 x 30 x 18 cm
Sammlung Serge und Talia Vandercam

Theo Wilhelm Wolvecamp

178
Explosion, 1948
Explosie

Öl auf Leinwand, 70 x 80 cm
Amsterdam, Stedelijk Museum

179
Komposition B3, 1949
Compositie B3

Öl auf Leinwand,
90 x 80,5 cm
Amsterdam, Stedelijk Museum

Theo Wilhelm Wolvecamp

Freddy de Vree

Cobra Poesie

Ich habe mein letztes Wort noch nicht gemalt
Pierre Alechinsky

Ein Schimmer märchenartigen Glücks liegt über der Poesie, die dänische Cobra-Maler von 1935 an hervorbrachten. Weite, Seen, Strände, Ozeane, Mythen. Vögel durchstreifen die Himmel, goldene Schiffe, die aus silbrigem Nebel auftauchen, queren die Meere. Die Sprache ist schlicht; Verse und Erzählungen sind kurz, die Adjektive prägnant. Keine Spur von Reimen oder rhetorischer Wiederholung. Nicht Geschliffenheit oder Experimentierfreude sind die Kennzeichen dieser Poesie; sie gibt vielmehr Raum für andächtige Bewunderung und ungezwungene Schwärmerei. Noch war der furchtbare Krieg, nach dessen Ende Constant, Jorn und Dotremont zur Befreiung (unter anderem) der Kunst aufrufen, nicht da.

In dieser Zeit schrieb der Däne Jens August Schade (1903–1978), ein facettenreicher Dichter – und der einzige »professionelle« Schreiber in der Gruppe – seinen wunderbaren Roman *Des êtres se rencontrent et une douce musique s'élève dans leurs cœurs* (Menschen begegnen sich); er schildert darin eine pantheistische erotische Seele, die das Leben der einzelnen Figuren buchstäblich ins Wanken bringt. In Paris konnte der Roman 1947 bei seinem Erscheinen einen gewissen Erfolg verbuchen und gab den Anstoß zu zwei Unternehmungen, die sonst wenig gemeinsam hatten: die Gründung des Club Méditerranée und die Abspaltung der Situationisten.[1]

Der bei Schade bestechende »freudige Glaube an die erotische Kraft, die der Motor der Welt ist«[2], lag auch dem Abenteuer der dänischen Cobra-Maler zugrunde – und nicht zuletzt dem des Belgiers Corneille. Jean-Clarence Lambert schreibt: »Sein Werk ist eine Welt der Bilder, die aus nur wenigen, ständig wiederkehrenden Themen ersteht: der Vogel, der Baum, die Frau und die mit ihnen verbundenen Orte, Orte der Liebe in dieser besonderen Jahreszeit des Sommers.«[3] Auch die während des Krieges entstandene Dichtung Karel Appels besingt Hoffnung, Freiheit und Natur.

Die in französischer Sprache verfaßte belgische Cobra-Dichtung orientierte sich zwangsläufig am Surrealismus, wie auch die nach Kriegsende entstandene niederländische und flämische Poesie, die jedoch gleichzeitig Elemente der deutschen Romantik und der neuen englischen und amerikanischen Dichtung aufgriff. Aus diesen einander ergänzenden und zugleich ausschließenden Einflüssen gingen Texte

◁
Pique-nique à la mort (»Picknick zum Tod«), 1976, Logogramm von Christian Dotremont, Privatsammlung

Corneille und Hugo Claus in Rom, Juli 1954. Aufnahme von Henny Riemens

hervor, die sich oft kaum übersetzen lassen. *Cobra Poésie* von Jean-Clarence Lambert bietet einen kurzen Überblick in französischer Sprache. In Dänemark hat sich der Dichter Uffe Harder (geboren 1930) dieser undankbaren Aufgabe angenommen.[4]

In Belgien wurde Cobra-Poesie von Schriftstellern unterstützt, die dem Surrealismus nahestanden und sich der neuen Bewegung anschlossen, darunter Armand Permantier (1895–1960) oder Marcel Havrenne (1912–1957). Zahlreiche Werke »geistesverwandter« Dichter wurden nach dem Ende von Cobra in der Zeitschrift *Phantomas* von Joseph Noiret publiziert, in *Temps mêlés* von André Blavier oder in *Daily Bûl* von André Balthazar und Pol Bury. Nur allzuoft handelte es sich dabei um sehr kleine Auflagen, was indes der strengen Knappheit und Prägnanz, die oftmals unerläßlich war, durchaus entsprach.

Auch ein Vorwort Jean Paulhans vermochte das Werk von Marcel Havrenne – der die Ellipse der Epilepsie vorzog – nicht ans Licht zu holen: »Comme toujours, le principal reste à dire: d'autres viendront sûrement qui ne le diront pas non plus.«[5] Oder: »Si la tristesse qui se chante elle-même était sans remède, l'univers ne vaudrait pas une chanson.«[6] Oder, vom Apfel Cézannes übergehend zur Blume: »De la rose longuement et amoureusement décrite, il s'exhalait une agréable odeur d'encre fraîche.«[7]

Die Welt zu verändern und ihr Klänge zu entlocken, statt sie zu besingen, war das Anliegen von Joseph Noiret (geb. 1927), eines Mitbegründers von Cobra: »Dans le souffle éclaté de la lumière / pour marquer le destin au fer rouge de son espoir / l'homme unit son chant au chant d'autres hommes.«[8]

Blieb die dichterische Tätigkeit Noirets im Umfang bescheiden, so gilt das nicht für Hugo Claus (1929 in Brügge geboren), den flämischen Autor, dessen poetisches Werk bislang über tausend Seiten umfaßt. 1949, im Alter von zwanzig Jahren, begegnete er Dotremont und Alechinsky. Damals stellte er Zeichnungen aus, von denen die meisten Cobra verwandt, andere wiederum sehr verschieden waren. Von Beginn an verabscheute er die Vorstellung von einem einheitlichen Stil. Sein Werk als Dichter, Romanautor, Dramatiker, Filmschaffender, Übersetzer und Essayist »pendelt zwischen flammendem Barock und durch und durch flämischem Realismus, satirisch und schonungslos«.[9]

Einer seiner großen Romane, *Le Chagrin des Belges* (1983),[10] erzählt mehr oder weniger seine eigene Kindheit. 1933 – Hugo war vier Jahre alt – schickten ihn seine Eltern in ein von Nonnen geleitetes Internat, wo er bis 1939 blieb. Der Roman beschreibt im ersten Teil (*Le Chagrin ...*) die verzweifelte Suche eines Kindes, das die Strukturen innerhalb seiner Familie, die von den Nonnen und vom Lieben Gott erlassenen Vorschriften und Verbote nicht versteht und sich seine eigene Welt schafft. Der zweite Teil (*... des Belges*) ist im Stil gänzlich anders – hier kommen die Erwachsenen zu Wort, die die Realität des Krieges nicht begreifen –, in der Struktur hingegen identisch, und erst in der Überlagerung beider Erzählungen (ähnlich wie bei Joyce, der sich in *Ulysses* auf die Spuren Homers begibt) schließt sich der Kreis.

Claus gehörte Cobra an und wirkte auch später bei Publikationen und Zeichenduellen im Kreise von Alechinsky, Appel, Corneille und Dotremont mit. 1955 besucht ihn Jorn in Gand, um ein Fresko zu malen. 1962 verfaßte Claus einen Essay über Appel,[11] in dem er die Maltechnik seines Freundes in knappen Worten beschreibt – eine Entschlüsselung, vergleichbar mit den *Idéotraces* von Pierre Alechinsky aus dem Jahr 1953: »Se glisse déjà entre la pupille et la surface perçue le passé engourdissant – l'hier – d'une seule seconde vieux. Le Temps. Le Temps perçu, absorbé par l'œil. Et dans ce même intervalle naît un œil autre. [...] La signification du geste qui crée la forme signifie plus que la forme elle-même. Se faire porter par la nature comme par la crête d'une vague.«[12]

1978 veröffentlichte Claus Vignetten und bedeutende Gedichte, die weit mehr sind als eine scharfsichtige Lektüre von Bildern, nämlich der *Encres à deux pinceaux* von Appel und Alechinsky.[13] Zehn Jahre später erschien ein Roman von ihm, *Une douce destruction*.[14] Seine Protagonisten erinnern an die Kolonie holländischer Künstler, die im Paris der beginnenden fünfziger Jahre ein ärmliches Leben fristeten: Appel, Corneille, Lucebert, Andreus, Simon Vinkenoog und andere sowie ihre Frauen. Sein amüsierter Blick auf diese Zeit deutete sich in *Encres à deux pinceaux* bereits an: »Animaux. Enfants. Peintres du dimanche. Déments. / N'ai-je pas voulu être comme eux, / hors des représailles,

Corneille und Hugo Claus in Paris, März 1997. Aufnahme von Nico Koster

213

Corneille und Hugo Claus in Rom, Juli 1954. Aufnahme von Henny Riemens

hors du déchirement naguère? / Quand je pense que je devrais penser / comme eux batifolant dans leur rondeau / je me sens tronqué. / Cinq sens en trop.«[15]

Bei Alechinsky heißt das später »Cobra-le-bol«[16], und er war nicht der einzige, der sich, ganz im Sinne von Cobra, jede Etikettierung als Marktschreier der Kunst oder Kursverwalter verbat.

Wie alle wirklichen Cobra-Künstler hat sich Claus oft seinen Weg durch andere Gefilde gebahnt. Seine Dichtung – Sammelbände und einzelne Texte – nimmt Anteil an der Bewegung, geht durch sie hindurch und transzendiert sie. Betonung, Klang und Intensität werden von den Sujets bestimmt, deren Chronologie leichter auszumachen ist als ihre wirklichen Eigenschaften, zumal, wenn es sich um Übersetzungen handelt. Françoise Armengaud hebt in ihrer Studie *Bestiaire Cobra* hervor, daß »manche Gedichte von Claus eher mit dem bildlichen Cobra-Bestiarium in Einklang stehen, wegen ihrer unverhohlenen Vehemenz, ihrer Gewalt, dem deutlichen Verweis auf das Animalische«.[17]

Bei Gaëtan Picon heißt es bereits in der Einführung zu einer ersten Auswahl der Poèmes von Claus: »Unbändige Gewalt: die Gewalt einer Erektion, eines markerschütternden Zornanfalls, einer blutigen Besonderheit, einer Attacke, einer Umarmung [...] Unbändige Gewalt, – Ausbruch des wilden Frühlings, Durchstoß des Tieres, das sich seinen langen Weg zum Licht bahnen mußte, stürmischer Lauf des übermütigen Pferdes: alles nur Bilder. Am Beginn, im Herzen dieser Poesie steht ein Ereignis, dessen Wucht die der Stimme beherrscht und auf das jedes Bild verweist. Es ist der blutige, aufwühlende Ausbruch der Geburt, durch die das Leben dem mütterlichen Leib entrissen wird, und der Liebe, oder eher noch des Aktes der Liebe, die Vergewaltigung eines Lebens durch ein anderes Leben.« Hugo Claus, Poèmes, Paris, Mercure de France, 1965.«[18] In einem seiner Gedichte heißt es: »La mère une darne, / Le père un couteau. / Cherche-le, l'éleveur. / Trouve-le, le tueur, / lui qui entre les draps t'a soufflé dans le sillon. / Trouve le couteau.«[19]

Das Werk insgesamt beruht natürlich, wie das aller großen Dichter, auf den Feinheiten: Alliterationen, Akrostichen, freie Verse, in denen sich Sonnette, abgewandelte Zitate und dergleichen mehr verbergen. Claus, von Beginn an der Dichter seiner persönlichen Revolte, fand im Klima der sogenannten experimentellen niederländischen Dichtung sofort seine eigene Stimme, dreißigmal aber wechselte er im Verlauf von fünfzig Jahren die Methode. Eine lesenswerte Einführung zu seiner Dichtung und seinen Zeichnungen findet sich in dem Buch *Hugo Claus imagier*.[20]

1968 schreibt Dotremont in *J'écris, donc je crée*: »[...] Druckvorgang, Schreibmaschine [...] töten eine Hälfte des Schreibenden ab, denn sie töten seine Schrift [...] gedruckt gleicht mein Satz einem städtebaulichen Plan; Büsche, Bäume, Gegenstände, ich selbst sind verschwunden [...] Die wahre Dichtung ist die, in der die Schrift mitzureden hat.«[21]

Christian Dotremont, geboren 1922 in Tervuren, veröffentlichte 1940 einen großen Text über die Liebe, *Ancienne Eternité* (»Alte Ewigkeit«) – ein lyrisches Gedicht in ausgefeilter Sprache, Monolog und Befragung zugleich. Strukturiert wird der ungebundene Text durch Antinomien, Widersprüche, Wiederholungen, und eine »Versform« erhält er durch die strenge Anwendung der Typographie. »Parlez-moi d'elle. – Je la confonds toujours avec elle-même. – Dans mes souvenirs, je la fais habiter une petite maison abandonnée – avec des fenêtres sales. – Elle était tout en joues et moi j'étais tout en lèvres.«[22]

Der junge Dichter schickte das schmale Bändchen an die Zeitschrift *L'Invention collective*[23] und erhielt eine begeisterte Antwort von René Magritte, Louis Scutenaire und Raoul Ubac. Es kam zu einer Begegnung. Belgien und Frankreich standen unter der Besatzung der Nazis. Die Veröffentlichung eines anderen Gedichts von Dotremont, *La Reine des murs*[24], wurde von der Zensur untersagt. Er reiste zwischen Brüssel und Paris hin und her, wirkte bei *La Main à Plume* und eher ephemeren Publikationen mit, leistete Botendienste – eine gute Schule für den künftigen »Sekretär« von Cobra. Gegen Ende des Krieges mußte er sich in den Fagnes (Ardennen) verstecken.

Obwohl er die literarische Begeisterung und die politischen Illusionen seiner älteren Freunde teilte, wurde er wegen ein paar freundlicher Worte, die er Jean Cocteau widmete (den er 1941 kennengelernt hatte und der dem jungen, stets mittellosen Dichter von Zeit zu Zeit unter die Arme griff) heftig gescholten und mit dem Ausschluß bedroht. Nach der Beaufsichtigung durch die Jesuiten im Internat sah sich Dotremont erneut der Kontrolle ausgesetzt.

Mehr noch als den französischen Surrealisten (Roussel und Duchamp ausgenommen) stand den Belgiern der Sinn nach dem Ungefähren, nach Witz und Wortspiel, nach Analogien, zotigen Reimen, Zweideutigkeiten und Homonymen – das Ganze jedoch mit einer gewissen Nonchalance. Paul Colinet (1898–1957) spickt seine Fabeln mit »grünem Humor« (*La balle seuson*). Die Zwillinge Marcel und Gabriel Piqueray (geboren 1920) vermengen in ihren verblüffenden Gedichten unbeirrbar Französisch, Englisch, Flämisch und Brüsseler Dialekt. Eine weitere *Histoire à ne pas rire* (»Geschichte zum Nicht-Lachen«).

1946 veröffentlichte Dotremont (der übrigens farbenblind war – die Seltenheit von Farbreproduktionen wird ihm entgegengekommen sein) einen Essay über Félix Labisse. Von Robert Desnos, der 1945 verstarb, war gerade ein schmaler Band erschienen, der ebenfalls diesem Maler, dem »Flamen in Frankreich«, gewidmet war.[25] Desnos verquickt Impressionismus und Symbolismus miteinander und meint bei Labisse den Einfluß von James Ensor auszumachen. Labisses Jugendwerk allerdings ist eindeutig vom flämischen Expressionismus geprägt, was nicht dasselbe ist. Dotremont wählt einen anderen Weg und sinnt ausführlich über die verschiedensten Dinge nach, verwirft kurzerhand die abstrakte Kunst («Ich habe Freunde, die abstrakt malen, und dennoch sage ich in aller Offenheit [...]«), und bemerkt dann im Hinblick auf Labisse, er stelle »die Präzision in den Dienst der Poesie [...] Trumpf der knappen, philatelistischen Präzision [...] schauen Sie nur, wie minutiös die Hand dieser Frau geädert ist«.

Bei Dotremont findet sich ein Satz, der nach Cobra überraschen muß: »Doch gehört es eben zum kritischen Bewußtsein des Malers, darauf zu achten, daß seine Pinsel seinen inneren Bildern nicht zuvorkommen und an diesen vorbeiziehen.« Bezog sich Asger Jorn vielleicht hierauf, als er Constant im April 1949 schrieb: »Ich weiß, daß Dotremont Enormes leistet, um uns zu verstehen und Anteil zu nehmen, ohne dabei seine Persönlichkeit und den Boden unter den Füßen zu verlieren«? Oder ist die Äußerung im Zusammenhang mit den Worten zu verstehen, die Dotremont zur selben Zeit an Noiret richtete: »Jorn stellt gerade das

Fresko fertig, an dem er seit Beginn des Treffens [von Bregnerød] arbeitet, und ich habe soeben etwa zwanzig kleine Gemälde gemalt und zwei Artikel geschrieben, die ich verkaufen muß.«

Aber wir haben uns von dem »Dichter« entfernt und die Gründung von Cobra, der ersten »internationalen« Künstlerbewegung der Nachkriegszeit, übersprungen – international dank der Tatsache, daß Constant, Corneille und Jorn die französische Sprache ausgezeichnet beherrschten. Dotremont bildete das Epizentrum der nun ständig stattfindenden Begegnungen, des gegenseitigen Austauschs, der Reisen, Veröffentlichungen und sonstigen Aktivitäten. Nun wußte er sehr wohl, was er wollte. Alles mündete also in das unglaubliche Abenteuer Cobra, das von 1948 bis 1951 dauerte.

In Dänemark entdeckte Dotremont dank Jorn auch die Malerei und die Bedeutung der sogenannten Volkskunst, und wiederum in Dänemark begegnete er der rätselhaften »Danoiselle«. Cobra und Gloria veränderten sein Leben.

Dieses Leben war bewegt, Dotremont hatte kein festes Domizil. Guy Atkins weist darauf hin, daß Christian Dotremont die Entscheidung Jorns, Dänemark nach 1951 zu verlassen, mitbeeinflußt habe, denn er zeigte ihm »einen nomadischen, bohèmeartigen Lebensstil, dem eine gewisse tragikomische Originalität innewohnte. Dotremont zog allein durch die abgelegensten Winkel Schwedens und schleppte seine neuesten Gedichte und Notizen in einem lädierten Koffer mit sich herum. Wurde er ihm zu schwer, ließ er ihn einfach stehen.«[26] *Grand Hôtel des Valises*[27], bei den Jazzmusikern hieß das »Life is a suitcase«. Nicht im Hohen Norden, sondern in Antwerpen ließ er einen Pappkoffer, in dem sich das Manuskript zu *La pierre et l'oreiller*[28] befand, in einem Abstellraum der Hafenarbeiter stehen. Pierre Alechinsky machte sich auf die Suche nach ihm und fand ihn wieder.

Dotremont hatte etwas von einem Prediger, und er litt in panikartigen Anfällen an seiner Krankheit, der Tuberkulose, dem Herumirren, den Geldnöten. Sehr häufig unterstützten ihn Micky und Pierre Alechinsky, die ihn wie ein Adoptivkind behandelten. *La pierre et l'oreiller* ist eine gelungene Schilderung der bewußten Unentschlossenheit, die seinem Leben zugrunde lag. Und seinen Lungen zu schaffen machte. Er konnte ohne weiteres einen Keil in einen konventionellen Satz treiben und ein klares Bild vermitteln: »Il y avait devant l'hôtel, à l'abandon, un gros paquet de nuit brute et je sortis dedans.«[29] Die Erzählung aber, die durch Variationen über »die Katastrophe« meisterhaft orchestriert ist, enthält lauter Erläuterungen: »Im Grunde hatte ich meine Entscheidung bereits gefällt: Ich würde sie nicht mehr anrufen; das heißt, ich weiß nicht; manchmal habe ich den Eindruck, ich fälle meine Entscheidungen erst, nachdem ich gehandelt habe, ich tue dieses oder tue jenes nicht und sage mir dann: Im Grunde hatte ich meine Entscheidung bereits gefällt.«

»Alles deutet darauf hin, daß der Verstand von einem bestimmten Punkt an Leben und Tod, Reales und Imaginäres, Vergangenheit und Zukunft, Mitteilbares und Nicht-Mitteilbares nicht länger als widersprüchlich wahrnimmt«, hatte André Breton unvergessen im *Zweiten Manifest des Surrealismus* (1930) verkündet. Dotremont gelang es in seinem Roman, die widersprüchlichen Aspekte von Erzählung und Tagebuch, Befragung und Ausruf miteinander in Einklang zu bringen. So etwa in kurzen, aus Logogrammen bestehenden Texten wie *Je précède,*

donc je suis[30], in sinniger Abwandlung der von Descartes ausgegebenen Losung. Er entwarf zahlreiche Logogramme zum »NJA«, in dem das dänische »*nej*« («nein«) und »*ja*« zusammengezogen sind.

Dotremont selbst hat den Entwicklungsprozeß der Logogramme, diese »wahre Poesie, in der die Schrift mitzureden hat«, in *J'écris, donc je crée* minutiös beschrieben. Das Logogramm ist eine Text-Zeichnung. Der poetische Text wird in der Niederschrift, die meistens in Tusche erfolgt, improvisiert. Das Bild formt und verformt den Text, der unter dem Bild in Bleistift nachgezogen ist. Manchmal fand der Autor seinen Text nicht mehr – und seine Besucher auch nicht.

In Tervuren oder Brüssel, wo er sich von 1962 an immer wieder aufhielt, verfaßte er seine Logogramme, und er fuhr sogar bis Lappland, um sie dort in den Schnee zu schreiben. Eine mühselige Arbeit: Die Medikamente, die den Lungen Linderung verschafften, griffen die Leber an. In seinen letzten Lebensjahren mietete er sich in einem Haus für Pensionäre ein. Ihm blieb jeden Tag nur wenig Zeit für seine Arbeit auf dem

Christian Dotremont, Generalsekretär der Zeitschrift Cobra, 1950. Im Hintergrund Werke von Kurt Seligmann (links), Constant (rechts, bemaltes Holzrelief), Pol Bury (auf dem Kamin) sowie ein dänisches Strohpferd (auf dem Tisch). Aufnahme von Serge Vandercam

Dachboden, immer in dem Wissen: *le temps qui nous est imparti ne revient pas non plus* (Logogramm, 1975)[31].

Einsamkeit und Kommunikation: das Konzept der Interaktion, der *interspécialisation*, verwandelt sich in eine Zusammenarbeit mit sich selbst. Dichter und Maler. Trotz zahlreicher Veröffentlichungen, Kataloge und Studien (Michel Butor, Max Loreau, Michel Sicard und andere) ist das Werk noch nicht vollständig. Wegen seiner Logogramme wurde Dotremont nicht länger als Dichter-Literat betrachtet (wie durch ein Wunder taucht er in dem höchst unzulänglichen *Alphabet des lettres belges de langue française* aus dem Jahr 1982[32] auf, in dem Alechinsky, Broodthaers, Ensor, Vandeputte nicht aufgeführt sind). Dank Alechinsky konnte er in Frankreich und den Vereinigten Staaten ausstellen, mit Unterstützung seiner dänischen Freunde – darunter insbesondere das Ehepaar Mogens und Grete Balle – auch in Dänemark.[33] Die schwarzweißen Logogramme aber standen nicht in der Gunst der Sammler (»Cobra ist Farbe!«). »Kurswert« bekamen sie erst nach seinem Tod.

Künstlerische Spontaneität, sobald sie sich im Bereich der Kultur bewegt, beruht auf den Techniken, die ein Künstler sich angeeignet hat. Grundlage für das automatische Schreiben war eine kontrollierte Syntax. Dotremont leugnete wie Jorn den Automatismus, doch wenn es in der Dichtung ein gewichtiges Beispiel für »konvulsive Schönheit« gibt, dann ist es das Logogramm.

Dotremont, ein Virtuose der französischen Sprache, begeisterte sich für Dänisch, Niederländisch, Englisch, Keltisch, Finnisch und andere Idiome. Es war ihm ein Vergnügen, sie miteinander zu verschmelzen, und eines seiner schönsten Wortspiele lautet »On ne fait pas d'Hamlet sans casser d'Ø«[34]. Doch geht es um weit mehr als ein Wortspiel. Michel Sicard: »[...] er redete über Sprache wie über das wirkliche Leben [...] für ihn hat ein Wort keine Grenzen, nicht einmal einen festgelegten Code [...] die verbale Geste ist ruhelos. Er las viele Bücher über Graphologie.«[35] Darunter *Physiologie de l'écriture cursive* von Dr. Callewaert[36], das ihn zu seinen »Mixturen« und zu Essays über verschiedene Schreibweisen ein und derselben Botschaft anregte.

Betrachtet man ausschließlich den Text, ist das Logogramm häufig nur ein Wortspiel. Glücklicherweise mußte der Dichter nicht miterleben, wie solche Wortspiele heutzutage den Werbejargon mit seinen einfältigen Slogans prägen, wo Friseursalons *Coupe de foudre*[37] heißen.

Stupeur bleue: eine Kindergestalt in blauer Tinte; die »blaue Angst«, zur Verzückung gewandelt. Eine plötzliche Eingebung. Dem Treffer eines Floretts gleich: Zwischen die einzelnen Buchstaben des Bildes fährt der Luftzug der Waffe. *La botte de Lagardère*.[38] Ein Spiel mit wenigen Worten, die aber mit Bedacht gelesen sein wollen, keine einfach verfremdeten Bonmots. Und auch das Bild ist nicht ganz arglos, wenn man es richtig liest. Das Logogramm *Pique-nique à la mort* scheint ein dahingeworfener Satz zu sein; doch birgt es (wie Pierre Alechinsky sofort erkannte) ein Selbstporträt. »La mort en moi fait son œuvre, hors de moi je fais la mienne.«[39] Ein Gedicht, kurz und bündig, wie so oft. »J'ai le cœur gros et la main svelte«[40]. Das sind natürlich Bemerkungen zu Cobra, aber auch zur Typografie, »qui a de l'aile dans le plomb«[41].

Die weiße Seite, er durchmißt sie, als wandle er im Schnee, und häufig sind seine längsten Logogramme – über zwanzig Seiten (27. April 1973, Beginn zum *Logbook*[42]) – Reisenotizen. In ihnen kehren natürlich Gloria und das Tagebuch *Le Monde* wieder, die auch in *La pierre et*

Der »Dichtersaal« auf der Ersten Internationalen Ausstellung für experimentelle Kunst, Amsterdam, Stedelijk Museum, November 1949

Durch das Metallgitter des »Dichtersaals« schauen, von links nach rechts und von unten nach oben, die Dichter Gerrit Kouwenaar, Bert Schierbeek, Lucebert, Jan G. Elburg und der deutsche Maler Karl-Otto Götz

l'oreiller ihren Part erfüllen: Einsamkeit, Liebe, Kommunikation. Manchmal sind es ganze Essays, deren Niederschrift von einer außerordentlichen Konzentration zeugt und nicht ohne Trauer an den kranken Mann denken läßt, der in der ihm verbliebenen täglichen Arbeitsstunde sein Leben im Gedicht zu wenigen kursiv-diskursiven Sätzen verwebt: »Sa brusque action, tohu-bohu de temps pêle mêle dans une projection unique, où il n'est pas possible de séparer départ et voyage, écriture et vision, écriture et vision et cri, tohu-bohu pourtant silencieux, si loin jusqu'au début du débat.«[43]

Diese übermenschliche Fähigkeit zur Konzentration war indes der Welt gegenüber nicht verschlossen. Der Verfasser von Logogrammen kümmerte sich um Cobra, um entstehende und auseinanderbrechende Kontakte der Künstler untereinander. Dotremont lebte auf engstem Raum, in einem geschwächten Körper, aber ich bin sicher, daß viele, die diesen bewundernswerten, herzlichen und geheimnisvollen Künstler besuchten, erschöpft aus der Unterhaltung mit ihm hervorgingen. Nie sprach er von sich selbst, stets von den Projekten für Cobra, von Versuchen, irgendeine Veranstaltung oder Veröffentlichung zu verhindern, die dem Wesen der Bewegung nicht entsprach. Sein lichtschwarzer Blick

[1] Guy Debord hat 1978 die französische Neuausgabe bei Champ Libre, Paris, betreut.
[2] Carl-Gustav Bjurström, *Histoire des littératures*, Bd. II, Encyclopédie de la Pléiade, Gallimard, 1956.
[3] Jean-Clarence Lambert, *Cobra Poésie*, Paris, La Différence, 1992.
[4] Jörgen Gustava Brandt, Uffe Harder u.a., *Anthologie de la poésie danoise contemporaine*, mit einer Einführung von Torben Brostrøm, Paris, Gallimard, 1975.
[5] »Wie immer muß das Wichtigste erst noch gesagt werden: Andere werden kommen, kein Zweifel, und auch sie werden es nicht sagen.«
[6] »Böte die Traurigkeit, die sich selbst besingt, keine Linderung, wäre das Universum kein Lied wert.«
[7] »Die ausgiebig und verliebt beschriebene Rose verströmte einen angenehm frischen Tintenduft.« Alle Zitate aus Marcel Havrenne, *Du pain noir et des roses*, Vorwort von Jean Paulhan, Brüssel, G. Houyeux, 1957 (Neuausgabe Brüssel, Phantomas, 1984).
[8] »Im gleißenden Strom des Lichtes / dem Schicksal das Mal der Hoffnung zu setzen, dafür / eint der Mensch seinen Gesang mit dem Gesang anderer Menschen«, aus: *La colombe de Picasso*, das als Flugblatt auf dem Congrès de la Paix verteilt wird, den Noiret 1950 mit Dotremont besucht.

[9] Jean-Clarence Lambert, *Langue étrangère*, Paris, La Différence, 1989.

[10] Hugo Claus, *Le Chagrin des Belges* [Het verdriet van België], übers. aus dem Niederl. ins Frz. von Alain van Grugten, Paris, Julliard, 1985.

[11] Hugo Claus, *Karel Appel painter*, Amsterdam, A.J.G. Strengholt, New York, Harry Abrams, 1962.

[12] »Schon schiebt sich zwischen Pupille und gesichtete Oberfläche die betäubende Vergangenheit – das Gestern – erst eine Sekunde alt. Die Zeit. Die vom Auge gesichtete Zeit. Und in eben diesem Intervall entsteht ein anderes Auge. [...] Die Bedeutung der Geste, die die Form schafft, zählt mehr als die Form selbst. Sich tragen lassen von der Natur wie vom Kamm einer Welle.« Separat veröffentlicht: *Idéotraces*, Paris, Denoël, 1966 (neu hrsg. in Pierre Alechinsky, *Lettre suit*, Paris, Gallimard, 1992).

[13] Pierre Alechinsky und Karel Appel, *Encres à deux pinceaux et leurs poèmes* von Hugo Claus, Paris, Yves Rivière, 1978.

[14] Hugo Claus, *Une douce destruction* [Een zachte vernieling], aus dem Niederl. ins Frz. übers. von Marnix Vincent, Paris, du Fallois, Lausanne, L'Age d'Homme, 1988.

[15] »Tiere. Kinder. Sonntagsmaler. Geisteskranke. / Wollte ich nicht sein wie sie, / fern der Repressalien, fern der Zerrissenheit, damals? / Wenn ich daran denke, ich müßte denken / wie sie, die ihre Mühle drehen / komme ich mir verstümmelt vor. / Fünf Sinne zuviel.«

[16] In Anlehnung an das umgangssprachliche frz. »ras-le-bol«, »Unzufriedenheit«, »Überdruß«.

[17] Françoise Armengaud, *Bestiaire Cobra, Une zooanthropologie picturale*, Paris, La Différence, 1992.

[18] »Violence: violence d'une érection, d'une sortie déchirante, d'une particularité sanglante, d'un assaut, d'une étreinte [...] Violence, – éclatement d'un printemps sauvage, percée de la bête qui a longtemps foré vers le jour, ruée du cheval fou: ce ne sont là que des images. A l'origine, au cœur de cette poésie, il est un événement, dont la force commande celle de la voix, et que reflète, qu'indique chaque image. C'est l'irruption sanglante, déchirante, qui est à la fois celle de la naissance, l'arrachement de la vie au ventre maternel, et celle de l'amour, ou plutôt l'accouplement, le viol d'une vie par une autre vie.«

[19] »Ein Stück Fisch die Mutter, / Ein Messer der Vater. / Such' ihn, den Erzeuger. / Finde ihn, den Mörder, / er, der in die Laken steigt, stieß dich in die Furche. / Finde das Messer!«

[20] Marnix Vincent, *Hugo Claus imagier*, Paris, Albin Michel, 1988.

[21] Christian Dotremont, *J'écris, donc je crée* [»Ich schreibe, also schaffe ich«], Antwerpen, Ziggurat, 1978.

[22] »Erzählt mir von ihr. – Ich verwechsele sie immer mit ihr. – In meiner Erinnerung wohnt sie in einem kleinen verlassenen Haus – mit schmutzigen Fenstern. – Sie war ganz Wange und ich ganz Lippe.«

[23] Die im Februar 1940 unter der Leitung von Magritte gegründete Zeitschrift *L'Invention collective* (»Die kollektive Erfindung«) mußte ihr Erscheinen wegen des Einmarschs der Deutschen in Belgien nach nur zwei Ausgaben einstellen.

[24] *La Reine des murs* [»Die Königin der Mauern«], mit Lithografien von Pierre Alechinsky, Paris, Galerie de France, 1960.

[25] Robert Desnos, *Félix Labisse*, Paris, Sequana, 1945.

[26] Guy Atkins, *Asger Jorn, The Crucial Years*

ließ einen nie aus den Augen. In Kürze wird die Biographie von Françoise Lalande erscheinen. Durch sie zieht sich unweigerlich die Spur Glorias, die, wie Cobra, ebenso real wie mythisch war. Ein Logogramm, ihm gegenüber an der Wand hängend: *Chérie, quand tu liras ceci, je serai vivant.*[44]

Unbedingt zu erwähnen ist auch der Dichter Jean Raine (1927–1986), der 1949 auf Cobra stieß und an dem eigenartigen »Cobra-Film« *Perséphone* von Luc de Heusch mit einem lyrischen Kommentar mitwirkte. Das hechelnde, hastige Werk des Dichters, Malers und Maler-Dichters wird von seiner Daseinsnot gequält. Seine Aphorismen und Reflexionen erinnern an Wols. Wols war auf der Suche nach der inneren Welt, Jean Raine verfolgte das Anderswo, und beide stießen auf die Spiegel-Wunden ihrer Existenz.

Ein Wort schließlich noch zu Pierre Alechinsky als Schriftsteller. Er zeichnete und malte, noch bevor Cobra begann, und versuchte sich auch in der Dichtung. Es folgten einige Artikel in der Zeitschrift der Gruppe. 1950 veröffentlicht er *Les Poupées de Dixmude*.[45] Dieses Buch berichtet von der Furcht, die ein Schloß an der Senne – dem kloakigen Gewässer, das durch Brüssel fließt – auslöst; das ursprünglich von drei Schwestern bewohnte Schloß ist verlassen und wird nach den Dreharbeiten zu *Perséphone* abgerissen. Darüber schrieb Alechinsky ein Gedicht. Einen Monat später kehrte das geisterhafte Schloß in einem Traum wieder, den er zusammen mit seiner Frau Micky rekonstruierte; seine Assoziationen dazu versah er mit Anmerkungen. Das Gedicht wurde in Form von lose eingestreuten Legenden zu den Dokumenten, die die Erzählung begleiten, in das Buch aufgenommen. Man sieht einen Schlüssel: Verwandlung der Lyrik in der Analyse, Verbindung von Reflexion und Empfindung. Die Zusammenstellung der Dokumente, der Verse und des eigentlichen Textes (begleitet von einem Kommentar von Luc de Heusch) ist das erste Beispiel für eine »materielle Strukturierung des Buches«[46], die eine lange Reihe von Veröffentlichungen prägen sollte, jede für sich ein »komplexes Gebilde, dessen einzelne Teile zur Auflockerung und als Gegengewicht zum Geschriebenen erscheinen, indem Wort und Bild sich gegenseitig beflügeln«[47].

Ein solches Buch will jedoch zunächst *geschrieben* sein. Dieser Disziplin widmete Alechinsky sich mit der gleichen gestrengen Liebe, die er auch auf jede andere Technik verwendet. Schon bald führte er Tagebuch. Herrliche Beispiele (die zwanzigmal überarbeitet werden ...) finden sich in *Souvenotes*[48]. Wie Mallarmé, Beckett oder Michaux streicht und reduziert Pierre Alechinsky, läßt aus, deutet an. Prosa eines Poeten, der sich die Hypallage verordnet und den Hiatus streicht. Unablässig korrigiert er, was er schreibt – was Dotremont sich in seinen Logogrammen nicht erlauben konnte. Was bleibt, ist der knappe Satz, das treffende Wort, das auffällige Detail, die Auslassung ... und zum Vorschein kommt das plötzliche Zitat, der zwingende Schnörkel.

Es ist bekannt, daß Pierre Alechinsky die Titel seiner Gemälde mit äußerster Sorgfalt bestimmt: *Lettre suit*. Daß er vor nunmehr zweiunddreißig Jahren schrieb: *Titres et pains perdus*, in dem es auch um verschwundene Gemälde geht. Und daß er häufig auf altem, bedrucktem oder beschriebenem Papier zeichnet oder malt, weil der Inhalt ihn zu einer graphischen Erwiderung herausfordert. Gérard Mans meint darin eine Dialektik von Verlust und Wiedergewinnung, Wiederverwertung und Errettung zu erkennen.[49] Seiner Ansicht nach entstanden die ersten

220

Texte unter dem Eindruck des Dialogs aus Bildern und Geschriebenem in Bretons *Nadja*. Ghérasim Luca vergleicht in seinem schönen Text *Le vampire passif*[50] die nächtlichen Traumbilder und ihre Interpretation mit der Entdeckung von Gegenständen am Tag («Gegenstände, die wir uns selbst schenken»). In Anlehnung dazu ließe sich sagen, daß diese *Papiers et textes trouvés* von Alechinsky schon auf die Träumerei-Interpretation des Malers verweisen.

Die Texte selbst aber: melancholische Gemälde, herrlich bis ins kleinste Detail, von seiner eigenen und der Künstlerfamilie: seine Mutter, einem Onkel, von Dotremont, Jorn, Michaux, Bram Van Velde. Einige bittere Blicke auf die »Welt der Kunst«. Auf Kunsthochschulkandidaten, die es dorthin verschlagen hat: »Am Straßenrand, auf der Strecke zwischen Gisors und Beauvais, schreit ein Reifenmechaniker: ›Ich kenne Sie! Sie waren in der Aufnahmejury, die mich zur Ecole des Beaux-Arts zugelassen hat.‹«

In Amsterdam stellte der berühmte Hans Jaffé seine Schüler der Kunstgeschichte als erstes mit folgender Frage auf die Probe: »Wie war Ihr Kinderzimmer tapeziert?« Konnten sie sich daran nicht erinnern, riet er ihnen von der Fortsetzung des Studiums ab. Pierre Alechinsky hätte sich erinnert, wie er sich auch an Gerüche und Berührungen erinnert: – »Odeur de térébenthine, (ma) tante fait un peu de peinture. / – [Dessins d'enfance]: Le ton du papier convient à l'aniline et le grain reçoit sans sécheresse. / – Dès l'école primaire, quelques heures consacrées à l'imprimerie. / L'odeur de l'encre, la machine.«[51]

Die Texte Pierre Alechinskys handeln von Verlust, von Identität und Zeit, von der Korrektur im Schaffensprozeß, die sich beim Maler anders darstellt als beim Schriftsteller. Beide kreieren häufig Porträts, die während einer Spanne aus einander ablösenden Momenten des Bewußtseins, des Flimmerns, des Geistesblitzes entstehen, wie sie auch in den Büchern Arno Schmidts aufeinanderfolgen, der erklärte: »Das Leben ist kein Kontinuum« – während die Malerei dies zu sein versucht. Und der Maler Alechinsky schreibt: »Ich habe mein letztes Wort noch nicht gemalt.«

1954–1964, London, Lund Humphries/Wittenborn, Paris, Yves Rivière, 1977.

[27] *Grand Hôtel des Valises. Locataire Dotremont: les entretiens de Tervuren, poèmes manuscrits, photographies*, zusammengestellt und präsentiert von Jean-Clarence Lambert, Paris, Galilée, 1981.

[28] Christian Dotremont, *La pierre et l'oreiller* (»Der Stein und das Kopfkissen«), Paris, Gallimard, 1955.

[29] »Vor dem Hotel stand verlassen ein großes Paket reiner Nacht, und ich trat hinaus/stieg hinein.« (Im Frz. ist beides in »sortir dedans« enthalten.)

[30] »Ich gehe [allem] voraus, also bin ich« bzw. »Ich gehe voran, also hinterher« (»je suis« hat die Bedeutung von »ich bin« und »ich folge«).

[31] (...) »die Zeit, die uns gegeben ist, auch sie kehrt nicht wieder.«

[32] *Alphabet des lettres belges de langue française*, Brüssel, Association pour la promotion des lettres belges de langue française, 1982.

[33] S. Ausstellungskatalog *Christian Dotremont et les Balle*, Brüssel, Galerie des Arts, 1994.

[34] »Einen Hamlet macht man nicht, ohne Ø's zu zerschlagen« (im Frz. ist »d'Ø« gleichklingend mit »d'œufs«, »Eier«)

[35] Ausstellungskatalog *Christian Dotremont, in vivo veritas*, Foyer culturel de Marchin, 1990.

[36] Dr. H. Callewaert, *Physiologie de l'écriture cursive*, Paris, Desclée De Brouwer, Brüssel, Edition Universelle, 1937.

[37] »Ein Schnitt wie der Blitz« in Anlehnung an »*coup de foudre*«, wörtl. »Blitzschlag«, mit der Bedeutung von »Liebe auf den ersten Blick«.

[38] »Der Stiefel Lagardères« (einer der Drei Musketiere).

[39] »Der Tod in mir verrichtet sein Werk, außerhalb meiner selbst verrichte ich das meine.«

[40] »Ich habe ein schweres Herz und eine leichte Hand.«

[41] »die Flügel im Blei hat« – Verkehrung von »*avoir du plomb dans l'aile*«, »schwer angeschlagen sein«.

[42] Christian Dotremont, *Logbook*, Paris, Yves Rivière, 1974.

[43] »Sein plötzliches Handeln, Wirrwarr der Zeit kunterbunt in einer einmaligen Projektion, in der Aufbruch und Reise nicht voneinander zu trennen sind, Geschriebenes und Vision, Geschriebenes und Vision und Schrei, Wirrwarr und doch leise, noch weit hin, bis die Debatte beginnt.«

[44] »Liebste, wenn Du dies liest, werde ich leben.«

[45] Erschienen im Februar bei den Editions Cobra, mit einer Einführung von Luc de Heusch.

[46] Gérard Mans, in: Pierre Alechinsky, *Hors cadre*, Textsammlung mit drei bis dahin unveröffentlichten Beiträgen, Brüssel, Labor, 1996.

[47] Michel Butor & Michel Sicard, *Alechinsky dans le texte*, Paris, Galilée, 1984.

[48] In: Alechinsky, *Peintures et écrits*, Paris, Yves Rivière, 1977.

[49] A. a. O., Anm. 44.

[50] *Le vampire passif* (1941), ein Werk, das in Vergessenheit geraten ist, erschienen 1945 in Bukarest bei den Editions de l'Oubli (!).

[51] »Geruch von Terpentin, [meine] Tante malt vor sich hin. / – [Kinderzeichnungen]: Der Ton des Papiers paßt zum Anilin und das Korn saugt auf, ohne trocken zu sein. / – Schon in der Grundschule gehörten ein paar Stunden dem Vorgang des Druckens. / Der Geruch der Farbe, die Apparatur.« *Souvenotes*, 1927–1940, in: a. a. O., Anm. 46.

Carl Nørrested

Cobra
und der Film

Während der deutschen Besatzungszeit verzeichnete die dänische Spiel- und Dokumentarfilmproduktion einen kräftigen Aufschwung. Nun verspürten die bildenden Künstler endlich Lust, ihre eigenen Filme zu machen. Die ersten waren der Maler Albert Mertz und der Filmemacher Jørgen Roos, die gemeinsam den sieben Minuten langen, psychoanalytisch orientierten Handlungsfilm *Flugten* (Die Flucht, 1942, 7') drehten. Der Bildhauer Robert Jacobsen spielt darin die Hauptrolle eines Mörders auf der Flucht. Die Premiere des Films fand in einer Kunstausstellung statt. In Künstlerkreisen erregte *Die Flucht* großes Aufsehen. Die Gruppe um die Zeitschrift *Helhesten*, zu der auch Asger Jorn (damals Asger Jørgensen) gehörte, veranstaltete sogar eine Kunstauktion zugunsten der Fortsetzung der Koproduktion von Mertz und Roos, woraus schließlich der Film *Hjertetyven* (Der Herzensdieb, 1943) resultierte – eine poetische, naive Fabel über einen Mann, der das Herz eines Clowns stiehlt. Der Film zeigt in Versatzstücken verfremdete Ausschnitte der Kopenhagener Stadtlandschaft. 1944 planten die beiden Künstler einen psychologischen Spielfilm, der jedoch nicht realisiert wurde. Anläßlich einer Ausstellung des dänischen Kunsthandwerks im Kunstindustriemuseum drehten Mertz und Roos 1944 einen 16 mm-Farbfilm über *Richard Mortensens bevægelige Maleri* (Richard Mortensens bewegliche Malerei). Zum gleichen Zeitpunkt begannen auch Robert Jacobsen und der Schriftsteller Ole Sarvig eine Filmdokumentation über zeitgenössische Malerei, die jedoch unvollendet blieb. Das ganze Filmmaterial in Farbe, darunter Streifen mit Asger Jorn, ging bedauerlicherweise verloren.

Die filmischen Aktivitäten kulminierten in den ersten Kriegsjahren mit der Herausgabe der Zeitschrift *Film 48*, die von einem Zusammenschluß von Kritikern zwecks Hebung des Niveaus im dänischen Film gegründet wurde. Die Zusammenarbeit des Danske Statslige mit den Leuten vom Film während der deutschen Besatzung war sehr fruchtbar. Doch auch danach unterstützte der Staat weiterhin das dänische Filmschaffen und zweigte von 1946 bis 1950 einen bescheidenen Betrag des Staatsbudgets für die Produktion von »Versuchsfilmen« ab.

Während der Nachkriegszeit setzte der abstrakte Film ein, und zwar in erster Linie mit den Werken *Triple Boogie* (1948) des Malers Richard Winther sowie *La Larme* (Die Träne, 1947) und *Amor og Psyche* (Amor und Psyche, 1953) von Søren Melson. Der Surrealist Wilhelm Freddie kehrte aus seinem schwedischen Exil zurück und schuf zusammen mit

◁
Cobra 3, Juni 1949, Umschlaggestaltung von Pierre Alechinsky

Cobra 3, Juni 1949, erschienen anläßlich des zweiten Festival mondial du Film et des Beaux-Arts de Belgique

Pierre Alechinsky, Plakat für das erste Festival du film expérimental, Knokke-Le-Zoute, 25. Juni – 8. Juli 1949

Jørgen Roos *Det definitive afslag på anmodningen om et kys* (Die definitive Ablehnung einer Bitte um einen Kuß, 1949) sowie *Spiste horisonte* (Gegessene Horizonte, 1950).

Anläßlich des internationalen Experimental- und Kunstfilmkongresses in Paris im Jahre 1948 unterstützten das Filmmuseum und die halbstaatliche Organisation Dansk Kulturfilm die erste Nachkriegsmanifestation des dänischen Experimentalfilms im Ausland. Dieses internationale Treffen der Experimentalfilmer, Kritiker und Filmtheoretiker ging auf den 1929 im Westschweizer La Sarraz gegründeten Congrès international du cinéma indépendant (CICI) zurück. Dessen Aktivitäten der dreißiger Jahre bildeten wesentlich die Voraussetzung für die Knokke-Festivals der Nachkriegszeit, die bis 1974 fortgesetzt wurden. Der dritte CICI-Kongreß fand 1963 in Lausanne statt. Auf dem Pariser Kongreß von 1948 waren die Dänen Mertz und Roos mit folgenden Titeln vertreten: *Flugten, La Larme, Triple Boogie* und *Opus I* (Jørgen Roos, 1948). Gleichzeitig wurde Dänemark Mitglied des Mouvement International du Cinéma et des Arts, dessen Vorsitzende Jean Epstein und Jean Cocteau waren. Roos ergriff die Gelegenheit und drehte Dokumentationen über Jean Cocteau und Tristan Tzara. Im Jahre 1949 nahmen Melson, Roos, Mertz und Bendtsen mit ihren Werken am Festival im belgischen Knokke-le-Zout teil. Im selben Jahr wurde in Dänemark der kurzlebige Verein für Internationalen Experimentalfilm gegründet, dessen Hauptaufgabe die Kontaktpflege mit den »Experimentalisten des Films« in anderen Ländern war. Außerdem sollte die Organisation bessere Bedingungen für den dänischen Experimentalfilm schaffen. Mitglieder waren u. a. Mertz, Roos, Richard Winther, Wilhelm Freddie und Søren Melson. Die Aktivitäten des Vereins beschränkten sich allerdings auf die Vorführung von Filmen von Viking Eggeling, Hans Richter und Norman McLaren. Außerdem wurde 1951 eine Ausstellung von Eggelings Zeichnungen gezeigt und Hans Richter zum Ehrenpräsident ernannt.

Zur ersten Ausgabe des Festival international du film expérimental et poétique in Knokke (25. 6. – 8. 7. 1949, Belgien wurde von Dekeukeleire, Storck und d'Ursel, Holland von de Haas, Ivens, Koelinga, Saan, Franken, Mol, Sluizer, van Moerkerken, van Neijenhoff, und Dänemark von Melson, Roos, Mertz und Bendtsen vertreten) wurde eine Sondernummer der Zeitschrift *Cobra 3* herausgegeben, die sich ausschließlich mit Film beschäftigte. Die Beziehungen zwischen dem wissenschaftlichen Film und der Avantgarde wurden in einem Leitartikel von Jean Cleinge, von dem kurz davor durch Luc Haesearts gegründeten Institut National de Cinématographie Scientifique, eingehend behandelt, indem er den Unterschied zwischen »le cinéma« (das Kino) und dem beim Publikum so beliebten Bastard »le film« (der Film) herausstrich. Die Beziehungen zwischen Experiment und Dokumentation traten in jener Zeit bei vielen holländischen Regisseuren sowie bei dem Belgier Henri Storck und dem Franzosen Jean Painlevé, dem Mitbegründer der International Scientific Film Association (1948), deutlich zutage. Dieser Aspekt wurde insbesondere von Christian Dotremont vertieft, der behauptete: »Es gibt das poetisch ausgerichtete und das technisch ausgerichtete Experimentalkino, und es ist zu wünschen, daß sie sich zum Verwechseln ähnlich werden.« Dieses Phänomen fand er besonders in Kanada und Dänemark verbreitet. Dem Artikel mit der umständlichen Überschrift »Dans le plus grand secret, l'Institut National de Cinématographie Scientifique réalise un film sans précédent« folgten Abbildun-

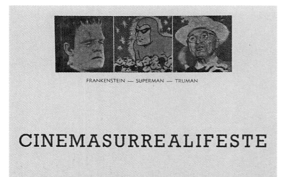

Cobra 3, 1949, »CINEMASURREALISTEFESTE«

gen von einer indonesischen Marionettenmaske, die große Ähnlichkeit mit einem vergrößerten Wasserfloh aus einem Painlevé-Film hat – analoge Urformen in Volkskunst und Natur. In einem anderen Beitrag huldigt er dem Schweden Rune Hagberg für seinen unabhängig produzierten Spleenfilm von der Dauer eines Spielfilms ... *och efter Skymning kommer mörker* (»Rune Hagberg, 70 000 francs, trois ans et le reste, 1947«) sowie dem Franzosen Roger Livet für *Fleurs meurtrières* (Tödliche Blumen, 1929), den Dotremont in Dänemark gesehen hatte (»Roger Livet, der Dinge unter die Haube, die Wirklichkeit in einen Rahmen und den Aal unter den Felsen setzt, steigt in die Malerei.«). Dieser Artikel entstammte einer größeren Sammlung von Betrachtungen über Experimentalfilm und Ton.

In *Cobra 3* wurden auch wichtige Persönlichkeiten aus filmhistorischen Nischen gepriesen: Hans Richter in einem englischen Text des Dadaisten Richard Huelsenbeck über den Anthologiefilm *Dreams that Money can Buy*; der präfilmische E. G. Robertson, beschrieben von Luc Zangie alias Luc de Heusch; der Pantomime Marcel Marceau; der Italiener Luigi Veronesi, der sowohl chirurgische Filme drehte als auch Filmstreifen anderer kolorierte. Veronesi kann als Cobra-Entdeckung gelten. Darüber hinaus stößt man in *Cobra 3* ebenfalls auf die mehr obligaten Huldigungen der bekannten Koryphäen der Avantgarde innerhalb des »Establishments« – z. B. ein Gedicht für Charles Chaplin von Joseph Noiret sowie eine Lobpreisung der Marx Brothers. Fernand Léger läßt man als großen alternden Meister zu Wort kommen, und die Cobra-Künstler eilen herbei, um seine Forderungen in die Wirklichkeit umzusetzen: »In diesem *Ballet mécanique* wollte ich zeigen, daß, wie in einem Bild, ein noch so bescheidener Gegenstand im Film eine große Wirkung entfaltet und daß selbst ein Bruchteil dieses Gegenstands in Bewegung eine ungeheure plastische Ausstrahlung entfaltet. Eine Figur, ein Teil von ihr, ein Auge, ein Mund, erscheinen im Film viel individueller als in der Malerei. Das Kino ist eine sehr bedeutende Erfindung, die von kommerziellen Absichten in ihrer Entwicklung gestoppt wurde. [...] Nun ist es an euch Jungen, diese Entwicklung voranzutreiben. 13. Juni 1949.«

Die Cobra-Künstler interessierten sich sehr für die Bemalung des Filmstreifens, eines frühen Aspekts des Materialfilms. Henry Valensi beschäftigte sich in einem Artikel mit diesem Phänomen (»Ciné-peinture«), der auch eine auf Filmstreifen gedruckte Reproduktion aus Jørgen Roos' *Opus I* enthielt. Jørgen Roos schrieb übrigens für *Petit Cobra 1* ein Resümee über den dänischen Experimentalfilm (*Sur le cinéma expérimental au Danemark*). Dabei handelte es sich um eine Dotremont-Bearbeitung eines Vortrags, den Jørgen Roos im Jahre 1948 für Paris vorbereitet hatte. Mild ausgedrückt hatte Roos den gemeinsamen dänischen Einsatz stark übertrieben, als er auf mehrere Werke hinwies, die praktisch nur in der Vorstellung existierten. Die Filme des Kanadiers Norman McLaren, die direkt auf den Filmstreifen gemalt wurden, häufig mit aufgemaltem synthetischem Ton, wurden von den Cobra-Mitgliedern als eine der größten filmischen Offenbarungen betrachtet. In seinem in *Cobra 10*, 1951, erschienen Aufsatz *L'Ecran et le Pinceau* (Der Bildschirm und der Pinsel) beschreibt Norman McLaren ausführlich seine verschiedenen Arbeitsmethoden.

Als Kollektiv war Cobra nur für die Produktion eines einzigen vollendeten, belgischen Films verantwortlich, den 18 Minuten langen Strei-

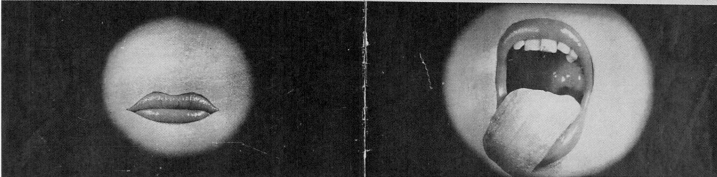

Cobra 4, November 1949, Fotomontage von Jørgen Roos, Umschlagentwurf von Wilhelm Freddie

fen *Perséphone* (1951). Im Vorspann wird als Produzent Cobra-Film genannt. Der Inhalt des Films kann jedoch keineswegs als programmatisch für die Gruppe bezeichnet werden. Der Regisseur des Films, Luc de Heusch (siehe *Cobra 7*), der bei seinem Schwiegervater Henri Storck als Regieassistent gearbeitet hatte, war mit Alechinsky befreundet. Alechinsky lud de Heusch im Jahre 1946 ein, sich in der Wohngemeinschaft Atélier du Marais in Brüssel einzumieten, wo Künstler außerhalb der Cobra-Gruppe wohnten: Oliver Stribelle, Michel Olyff, Reinhoud, Serge Vandercam und Jean Raine. Raine arbeitete als Assistent bei Henri Langlois in der Cinémathèque Française und hatte 1946 bei der Ausstellung „Exposition du dessin animé" im Palais des Beaux-Arts in Brüssel mitgeholfen. Danach wirkte er als Organisator des einzigen Filmfestivals der Cobra-Bewegung. Dotremont war ständiger Gast im Atelier, wo die Zeitschrift *Cobra* größtenteils redigiert wurde.

Ein altes verlassenes Gebäude in Brüssel, das Schloß G*** (Chaussée de Mons 95, nicht erhalten), faszinierte die Künstler und inspirierte Alechinsky zu einem Cobra-Buch. Alechinsky spielte in diesem Buch auf uniformierte Schaufensterpuppen im Schloß an, die seine Gedanken auf ein Schlachtfeld lenkten, wo Deutsche und Belgier im ersten Weltkrieg gegeneinander gekämpft hatten. Der Band *Les Poupées de Dixmude* (Die Puppen aus Dixmude, 1950) enthält Fotos von Roland d'Ursel (Sohn von Henri d'Ursel), die in diesem Schloß aufgenommen wurden. Außerdem schrieb Jean Raine ein längeres Gedicht über einen Gendarmen (Jean Soubeyran), der im Schloß die materialisierte Erinne-

Cobra 7, 1950, Einführungstext von Jean Cleinge zu dem Film Perséphone

rung an seine eigene Kindheit sucht, die ihrerseits von zwei Gegensätzen beherrscht wurde, einer schlechten (Nadine Bellaigue als *Perséphone*) und einer guten Mutter (Catherine Romanette als *Aphrodite*). Die Geschichte spielt also auf die zwei Charaktereigenschaften der Persephone in der griechischen Mythologie an. Das Gedicht bildete die Grundlage eines Filmszenarios von Dotremont, Alechinsky und Luc de Heusch, das seine Inspiration aus den von Max Ernst gestalteten Abschnitten in *Dreams that Money can Buy* bezog. Ein Teil der Aufnahmen wurde auf einem Cobra-Fest gedreht. Eine boshaft maskierte, metamilitaristische Gruppe kämpft gegen einige positive Arbeiter in Overalls, während das Schloß in Flammen aufgeht. Die Filmmusik für Klavier, Klarinette und Schlagzeug komponierte André Souris. Obwohl der Film gewisse Kenntnisse der griechischen Mythologie voraussetzt, also stark intellektuell und dazu von surrealistischen Tendenzen geprägt war, stellt er dennoch ein wichtiges Beispiel für die experimentelle Cobra-Filmkunst dar.

Erstaunlicherweise wurde der Abschluß der Cobra-Bewegung auf einem Filmfestival in Lüttich, dem Petit festival du Film expérimental et abstrait (6. 10. – 6. 11. 1951), markiert. Es wurde von Jean Raine in Zusammenarbeit mit Jacques Ledoux von der Cinémathèque du Belgique und dem Ciné-Club de Liège veranstaltet. Das Festival zeigte Arbeiten wichtiger Vertreter des Experimentalfilms, wie Emile Cohl, Oskar Fischinger, Len Lye, Henning Bendtsen, Søren Melson und Norman McLaren; dazu Avantgardefilme von Henri Chomette, Germaine Dulac, Fernand Léger, vier Werke von Luigi Veronesi und drei amerikanische Filme von Francis Lee sowie Hans Richters Anthologiefilm *Dreams that Money can Buy*. Daneben waren analytische und essayistische Kunstfilme über u. a. Kandinsky (von Jean-Claude Sée, Jean Aurel und Charles Estienne, 1950) und Miró (von Jean-Claude Sée und Jean Aurel, 1950) zu sehen sowie der von dem italienischen Psychiatrie-Professor inszenierte Streifen *Images de la folie* (Bilder des Wahnsinns). Der Film entstand 1950 während der Exposition d'art psychiatrique (Ausstellung für psychiatrische Kunst) anläßlich des Premier Congrès Mondial de Psychiatrie (Erster Weltkongreß für Psychiatrie).

Bis zu den sechziger Jahren blieb dieser Vorstoß in Lüttich das letzte internationale Treffen, an dem der dänische Experimentalfilm beteiligt war. Nach 1953 verebbte die Szene. Die Künstler gründeten Familien oder zogen ins Ausland. Ein staatlicher Zuschuß von 20.000 dän. Kronen versickerte irgendwo, ohne daß ein neuer Film zustande kam.

Außer Jorn interessierte sich kaum ein dänischer Cobra-Künstler für den experimentellen Film. Nach einem Aufenthalt im Silkeborger Sanatorium im Jahre 1952 ermunterte Jorn den Fotografen Paul Solbjerghøj dazu, die Entstehung von *Studie nr. 1 til opus 2 af den store myte* (Studie Nr. 1 zu Opus 2 der großen Mythe) in Stopmotion aufzunehmen. Das gesamte Material wurde in Per Kirkebys Film über Asger Jorn (1977) verwendet. Jorns Filmaktivitäten als Produzent fallen in die Anfangszeit des Situationismus. 1961 gründete er mit dem Verleih von *Sur le passage de quelques personnes à travers une assez courte limite de temps* (Guy Debord, 1959) die Filmgesellschaft Dansk-Fransk Experimentalfilmkompagni. Als erste Produktion entstand *So ein Ding muß ich auch haben* (1961) von Albert Mertz und Jørgen Nash (Asger Jorns Bruder). Dieser Streifen war der erste in einer Serie von Filmen, die sich mit der Konsumgesellschaft auseinandersetzten. Der Film wurde in München in

Zusammenarbeit mit der Gruppe Spur gedreht. Danach wurde die Produktionsgesellschaft aufgelöst.

In den sechziger Jahren knüpfte die dänische Experimentalfilmszene nur mehr sporadisch durch die Künstlergruppe Fluxus internationale Kontakte. In der Rückschau wurden außer einigen Fersehdokumentationen nur wenige Filme über die Cobra-Bewegung produziert. Ole Roos' dänischer Film *Cobra et après* (Cobra und danach, 1975) entstand als Fernsehproduktion und kam erst 1989 durch Statens Filmcentral in den Verleih. In diesem Film werden die übriggebliebenen Cobra-Mitglieder Dotremont, Alechinsky, Corneille, Appel, Heerup, Carl Henning Pedersen und Egill Jacobsen in den Brennpunkt gerückt; es stellt das umfassendste filmische Dokument über die Cobra-Gruppe dar.

Beinahe sämtliche Cobra-Künstler wurden in Einzelfilmen porträtiert, wobei das Phänomen Cobra jedoch nicht explizit zur Sprache kam, z. B. in den Filmen über Karel Appel, Jean-Michel Atlan, Pol Bury, Anton Nieuwenhuys (Constant), Corneille Guillaume van Beverloo, Christian Dotremont, Sonja Ferlov-Mancoba, Henry Heerup, Carl-Henning Pedersen, Lubertus Jo Swaansdijk (Lucebert) und Rodolphe Raoul Ubac. Auch Per Kirkeby vermied in seinem Film über Asger Jorn (1977) soweit als möglich, Jorn mit Cobra gleichzusetzen. Luc de Heusch hat in seinen Filmen viele Künstler porträtiert (u.a. Ensor und Magritte) und hat mit *Alechinsky d'après nature* (Alechinsky nach der Natur gemalt, 1970) und *Dotremont-les-logogrammes* (Dotremont – die Logogramme, 1972 – entstand in Zusammenarbeit mit Alechinsky und zeigt deutliche Verbindungslinien zur Cobra-Bewegung auf) gutgelaunte Filme über die Cobra-Kollegen gedreht. Der deutsche Informel-Künstler Karl-Otto-Götz produzierte 1951 einen Dokumentarfilm über die erste Cobra-Ausstellung in Lüttich, in dem Dotremont und Alechinsky auftreten. *L'Orange* (1949), ein in belgischer Gemeinschaftsarbeit gedrehter unvollendeter Film über den Revolutionären Surrealismus, ist heute unauffindbar.

Carl Nørrested, Ph.D. der Filmwissenschaft, Universität Kopenhagen. Kritiker bei KOSMORAMA, der Zeitschrift des Filmmuseums. Mit Helge Krarup Autor eines Buchs über den dänischen Experimentalfilm (1984)

Anzeige für das Petit Festival du film expérimental et abstrait, Liège, 6. Oktober – 6. November 1951, erschienen in Cobra 10, Herbst 1951

Künstlerbiografien

Pierre Alechinsky (1927)

Pierre Alechinsky wurde in Brüssel geboren, wo er 1944 an der Hochschule für Architektur und angewandte Kunst (La Cambre) ein Studium beginnt. 1945 schließt er Freundschaft mit Luc de Heusch und Jean Raine. Im Jahr darauf macht er die Bekanntschaft von Pol Bury und tritt der Künstlergruppe La Jeune Peinture Belge (Junge belgische Malerei) bei. In der Galerie Lou Cosyn hat er seine erste Einzelausstellung. Im März 1949 lernt er Dotremont kennen und schließt sich der Cobra-Bewegung an, deren jüngstes Mitglied er ist. Im selben Jahr heiratet er Michèle Dendal (Micky) und gründet in Brüssel die Ateliers du Marais. 1950 macht er in Paris die Bekanntschaft von Atlan, Yves Bonnefoy, Hans Bellmer, Gaston Bachelard, Jean Dubuffet und Alberto Giacometti. Alechinsky erhält (ex aequo) den ersten Preis der Jungen belgischen Malerei. Im Cobra-Verlag erscheint *Les Poupées de Dixmude* (Die Puppen von Dixmude). Er tritt aus der Kommunistischen Partei aus und begleitet Dotremont auf eine Reise nach Dänemark und Schweden. Luc de Heusch veröffentlicht die erste Alechinsky-Monografie in der Reihe Cobra-Bibliothek. 1951 organisiert Alechinsky die »Zweite internationale Ausstellung für experimentelle Kunst« und gibt die zehnte und letzte Ausgabe des *Cobra*-Magazins heraus. Im November zieht er nach Paris. 1953 stellt er gemeinsam mit dem Bildhauer Tajiri in Amsterdam aus, Dotremont schreibt das Vorwort zum Ausstellungskatalog. 1954 hat Alechinsky seine erste Einzelausstellung in Paris. Er lernt Walasse Ting kennen, der ihn zu einer Reise in den Fernen Osten anregt. Im Jahr darauf bricht er mit seiner Frau Micky auf. In Tokio und Kioto dreht er einen Film über japanische Kalligrafie. 1957 entstehen die ersten großen Tuschezeichnungen auf Chinapapier, das auf Leinwand aufgezogen wird. Zwei Jahre später nimmt Alechinsky in Venedig an der Ausstellung »Vitalità dell'arte« teil – einer ersten Gegenüberstellung des Schaffens der Cobra-Künstler mit Willem de Kooning, Jean Dubuffet, Jackson Pollock, Bram van Velde und Antonio Saura. 1961 hält sich der Künstler erstmals in New York auf, wo er im Jahr darauf seine erste Einzelausstellung hat. Dort entsteht auch das Werk *Alice Grandit* (Alice wächst). 1965 malt er *Central Park*, sein erstes Bild in Acryl, bei dem das zentrale Motiv von Zeichnungen umrandet ist. Mit *Sous le feu* (Unter dem Feuer) von 1967 integriert er erstmals eine Predella in ein Gemälde. Im gleichen Jahr tritt er mit einer Reihe von Gemälden, Zeichnungen und Grafiken an die Öffentlichkeit, die vom Karneval und den Clowns der belgischen Stadt Binche inspiriert sind. 1968 »entwendet« er Typoskripte von Michel Butor und gestaltet gemeinsam mit Joyce Mansour ein Buchobjekt. Luc de Heusch dreht 1970 den Film *Alechinsky d'après nature* (Alechinsky nach der Natur gemalt). Gemeinsam mit Jorn und Ting arbeitet Alechinsky an den »Gemälden zu drei Pinseln«. 1972 entwirft er zusammen mit Dotremont eine Reihe von Logogramm-Zeichnungen sowie erstmals ein Werk mit einer Tuschezeichnung in der Mitte, umgeben von farbigen Randzeichnungen auf altem, vormals schon beschriebenen Papier. 1974 reist Alechinsky zum ersten Mal nach Lappland. Im Atelier von Lindström in Sundsval entsteht das Bild *Venu de loin* (Von weit her). Im folgenden Jahr wird der Alechinsky-Saal im Museum Louisiana im dänischen Humlebaek eingeweiht. 1976 arbeitet er zusammen mit Dotremont an der künstlerischen Gestaltung der Brüsseler Metrostation Anneessens und signiert gemeinsam mit Appel die *Tuschezeichnungen zu zwei Pinseln*. Das Carnegie Museum of Art in Pittsburgh richtet 1977 die erste umfassende Retrospektive seines Werks aus. 1980 erfinden Alechinsky, Hugo Claus, Corneille Hannoset und Henri Pousseur anläßlich des 150. Jubiläums des Königreichs Belgien ein Würfelspiel (*Jeu de l'oie*). 1981 malt Alechinsky mit *Le passé inaperçu* (Die unbeachtete Vergangenheit) eines seiner größten Bilder mit Randzeichnungen. Im Jahr darauf organisiert er im Wallonischen Kulturzentrum in Paris die erste Dotremont-Retrospektive, »Dotremont, peintre de l'écri-

Pierre Alechinsky in seinem Atelier in der Rue Piat im Belleville-Viertel in Paris. Im Hintergrund erkennt man das Gemälde Les Hautes Herbes von 1951. Aufnahme von Henny Riemens

◁
Appel, Corneille und Constant hinter einer Skulptur von Appel, 1948

Karel Appel während der Arbeit an den Wandgemälden im Café des Stedelijk Museums Amsterdam, 1951

ture« (Dotremont, Maler der Schrift), für deren Katalog er die Einleitung schreibt. 1983 entstehen Grafiken auf der Grundlage von Abdrucken von Objekten aus dem städtischen Raum, die er auf Reisen gemacht hatte. 1986 arbeitet er zusammen mit Jiri Kolár an der künstlerischen Gestaltung eines Cembalos. 1989 kehrt er mit einer Serie von 60 Gemälden zur Ölmalerei zurück. Parallel dazu verfaßt er den Text *Petites huiles* (Kleine Ölbilder). Im Balzac-Haus stellt er Holzschnitte und Radierungen aus. 1991 arbeitet Alechinsky an den Radierungen auf Faksimiles aus der *Flora Danica* und an Tuschezeichnungen nach Abdrücken von Objekten des Marine-Museums. Im Verlag Gallimard erscheinen 1992 *Lettre suit* und 1994 *Baluchons et Ricochet*. Im gleichen Jahr werden auch Alechinskys *Travaux à deux ou trois* (Arbeiten zu zweit oder zu dritt) verlegt, Titel der gleichnamigen Ausstellung anläßlich des 80. Geburtstags von Jorn im Museum von Silkeborg. Mit Hans Spinner arbeitet er an Buchobjekten aus Keramik. Alechinsky lebt seit 1963 in Bougival.

Luc de Heusch, *Pierre Alechinsky*, Les Artistes libres, Bd. 1, Cobra-Bibliothek, Kopenhagen, Munksgaard, 1950. – Michel Butor und Michel Sicard, *Alechinsky. Frontières et bordures*, Paris, Galilée, 1984. – Jacques Putman, *Alechinsky*, Paris, Odege, 1967. – *Alechinsky: centre et marges*, Paris, Galilée, 1988. – *Pierre Alechinsky. Extraits pour traits*, hrsg. von Michel Sicard, Paris, Galilée, 1989. – *Pierre Alechinsky. Zwischen den Zeilen*, Ausst.-Kat. Saarland Museum Saarbrücken, Stuttgart, Hatje, 1993.

Else Alfelt (1910–1974)

Die in Kopenhagen geborene Else Alfelt entdeckt bereits sehr früh ihre Berufung zur Malerin. Ihre autodidaktische Ausbildung besteht aus dem Kopieren der im Statens Museum for Kunst in Kopenhagen ausgestellten Werke von Rembrandt. 1933 lernt sie in Elseneur Carl-Henning Pedersen kennen, der sich zu diesem Zeitpunkt noch nicht endgültig für die Malerei als künstlerisches Ausdrucksmedium entschieden hatte. Mit *Der junge Kommunist* schafft sie ein sehr schönes Bildnis von ihm. 1934 heiraten sie. 1935 macht Alfelt die Bekanntschaft von Egill Jacobsen, der einen Aufsatz über ihr Schaffen als Beitrag für die Zeitschrift *Helhesten* schreibt. Ihren Eingang in die öffentliche Kunstwelt verdankt sie der Teilnahme am Kopenhagener Herbstsalon im Jahre 1936. Von 1942 bis 1949 ist sie Mitglied der Künstlergruppe Høst. 1949 beteiligt sie sich an der Cobra-Ausstellung im Stedelijk Museum Amsterdam. Nach dem Engagement in der Cobra-Gruppe unternimmt sie viele Reisen in die Bergregionen von Griechenland, Italien, der Schweiz und Japans. Das Gebirge stellt für die Künstlerin einen Grenzbereich zwischen Wirklichkeit und Vorstellung dar. In Dänemark schuf sie zahlreiche Mosaiken. Zwei Jahre nach dem Tod der Künstlerin in Kopenhagen wurde im dänischen Herning das Carl-Henning Pedersen und Else Alfelt Museum eröffnet.

Edouard Jaguer, *Else Alfelt*, Les Artistes libres, Bd. 2, Cobra-Bibliothek, Kopenhagen, Munksgaard, 1950. – Annette Stabell, *Else Alfelt Universets farver*, Kopenhagen, Borgen, 1990. – *Carl-Henning Pedersen og Else Alfelts Museum*, Sammlungs-Kat., Herning, 1976. – *Carl-Henning Pedersen og Else Alfelt*, Sammlungs-Kat., Herning, Carl-Henning Pedersen und Else Alfelt-Museum, 1993.

Karel Appel (1921)

Karel Appel wurde in Amsterdam geboren. Seine erste Unterweisung im Malen erhält er 1936 durch seinen Onkel. Von 1940 bis 1943 studiert er an der Kunstakademie von Amsterdam, wo er sich mit Corneille anfreundet. 1946 sind sie zusammen in Lüttich, wo sie die beiden Künstler Louis van Lint und Marc Mendelson kennenlernen. In Groningen hat Appel seine erste Einzelausstellung. 1948 stellt er mit Corneille in Amsterdam aus. Er arbeitet an einer Reihe von Reliefs aus Fundstücken, die auf Holztafeln montiert sind, darunter auch das Werk *Fragende Kinder*. Am 16. Juli 1948 gründen Appel und Corneille gemeinsam mit Constant die Holländische Gruppe für experimentelle Kunst. Appel unterzeichnet das Manifest *La cause était entendue*, das am 8. November 1948 veröffentlicht wird. 1949 erhält er den Auftrag für ein Wandgemälde in den Wirtsräumen des Rathauses von Amsterdam. Er malt hierfür eine Version der *Fragenden Kinder*, die einen Skandal auslöst, woraufhin der Stadtrat das Werk überstreichen läßt. In der Cobra-Bibliothek erscheint eine Appel-Monografie von Dotremont. Vom 3. bis 28. November findet im Amsterdamer Stedelijk Museum die Erste Internationale Ausstellung für experimentelle Kunst statt, an der Appel teilnimmt. 1950 siedelt er nach Paris über, wo er die Bekanntschaft von Michel Tapié macht. 1953 hat er seine erste Einzelausstellung in Brüssel. 1954 nimmt er an der von Jorn organisierten Internationalen Keramikausstellung in Albisola bei Genua teil und erhält an der 17. Biennale von Venedig eine Auszeichnung der Unesco. Auf Vermittlung von Michel Tapié stellt er in Paris und New York aus. 1957 illustriert er in Zusammenarbeit mit Jorn, Corneille und Alechinsky die *Ansichten von Lappland* von Dotremont. Anläßlich seiner ersten Reise in die Vereinigten Staaten malt er Porträts von Jazzmusikern. Zurück in Holland gestaltet er für die Paaskerk (Osterkirche) in Zaandam Glasfenster über das biblische Thema der Genesis. Appels internationale Karriere setzt sich, von Preisverleihungen gesäumt, fort. 1961 schreibt Dizzy Gillespie die Musik für einen Film über den Maler. Während der Sommermonate 1961 und 1962 malt Appel in der Abtei von Roselande erstmals Figuren auf die Stämme von Olivenbäumen. 1962 zeichnet er Illustrationen für Bert Schierbeeks Buch *Un grand animal mort*. Im Jahr darauf entstehen »Wort-Gemälde« in Zusammenarbeit mit Dotremont sowie *Le plus grand livre du monde* mit dem flämischen Autor Hugo Claus. 1964 und 1965 folgen eine Reihe von großen mehrfarbigen Reliefs sowie freistehende Figuren aus Holz und Polyester. 1971 entstehen in den Vereinigten Staaten Appels erste monumentale Skulpturen aus bemaltem Aluminium. 1976 arbeitet er zusammen mit den Bewohnern an Wandgemälden in den Bidonvilles von Lima in Peru. 1976 bis 1978 entwirft und vollendet er den *Appel-Zirkus*, bestehend aus dreißig handgedruckten Farbradierungen und fünfzehn bemalten Holzskulpturen. 1982 beteiligt er sich an der Ausstellung »On the Road: Jack Kerouac« mit Allen Ginsberg. Mit der Hilfe von Frédéric de Towarnicki und André Verdet veröffentlicht er 1985 seine *Propos en liberté*, wo er sich in folgenden Worten über die experimentelle Kunst äußert: »Ich bin dauernd aufnahmebereit für den fortwährenden Wandel der Welt. Das Auge muß ständig auf Empfang stehen, wie ein Radar. Die Straße ist mein Atelier und Lebensraum, die Stadt ist die Quelle meiner Energie.« 1987 entstehen sechs Assemblagen aus Polaroidaufnahmen in Originalgröße, daneben Arbeiten aus Seil und bemaltem Holz. 1989 organisieren fünf japanische Museen eine Appel-Retrospektive, aus deren Anlaß der Künstler gemeinsam mit Kindern der Stadt ein Wandgemälde für Hiroshima ausführt. Von Appel stammen Denkmäler zum Gedenken an Federico García Lorca, Pier Paolo Pasolini und Walt Whitman.

Christian Dotremont, *Karel Appel*, Les Artistes libres, Bd. 3, Cobra-Bibliothek, Kopenhagen, Munksgaard, 1950. – Pierre Restany, *Street Art de Karel Appel*, Paris, Galilée, 1982. – *Karel Appel 40 ans de peinture, de sculpture et de dessin*, Paris, Galilée, 1987, mit mehreren Selbstäußerungen des Künstlers. – Michel Ragon, *Karel Appel Peinture 1937–1957*, Paris, Galilée, 1988, – *Karel Appel*, Ausst.-Kat., Den Haag, Gemeentemuseum, 1990. – Jean-François Lyotard, *Karel Appel, peintre. Geste et commentaire*, Paris, Galilée, 1994.

Jean-Michel Atlan (1913–1960)

Jean-Michel Atlan wurde in Konstantin, Algerien, geboren und kommt 1930 nach Paris, um an der Sorbonne-Universität Philosophie zu studieren. Er schließt mit einer Diplomarbeit über die Marxistische Dialektik ab. 1940 beginnt er zu malen, schreibt Gedichte (*Le Sang Profond*, 1944) und erweitert sein Wissen über fernöstliche Religionen und afrikanische Zauberkunst. 1942 werden er und seine Frau festgenommen, weil er Widerstandskämpfer und jüdischer Abstammung ist. Er täuscht Wahnsinn vor und bleibt bis Kriegsende im Sankt-Anna-Krankenhaus interniert, wo er mit den anderen Patienten malt. Ab 1949 widmet er sich ausschließlich der Malerei, seine Hauptinspirationsquellen sind Erotik und Magie. Im Jahre 1946 trifft er Asger Jorn und die zukünftigen Mitglieder der Holländischen Gruppe für experimentelle Kunst. Sein Atelier wird zu einem wichtigen Treffpunkt und einer Stätte des Austauschs für die Cobra-Bewegung. Atlan beteiligt sich an den Cobra-Ausstellungen in Amsterdam und Lüttich, wo er auch einen Vortrag hält. Für die sechste Ausgabe des *Cobra*-Magazins verfaßt er den Aufsatz *Abstraction et aventure dans l'art contemporain* (Abstraktion und Abenteuer in der zeitgenössischen Kunst). Nach einer Stagnation von mehreren Jahren erregt sein Schaffen durch eine von der Pariser Galerie Bing 1956 organisierte Ausstellung erneut Aufmerksamkeit. 1959 entsteht in den Ateliers du Marais in intensiver Zusammenarbeit mit Dotremont eines der besten Beispiele für das interdisziplinäre Schaffen der Cobra-Künstler. Bei *Die Verwandelten* (Les Transformés) handelt es sich um eine Mappe aus sechs Doppelbögen mit Gouachen auf grauem Papier. Nach mehreren Jahren eines mehr oder weniger freiwilligen Rückzugs aus der Kunstwelt wird sein Schaffen in einer großen Pariser Ausstellung bestätigt. 1960 stirbt Atlan in Paris. 1963 sind seine Arbeiten bei der Biennale von São Paolo zu sehen. 1980 veranstaltet das Pariser Musée National d'Art Moderne eine Retrospektive seines Werks.

Michel Ragon, *Jean-Michel Atlan*, Les Artistes libres, Bd. 4, Cobra-Bibliothek, Kopenhagen, Munksgaard, 1950. – *Atlan. Premières périodes 1940–1954*, Paris, Adam Biro, 1989, mit mehreren Selbstäußerungen des Künstlers.

Constant, Appel und Corneille während einer Ausstellung in der Galerie Santee Landweer, Februar 1948, Aufnahme von Kokkoris Syriër

Constant und Corneille in Zandvoort (Holland) im Sommer 1949. Aufnahme von Henny Riemens

Ejler Bille (1910)

Ejler Bille wurde in Odder in Dänemark geboren. 1930 studiert er an der Schule für Kunsthandwerk in Kopenhagen. Mit Richard Mortensen reist er nach Berlin. 1933 findet die erste Einzelausstellung seiner Skulpturen statt. Im Jahr darauf ist er Mitbegründer der Künstlergruppe Linien. 1937 und 1938 hält er sich in Paris auf, wo er mit Hans Arp, Yves Tanguy, Joan Miró und Wassily Kandinsky zusammenkommt. Nach längerer ausschließlicher Beschäftigung mit der Bildhauerei wendet er sich mehr und mehr der Malerei zu, wobei er den geometrischen Stil gegen eine spontanere Gestaltung und ein surrealistisches Formvokabular eintauscht. Die ersten Maskenbilder entstehen. Während der Kriegsjahre arbeitet er an der Zeitschrift *Helhesten* mit. Von 1943 bis 1948 ist er Mitglied der Künstlergruppe Høst. 1945 veröffentlicht er den Text *Picasso, surréalisme, art abstrait*. 1947 verbringt er zusammen mit Egill Jacobsen einige Zeit in Cagnes-sur-Mer. In Dänemark arbeitet er 1948 als Korrespondent für die Kunstzeitschrift *Le Surréalisme Révolutionnaire* und nimmt im Jahr darauf an der Amsterdamer Ausstellung teil. Sein Schaffen ist mit Texten und etlichen Abbildungen von Gemälden und Skulpturen in mehreren Ausgaben von *Cobra* präsent. In der ersten Ausgabe veröffentlichte er mit *L'expérience dans la vie* ein authentisches Manifest der experimentellen Kunst. Von 1951 an zählt er zu den Mitgliedern der Gruppe Martsudstillingen. 1965 findet im Dänischen Haus in Paris eine Retrospektive seines Werks statt. 1969 wird Bille zum Professor an die Kunstakademie in Kopenhagen berufen, wo er auch lebt. Seit den siebziger Jahren hält er sich häufig auf Bali auf.

Michel Ragon, *Ejler Bille*, Les Artistes libres, Bd. 5, Cobra-Bibliothek, Kopenhagen, Munksgaard, 1950. – Poul Vad, *Ejler Bille*, Kopenhagen, 1961.

Eugène Brands (1913)

Eugène Brands wurde in Amsterdam geboren, wo er von 1927 bis 1934 die Handelsschule und die Kurse für Werbegrafik an der Schule für angewandte Kunst besucht. 1939 tritt er in Zaandvort erstmals mit abstrakten Gemälden an die Öffentlichkeit. In der vom Amsterdamer Stedelijk Museum organisierten Ausstellung »Jonge Schilders« (Junge Maler) steht ihm ein ganzer Raum zur Verfügung. Bei dieser Gelegenheit lernt er Appel und Corneille kennen. Er schließt sich ihnen erst im Rahmen der Holländischen Gruppe für experimentelle Kunst, dann bei Cobra an. 1949 noch an der Amsterdamer Ausstellung beteiligt, scheidet er anschließend aus der Gruppe aus. Seine Leidenschaft gilt der Ethno-Musik. Nachdem er bereits einen Artikel in der Zeitschrift *Reflex* veröffentlicht hat, hält er 1951 den ersten Vortrag über dieses Thema und ist 1959 und 1960 Autor mehrerer Radiosendungen. 1961 wendet er sich erneut der abstrakten Malerei zu.

Brands wird 1967 zum Lehrer an die Kunstakademie von Bois-le-Duc berufen. Seine Reisen führen ihn häufig in Mittelmeerländer.

Ed Wingen, *Eugène Brands*, Amsterdam, 1988.

Constant (Constant Nieuwenhuys) (1920)

Der aus Amsterdam stammende Constant besucht in seiner Geburtsstadt das Jesuitenkolleg, die Schule für angewandte Kunst und die Kunstakademie. Mit Kriegsende beginnt seine Suche nach neuen künstlerischen Ausdrucksformen. Anläßlich einer Miró-Ausstellung in Paris lernt er 1946 Asger Jorn kennen. 1948 gründet er gemeinsam mit Appel und Corneille die Holländische Gruppe für experimentelle Kunst. In der ersten Ausgabe der Zeitschrift *Reflex* veröffentlicht Constant ein künstlerisches Manifest, in dem er fordert: »Der schöpferische Akt ist wichtiger als das Geschaffene selbst. Die suggestive Kraft eines Kunstwerks ist um so größer, je tiefer und dauerhafter die Spuren seiner Entstehung sind. Die Vorstellung von einem festgelegten und unbeweglichen Wert des Kunstwerks ist reine Illusion. An die Stelle dieser veralteten Idee tritt heute die Überzeugung, daß der Wert eines Werks immer relativ sein muß; er ist von der Kreativität des Betrachters abhängig, die ihrerseits von den Assoziationen, die das Werk im Betrachter hervorruft, angeregt wird. Nur eine lebendige Kunst vermag die Kreativität zu aktivieren.« Am 8. November 1948 ist Constant einer der Gründer von Cobra. Er bereitet die vierte Ausgabe des *Cobra*-Magazins vor, das er mit dem Text *C'est notre désir qui fait la révolution* einleitet. In einer lakonischen Formulierung stellt er den Gegensatz von Cobra und abstrakter Kunst heraus: »Laßt uns die jungfräuliche Leinwand Mondrians füllen, und sei es mit unseren Schreckgespenstern.« Constant beteiligt sich an den großen Cobra-Ausstellungen. Auf der Zweiten internationalen Ausstellung für experimentelle Kunst in Lüttich zeigt er eine Serie von fünf Arbeiten mit dem Titel *Der Krieg*. Nach Aufenthalten in Paris und London nimmt er 1956 im piemontesischen Alba am Kongreß des Mouvement International pour un Bauhaus Imaginiste (Internationale Bewegung für ein bildnerisches Bauhaus) teil und erklärt: »Zum ersten Mal in der Geschichte kann sich die Architektur zu einer echten Baukunst entwickeln. Das Leben würde in der Poesie untergebracht.« 1958 unterzeichnet er den ersten Aufruf der holländischen Abteilung der Situationistischen Internationale: »Der Künstler befindet sich heute vor einer kolossalen kulturellen Leere: Jegliche Ästhetik, Moral und Lebenskunst fehlen. Alles muß neu erfunden werden.« Im selben Jahr definiert er mit Guy Debord das Programm der Situationistischen Internationale als »Erfahrung einer ganzheitlichen Gestaltung, die sich zu einem einheitlichen Urbanismus ausweiten müßte, und die Suche nach neuen Umgangsformen in bezug zu dieser Gestaltung«. Von da an kann man sein Schaffen während der nächsten zehn Jahren unter dem Begriff *New Babylon* (Neues Babylon) zusammenfassen, einem riesigen Kulturprojekt, das sowohl Politik und Architektur als auch Ästhetik umfaßt. Es richtet sich gegen die utilitaristische Gesellschaft, deren Grundlage die Ausbeutung der Arbeitskraft des Menschen ist, der, obwohl selbst Schöpfer, seine Rechte nicht wahrnehmen kann. Diesen Menschentypus nennt Constant in Anlehnung an Johan Huizinga *Homo ludens*. Das Ziel ist ein ständiges Wiedererschaffen innerhalb eines Raumes, dessen Struktur und Natur einem mehr oder weniger steten Wandel unterworfen sind. Das Projekt nimmt in vielfältigen Zeichnungen und Modellen Gestalt an, die 1966 in der Berner Kunsthalle und 1974 im Gemeentemuseum Den Haag ausgestellt werden. Seit 1969 widmet sich Constant ausschließlich der Malerei. 1991 erhält er den Widerstands-Preis für Künstler. Er lebt in Amsterdam.

Christian Dotremont, *Constant*, Les Artistes libres, Bd. 46, Cobra-Bibliothek, Kopenhagen, Munksgaard, 1950. – J. L. Locher, *Constant, Schilderijen 1940–1980*, Ausst.-Kat., Den Haag, Gemeentemuseum, 1980. – Jean-Clarence Lambert, *Constant, les trois espaces*, Paris, Le Cercle d'Art, 1992. – *Constant, Schilderijen 1948–1995*, Ausst.-Kat., Amsterdam, Stedelijk Museum, 1995.

Corneille (Corneille Guillaume van Beverloo) (1922)

Als Sohn holländischer Eltern kam Corneille im belgischen Lüttich zur Welt. Von 1940 bis 1943 nimmt er Zeichen- und Grafikkurse an der Amsterdamer Kunstakademie, wo er Appel kennenlernt. 1946 hat er in Groningen seine erste Einzelausstellung. Im Jahr darauf wird er nach Ungarn eingeladen. Dort hat er Kontakt zu Imre Pan und lernt Jacques Doucet kennen. 1948 gründet er gemeinsam mit Appel und Constant die Holländische Gruppe für experimentelle Kunst und ist Mitbegründer der Cobra-Bewegung. Mit seinem Schaffen ist er in mehreren *Cobra*-Ausgaben vertreten. 1948 und 1949 reist er zweimal nach Tunesien, einmal vor und einmal nach seiner Begegnung mit Jorn. Jorns Begeisterung für die Volkskunst als elementare Bildsprache weckt Corneilles Interesse und führt ihn zu eigenen bildnerischen Recherchen in der afrikanischen Zeichen- und Symbolsprache. 1949 arbeiten Corneille und Dotremont an einer verblüffenden Serie mit dem Titel *Expériences automatiques de définition des couleurs*. Im folgenden Jahr veröffentlicht Dotremont seine Corneille-Monografie im Rahmen der Cobra-Bibliothek. Corneille siedelt nach Paris über. 1951 reist er mit Aldo van Eyck durch die Wüste Hoggar, *L'Afrique fantôme* von Michel Leiris als Reiselektüre im Gepäck. Eine der denkwürdigsten Episoden dieser Reise ereig-

Corneille 1953 in seinem Atelier in der Rue Santeuil, Paris. Aufnahme von Henny Riemens

Corneille und Christian Dotremont im Schloß G*** in Brüssel, 1950. Aufnahme von Henny Riemens

Christian Dotremont und Pierre Alechinsky bei der Arbeit an Stockende Erzählung im Théâtre Vicinal in Brüssel, 1976. Aufnahme von Olivier Strebelle

net sich, als ein Wüstenbewohner Corneille einen Zettel überreicht, auf dem einige Zeilen in Tifinar stehen, einer geometrischen Schrift der Phönizier, die bereits 9000 Jahre vor Christus verbreitet war. Damit werden Corneille die Ausdrucksmöglichkeiten der elementaren bildnerischen Schrift bewußt. Zurück in Europa hat Corneille in Amsterdam eine Ausstellung, zu deren Katalog Hugo Claus das Vorwort verfaßt. 1954 trifft er Jorn in Albisola in der Nähe von Genua, wo die beiden Künstler prachtvolle Keramiken schaffen. Ende 1956 geht Corneille erneut nach Afrika und nimmt Dakar als Ausgangspunkt dieser sein zukünftiges Schaffen bestimmenden Reise, die ihn anschließend durch den Sudan und Nigeria führt. Anfang 1957 hält er sich in Äthiopien auf, danach erreicht er Kenia. Ab 1958 entdeckt Corneille Südamerika, die Karibischen Inseln, die Antillen, Kuba, Brasilien, Mexiko und New York. Er nimmt häufig an Einzel- und Gruppenausstellungen teil. Zahlreiche Kunstkritiker haben sich mit seinem Werk auseinandergesetzt: Dotremont, Max Loreau, André Laude, Hugo Claus, Michel Ragon, André Pierre de Mandiargues, Hubert Juin, Marcel Paquet, Jean-Clarence Lambert. Im Gegenzug hat Corneille die Texte zahlreicher Autoren illustriert, und zwar von Dotremont (*Les Jambages au cou*, 1949; *Petite géométrie fidèle*, 1955), von Hugo Claus, Federico García Lorca, Octavio Paz, Eugenio Montale, Baudelaire und Arthur Lundkvist. Corneille lebt und arbeitet in Paris.

Christian Dotremont, *Corneille*, Les Artistes libres, Bd. 7, Cobra-Bibliothek, Kopenhagen, Munksgaard, 1950. – Max Loreau, *Corneille*, Amsterdam, Stedelijk Museum, 1966. – Marcel Paquet, *Corneille, Peintures et gouaches*, Paris, La Différence, 1989. – *Corneille, l'œuvre gravé 1948–1975*, mit Beiträgen von Enrico Baj, Graham Birtwistle, Michel Cassé, Amsterdam, Meulenhoff, 1992.

Christian Dotremont (1922–1979)

Der aus Tervuren in Belgien stammende Christian Dotremont ist einer der bedeutendsten Schriftsteller des 20. Jahrhunderts. Seine ersten Texte datieren von 1933. 1937 nimmt er Zeichenkurse an der Akademie in Löwen. 1949 veröffentlicht er das Gedicht *Ancienne Eternité*, das er Raoul Ubac zuschickt. Dieser macht ihn daraufhin mit den Surrealisten bekannt. Er nimmt Kontakt zu der französischsprachigen Gruppe La Main à Plume auf. Er lebt in Paris in großer Armut, verkehrt aber mit Giacometti, Bachelard und Picasso: »Ich sah, wie Picasso Manuskripte von Eluard nahm und kleine Zeichnungen darauf machte. Es entstand dabei ein neuer Bezug zwischen Bild und Text. Für mich war dies der Anfang von etwas Neuem.« 1942 fällt sein Gedicht *La Reine des murs* der Zensur zum Opfer. Im Jahr darauf gründet er den Verlag Editions du Serpent de mer. Um dem deutschen Arbeitslager zu entgehen, versteckt er sich 1944 in den Fagnes (Ardennen). 1946 gibt er die Zeitschrift *Les Deux Sœurs* heraus, von der insgesamt drei Ausgaben erscheinen und in der 1947 sein Aufsatz *Le Surréalisme Révolutionnaire* veröffentlicht wird. Im gleichen Jahr gründet er in Brüssel das Internationale Amt für revolutionären Surrealismus. Er lernt Jorn kennen, mit dem er die ersten »Wort-Gemälde« realisiert. Am 8. November 1948 schreibt Dotremont das Künstlermanifest *La cause était entendue* und schlägt am 13. November »Cobra« als Bezeichnung für die neue Künstlergruppe vor. Er spielt eine entscheidende Rolle bei der Entstehung der Bewegung und schreibt zahlreiche Artikel für die Zeitschriften *Cobra*, *Le Petit Cobra* und *Le Tout Petit Cobra*. 1950 bringt ihn eine Polemik über den Schdanowismus in Gegenposition zu den *Lettres Françaises*. Er verfaßt den Text *Le réalisme-socialiste contre la révolution*. 1951 ist er Stipendiat des dänischen Kulturinstituts. Er geht nach Dänemark, um sich Wissen über die Volkskunst und die Kunst der Wikinger anzueignen. Er beginnt mit der autobiografischen Schrift *La pierre et l'oreiller*, die 1955 veröffentlicht wird. Ein gleichzeitiger Aufenthalt im Sanatorium von Silkeborg bietet Jorn und Dotremont reichlich Gelegenheit, sich auszutauschen und sich in ihren zukünftigen Aktivitäten gegenseitig zu beeinflussen. 1953 bis 1954 unternimmt Dotremont Reisen nach Stockholm, Paris, Kopenhagen und Amsterdam. 1956 organisiert er die erste retrospektive Ausstellung »Cobra après Cobra« in der Galerie Taptoe in Brüssel. Er reist nach Dänemark, Finnland und Lappland, wo der Gedichtband *Vues, Laponie* (Ansichten von Lappland) entsteht, illustriert von Alechinsky, Jorn, Appel und Corneille. Dotremont schreibt das Drehbuch zu dem Alechinsky-Film *Calligraphie Japonaise*. Im Jahr darauf veröffentlicht er den Band *Fagnes* mit Zeichnungen von Vandercam. Auch zu dem Film *Un autre monde* über Vandercam schreibt er das Drehbuch. 1959 entsteht das Buch *Petite géométrie fidèle*, zu dem Corneille sechs Lithografien beiträgt. Gleichzeitig findet in Verviers die Ausstellung »Boues« mit Tonskulpturen von Vandercam statt, auf denen Dotremont Inschriften angebracht hat. 1960 erscheint die zweite Auflage von *La Reine des murs* mit sieben Lithografien von Alechinsky. Ubac fertigt Stiche für die 1962 erscheinende Neuauflage von *Ancienne Eternité* an. Dotremont arbeitet gemeinsam mit Mogens Balle an »Wort-Zeichnungen«, die auf die Erfindung des Logogramms hindeuten, einer Verschmelzung von Text und Bild, in der sich die poetische Erfindung mit einer Auflösung der Orthografie verbindet. Zusammen mit Joseph Noiret organisiert Dotremont in Brüssel die Ausstellung »Cobra et après (et même avant)«. 1963 hält er sich erneut in Lappland auf, wo die Serien »logoneiges« und »logoglaces« entstehen. Er bringt eine Monografie über Egill Jacobsen heraus. Am 11. Juli 1966 beginnt ein sich bis zu seinem Tod im Jahre 1979 fortsetzender

Briefwechsel mit Michel Butor. 1967 lernt Dotremont den Philosophen Max Loreau kennen, der 1975 eine wissenschaftliche Arbeit über die Logogramme veröffentlichen wird. 1972 dreht Luc de Heusch den Film *Dotremont et les logogrammes*. Dotremont hat seine erste Einzelausstellung in Amerika und bestreitet gemeinsam mit Alechinsky den belgischen Pavillon auf der Biennale in Venedig. 1974 bekräftigt er die Lebendigkeit der Volkskunst in dem Monatsblatt *Clés*. 1976 arbeitet er mit Alechinsky an einem Gemälde für vier Hände, das die Brüsseler Metrostation Anneessens ziert. Er stirbt 1979 in Buizingen.

Yves Bonnefoy, *Dotremont*, Paris, Galerie de France, 1965. – Max Loreau, *Dotremont, Logogrammes*, Paris, Georges Fall, 1975. – Michel Butor und Michel Sicard, *Dotremont et ses écritures*, Paris, Jean-Michel Place, 1978. – *Dotremont, peintre de l'écriture*, Ausst.-Kat., Paris, Centre culturel de la Communauté française de Belgique Wallonie-Bruxelles, 1982/83, mit Beiträgen von Pierre Alechinsky und Jean-Clarence Lambert. – Pierre Alechinsky, *Dotremont et Cobra-fôret*, Paris, Galilée, 1988.

Jacques Doucet (1924–1994)

Jacques Doucet wurde in Boulogne-sur-Seine, Frankreich, geboren. Während des Zweiten Weltkriegs lernt er Max Jacob kennen, der ihn zum Zeichnen ermuntert. Das Schaffen Doucets, der als politischer Gefangener interniert war, ist von der rüden Fantasie der Graffiti auf Zellwänden gekennzeichnet. 1947 beteiligt er sich an der Ausstellung »Europai Iskola« in Budapest und macht ebenfalls in Ungarn die Bekanntschaft von Corneille, der den Kontakt zur Holländischen Gruppe für experimentelle Kunst herstellt. Doucet gestaltet das Deckblatt für die zweite Ausgabe der Zeitschrift *Reflex*. Er nimmt an mehreren Ausstellungen der Cobra-Gruppe teil, unter anderem in Amsterdam und Lüttich, und steuert zu verschiedenen Ausgaben des *Cobra*-Magazins Abbildungen seiner Werke bei. Der Ethnologe Jean Laude verfaßt die Doucet-Monografie in der Reihe der Cobra-Bibliothek. Nach der Cobra-Periode malt Doucet zunehmend abstrakt. Er stirbt 1994 in Boulogne-sur-Seine.

Jean Laude, *Jacques Doucet*, Les Artistes libres, Bd. 8, Cobra-Bibliothek, Kopenhagen, Munksgaard, 1950. – R. Passeron, *Jacques Doucet*, Paris, 1973.

Sonja Ferlov (1911–1985)

Die aus Kopenhagen stammende Sonja Ferlov beschäftigt sich zwei Jahre lang mit der Malerei, bevor sie zur Bildhauerei übergeht. Zu Beginn arbeitet sie mit Holz und Fundstücken. 1940 heiratet sie den südafrikanischen Zulu-Maler Ernest Mancoba, der aufgrund seiner britischen Staatsangehörigkeit von den Nazis in ein Konzentrationslager deportiert wird. 1936 siedelt sie nach Paris über, wo sie zu ihren Ateliernachbarn Diego und Alberto Giacometti freundschaftliche Kontakte pflegt. Von 1947 bis 1952 hält sie sich erneut in Dänemark auf und nimmt an den Ausstellungen der Gruppe Høst teil. Drei Werke von Ferlov werden im *Cobra*-Magazin abgebildet. Ihre Skulpturen sind meist von mittlerem Format, im Formalen wirken sie sachlich, die Hauptmotive sind Masken und Tierkörper. Sie beteiligt sich an den Cobra-Ausstellungen in Amsterdam und Lüttich. 1970 widmet ihr das Dänische Haus in Paris eine große Retrospektive. 1980 wird in Sophienholm bei Kopenhagen die Ausstellung »Sonja Ferlov – Alberto Giacometti« gezeigt. Sonja Ferlov stirbt 1985 in Kopenhagen.

Christian Dotremont, *Sonja Ferlov*, Les Artistes libres, Bd. 9, Cobra-Bibliothek, Kopenhagen, Munksgaard, 1950. – Troels Andersen, *Sonja Ferlov-Mancoba*, Kopenhagen, Borgen 1979.

Henry Heerup (1907–1993)

Henry Heerup wurde in Kopenhagen geboren, wo er von 1927 bis 1932 an der Kunstakademie Malerei studierte. 1929 findet seine erste Einzelausstellung statt. Seit den dreißiger Jahren verbindet sich in seinem Werk ein symbolistischer Malstil mit Granitskulpturen und Assemblagen von ausgedienten Gegenständen. Von 1934 bis 1939 beteiligt er sich an den Aktivitäten der Gruppe Linien. 1936 stellt er bei der Biennale von Venedig aus. Für die erste Ausgabe der Zeitschrift *Helhesten* gestaltet er 1941 den Umschlag. 1943 bis 1949 ist er Mitglied von Høst, seit 1950 bei der Künstlergruppe Decembristerne. Bei den Cobra-Ausstellungen in Amsterdam und in Lüttich ist er mit zahlreichen Werken vertreten. Als Untergrund für seine Granitskulpturen wählt er ein mit Kohle bedecktes Feld. Seine Werk-Monografie in der Reihe der Cobra-Bibliothek stammt aus der Feder von Dotremont. Die Vereinigung junger dänischer Künstler veranstaltet 1952 die erste umfassende Retrospektive. Ein weiterer Überblick über sein Gesamtschaffen wird 1963 im Dänischen Haus in Paris organisiert. Heerups Werk ist in Dänemark weiten Kreisen der Bevölkerung bekannt (Briefmarken, Bilderbücher, Drucke usw.). Daneben erfreut sich der Skulpturengarten, den er für sein Haus in Kopenhagen angelegt hat, allgemeiner Beliebtheit. Dort stirbt Heerup im Jahre 1993.

Christian Dotremont, *Heerup*, Les Artistes libres, Bd. 12, Cobra-Bibliothek, Kopenhagen, Munksgaard, 1950. – Preben Wilmann, *Heerup*, Ausst.-Kat., Paris, Maison du Danemark, 1963. – *Heerup, Fotograferet af Erik Petersen*, Kopenhagen, Galerie Gammel Strand, 1987.

Egill Jacobsen (1910)

Der aus Kopenhagen stammende Egill Jacobsen erhält dort bereits in jungen Jahren eine künstlerische Ausbildung. 1933 wird er Mit-

Einlieferung der Kunstwerke für die Erste internationale Ausstellung für experimentelle Kunst, Stedelijk Museum Amsterdam, November 1949. Von links nach rechts: Rooskens, ein Passant, Schierbeek, Wolvekamp, Brands, Götz, Corneille, Doucet, Alechinsky, Tony Appel, Lucebert, Elburg, Tajiri, Kouwenaar, Constant, Appel, Constants Sohn

glied der Kommunistischen Partei Dänemarks, aus der er fünfzehn Jahre später austreten wird, um – wie Dotremont – seine Ablehnung des Schdanowismus auszudrücken. 1934 begibt er sich zum ersten Mal nach Paris, wo er die Kunst Picassos entdeckt. Zwei Jahre später stellt er seine ersten Masken-Malereien aus. Von 1937 bis 1941 nimmt er an den Ausstellungen der Gruppe Linien und der Künstlervereinigung Høst teil. Mit Jorn veröffentlicht er 1940 in der Zeitung *Arbejderbladet* den Aufsatz *Kunst gegen Reaktion*. 1941 bis 1944 arbeitet er an der Zeitschrift *Helhesten* mit, für die er Texte über Pedersen, Jorn und Alfelt schreibt. In den Jahren 1946 und 1947 hält er sich in Paris und dann, mit Bille, in Cagnes-sur-Mer auf. 1949 beteiligt er sich an der in Brüssel gezeigten Cobra-Ausstellung »La Fin et les Moyens« und stellt 1951 zusammen mit vier weiteren Cobra-Künstlern in der Galerie Pierre in Paris aus. Mit Jorn und Pedersen zeichnet er für den Umschlag der ersten Ausgabe der Zeitschrift *Cobra* verantwortlich, in der er sonst nur selten präsent ist. Die Jacobsen-Monografie in der Reihe der Cobra-Bibliothek hat Dotremont verfaßt. 1954 muß sich Jacobsen längere Zeit im Sanatorium aufhalten, da er, wie zuvor Jorn und Dotremont, an Tuberkulose erkrankt ist. Er spricht daraufhin von der »Cobra-Krankheit«. 1956 arbeitet er an einem Wandgemälde für das Rathaus von Hvidøvre und stellt kurz darauf im Carnegie Museum of Art in Pittsburgh aus. 1959 bis 1973 unterrichtet er an der Kopenhagener Kunstakademie. 1963 erscheint bei Munksgaard eine neue Werkmonografie – ein verdichteter Aufsatz ebenfalls aus der Feder von Dotremont. 1968 erhält er den Auftrag für eine künstlerische Gestaltung in der Universität in Aarhus. Im folgenden sind mehrere Retrospektiven seines Gesamtschaffens in Kopenhagen, Paris und São Paolo zu sehen.

Christian Dotremont, *Egill Jacobsen*, Les Artistes libres, Bd. 13, Cobra-Bibliothek, Kopenhagen, Munksgaard, 1950. – Michel Ragon, *Egill Jacobsen*, Ausst.-Kat., Paris, Maison du Danemark, 1962. – Christian Dotremont, *Egill Jacobsen*, Kopenhagen, Munksgaard, 1963. – Per Hovdenakk, *Egill Jacobsen*, Bd. 1, *Malerier 1928–1965*, Kopenhagen, Borgen, 1980. – *Egill Jacobsen, ansigt til ansigt*, Ishøj, Arken Museum for Moderne Kunst, 1996.

Robert Jacobsen (1912–1993)

Der in Kopenhagen geborene Robert Jacobsen ist als Künstler Autodidakt. Seine ersten Skulpturen stellen zoomorphe Figuren und in Stein gehauene Masken dar. 1942 zeigt er seine Arbeiten zum ersten Mal in der Öffentlichkeit und tritt daraufhin bald der von seinem Freund Jorn geleiteten Gruppe abstrakt-spontaner Maler bei. Während des Zweiten Weltkriegs kämpft er im Widerstand. 1947 siedelt er mit Richard Mortensen in ein Haus in Suresne in der Gegend von Paris über. Die beiden Dänen pflegen enge Beziehungen zu den Künstlern der Galerie Denise René und werden von der dort vertretenen abstrakt-konstruktiven Tendenz beeinflußt. Jacobsen verwendet statt Stein Eisen, aus dem er abstrakte Raumkonstruktionen schöpft. Mit der Serie der sogenannten Puppen, Skulptur-Collagen aus Metall, kehrt er vorübergehend zu einer mehr spontanen Ausdrucksweise zurück, bleibt jedoch letztlich weit entfernt von seinem eigentlichen Ausgangspunkt. Wie Mortensen nimmt Jacobsen eine Gegenposition zu Cobra ein, wenn auch seine frühen Werke der dänischen Bewegung für Spontane Kunst angehören. Jacobsen war von 1962 bis 1982 Professor an der Kunstakademie München und von 1976 bis 1983 an der Kunstakademie Kopenhagen.

Robert Jacobsen: parcours, Ausst.-Kat., Musée de Toulon, 1984. – *Raum und Zeichen: Werke des Bildhauers Robert Jacobsen*, Ausst.-Kat., Mannheim, Städtische Kunsthalle, 1987. – *Robert Jacobsen, rétrospective*, Ausst.-Kat., Meymac, Centre d'art contemporain, 1991.

Asger Jorn (1914–1973)

Jorn, mit bürgerlichem Namen Asger Jørgensen, wurde in Vejrum in Dänemark geboren. Seine Eltern waren Lehrer. Nach dem Tod des Vaters zieht die Familie 1929 nach Silkeborg um. Bald darauf malt Jorn seine ersten Bilder. Er tritt in Kontakt mit dem Gewerkschaftler und Vorsitzenden der dänischen Arbeiterpartei Christian Christensen, für den er 1961 einen Gedenkstein meißeln wird. 1933 hat Jorn in Silkeborg sein Ausstellungsdebüt mit der Schau »Junge freie Maler aus Jütland«. 1936 geht er nach Paris. Ein Jahr später malt er im Auftrag von Fernand Léger zusammen mit Pierre Wemaëre das Wandbild *Le Transport des forces* im Pariser Palais de la Découverte. Im gleichen Jahr führt er für Le Corbusier Vergrößerungen von Kinderzeichnungen aus, die im Pavillon des Temps Nouveaux auf der Pariser Weltausstellung gezeigt werden. Im Auftrag der Regierung der spanischen Republik retuschiert Jorn in der spanischen Botschaft Fotografien. Er eignet sich dabei eine neue Technik des Farbauftrags mittels Spritzpistole an. In einer Reihe von Zeichnungen, die er mit Zirkel und Lineal realisiert, experimentiert er mit der abstrakt-geometrischen Formensprache. 1938 stellt er mit Pierre Wemaëre in Kopenhagen aus. Er entdeckt *Ophobning* (Aufhäufung), das Schlüsselwerk von Egill Jacobsen, das für ihn die künstlerische Umwälzung symbolisiert. Von März 1941 bis November 1944 arbeitet Jorn an den Ausgaben der Zeitschrift *Helhesten* mit. Den Sommer 1946 verbringt er in Saxnäs im schwedischen Lappland. Von da aus reist er nach Paris, wo er Constant und Atlan kennenlernt. Danach fährt er nach Nizza, um René Renne und Claude Serbanne zu treffen, die für die Zeitschrift *Cahiers du Sud* arbeiten. Anschließend geht er in die Normandie, wo er und Pierre Wemaëre sich mit der Weberei vetraut machen. Den

*Asger Jorn in Albisola, Sommer 1954.
Aufnahme von Henny Riemens*

Winter 1947–1948 verbringt er auf Djerba in Tunesien, wo er viel malt. Die Bedeutung der theoretischen Auseinandersetzung für Jorns Kunst in dieser Periode ist von Graham Birtwistle hervorgehoben worden. Ohne die Früchte seiner Untersuchungen veröffentlichen zu können, formuliert Jorn zu dieser Zeit jene ästhetischen und philosophischen Prinzipien, die sein späteres Schaffen prägen sollen. Ausgehend von einer komplexen automatischen Zeichnung beginnt er eine Untersuchung, indem er mehrere Künstler bittet, die Bilder hervorzuheben, welche ihnen am signifikantesten erscheinen. Im Oktober 1947 nimmt er am Internationalen Kongreß des Revolutionären Surrealismus in Brüssel teil, wo er Dotremont kennenlernt. Im September 1948 arbeiten die beiden Künstler erstmals gemeinsam an »Wort-Gemälden«. Am 8. November des gleichen Jahres gehört Jorn zu den Begründern der Cobra-Gruppe. Für die Ausgaben der *Cobra*-Zeitschrift steuert Jorn Beiträge von grundlegender Bedeutung bei. Er nimmt an den verschiedenen Ausstellungen der Gruppe teil und ist Herausgeber der Cobra-Bibliothek, einer Reihe von fünfzehn Werkmonografien. 1951 wird er in das Sanatorium von Silkeborg eingewiesen, wo er zwei Manuskripte abfaßt: *Held og Hasard, Dolk og Guitar* (Das Risiko und der Zufall, der Dolch und die Gitarre), in dem er ein umfangreicheres Manuskript aus den Jahren 1946 bis 1948 zusammenfaßt, und *Blade af kunstens bog I-III* (Buchseiten über die Kunst I-III). Er malt viel und arbeitet vor allem an den beiden Serien *Arstiderne* (Jahreszeiten) und *Af den stumme myte* (Über den schweigsamen Mythos). Von 1953 an setzt er sich intensiv mit Keramik auseinander und arbeitet in Silkeborg und Sorring, einem Ort mit langer Keramik-Tradition. Von 1954 bis 1973 baut er für das Museum Silkeborg eine große Sammlung auf, die seine künstlerischen Interessen sowie die Entwicklung seines eigenen Werks spiegelt. Er verläßt Dänemark, um sich zunächst in Albisola bei Genua niederzulassen, wo er gemeinsam mit Appel, Corneille, Enrico Baj, Lucio Fontana und anderen Keramikarbeiten gestaltet. Er treibt seine theoretischen Betrachtungen voran, die in eine Weiterführung von Cobra unter der Bezeichnung Mouvement International pour un Bauhaus Imaginiste (Internationale Bewegung für ein bildnerisches Bauhaus) münden sollten. In einer Streitschrift bezieht er Gegenposition zu Max Bill. Er veröffentlicht Artikel in italienischen Kunstmagazinen. 1957 gibt er das Projekt »Bauhaus Imaginiste« auf und publiziert in der Anthologie *Pour la forme* Aufsätze aus den fünfziger Jahren. Jorn gründet zusammen mit Guy Debord die Situationistische Internationale. Als Maler erlangt Jorn dank Ausstellungen in zahlreichen europäischen Städten internationales Ansehen. 1959 führt er ein großes Relief im Gymnasium von Aarhus aus, das vier Monate in Albisola vorbereitet und im Herbst in Aarhus eingesetzt wird. Sein größtes Bild, *Stalingrad*, beendet Jorn vorläufig im Jahre 1960. (Über die Entstehungsgeschichte des Bildes berichtet Jorn in *Cap Jorn*, veröffentlicht in der Textsammlung *Lettre suit*). Er arbeitet an *Luxury painting* (Luxus-Gemälde) und konzipiert ein umfangreiches ikonografisches Werk über 10 000 Jahre skandinavische Volkskunst. Im April 1961 scheidet er aus der Situationistischen Internationale aus. Von 1962 unternimmt Jorn zahlreiche Reisen in Skandinavien und Europa. Er gründet das Skandinavische Institut für vergleichenden Vandalismus. Mit Jean Dubuffet nimmt er Schallplatten mit phänomenologischer Musik auf. 1964 weist er den Guggenheim-Preis zurück. In der Kunsthalle Basel, im Stedelijk Museum Amsterdam und im Museum Louisiana in Humlebæk nördlich von Kopenhagen werden Retrospektiven seines Werks organisiert. 1965 veröffentlicht er auf eigene Kosten den Essayband *Skånes Stenskulptur under 1100-talet* (Die skandinavische Steinplastik um 1100) in einer Auflage von 120 Exemplaren. Er gibt die Studien zur skandinavischen Volkskunst auf und schließt vorübergehend sein Forschungsinstitut. 1968 geht er nach Havanna (Kuba), wo er mit der Innenraumgestaltung für die Nationalbank beauftragt ist und an einem Kulturkongreß teilnimmt, der mehrere große Namen des 20. Jahrhunderts vereint. 1970 führt er ein Keramikrelief für das Kulturzentrum in Randers auf Jütland aus. Das Relief entsteht in Albisola und wird im Herbst unter Jorns Aufsicht in Randers installiert. Er veröffentlicht je einen Band über Theoderich, König der Goten, und über die mythologische Gestalt des Diderich. Die Kestner-Gesellschaft Hannover widmet ihm 1972–73 eine große Retrospektive, die anschließend in Berlin, Brüssel, Aalborg und Humlebæk gezeigt wird. Jorn geht ein letztes Mal nach Albisola.

Christian Dotremont, *Asger Jorn*, Les Artistes libres, Bd. 14, Cobra-Bibliothek, Kopenhagen, Munksgaard, 1950. – Guy Atkins und Troels Andersen: *I. Jorn in Scandinavia 1930–1953*, London, Lund Humphries, 1968; *II. Asger Jorn. The Crucial Years 1954–1964*, London, Lund Humphries und Paris, Yves Rivière, 1977; *III. Asger Jorn. The Final Years 1965–1973*, London, Lund Humphries und Kopenhagen, Borgen, 1980. – *Asger Jorn à Silkeborg. Le Musée d'un peintre*, Ausst.-Kat., Paris, Musée d'art moderne de la Ville de Paris, 1978. – Graham Birtwistle, *Living Art. Asger Jorn's Comprehensive Theory of Art between Helhesten and Cobra (1946–1949)*, Utrecht, Reflex, 1986. – Asger Jorn, Ausst.-Kat., Frankfurt am Main, Schirn Kunsthalle und Stuttgart, Hatje, 1994. – *Asger Jorn*, Ausst.-Kat., Locarno, Pinacoteca communale, Casa Rusca und Genf, Skira, 1996, 2 Bde.

Lucebert (Lubertus Jacobus Swaanswÿck) (1924–1994)

Lucebert wurde in Amsterdam geboren, wo er 1938 ein Stipendium für die Schule für angewandte Kunst erhält. Erst Zeichner, dann Schriftsteller und schließlich Maler, gilt er als einer der bedeutendsten niederländischen Dichter seiner Generation. Er ist Mitglied der Holländischen Gruppe für experimentelle Kunst und arbeitet bei der Zeitschrift *Reflex* mit. In der vierten Ausgabe des *Cobra*-Magazins veröffentlicht er einen Aufsatz mit dem Titel *Verdediging van de 50-ers* (Verteidigung der fünfziger Jahre). Nach dem von Dotremont provozierten Skandal anläßlich der Cobra-Ausstellung in Amsterdam verläßt Lucebert die Gruppe und bringt Rooskens, Brands sowie die Schriftsteller Jan G. Elburg, Gerrit Kouwenaar und Bert Schierbeek dazu, das Gleiche zu tun. Im folgenden nimmt die Malerei zunehmend Raum in seinem Schaffen ein. 1953 siedelt er sich in Bergen an, hat seine ersten Einzelausstellungen 1958 in der Galerie Espace in Haarlem und 1959 im Stedelijk Museum Amsterdam, wo man ihm 1961 eine große Retrospektive ausrichtet. Ab 1963 reist Lucebert häufiger nach Spanien. 1972 erwirbt er in Jávea in der Gegend von Alicante ein Haus. Während dieser Jahre arbeitet Lucebert ständig an seinem wichtigen grafischen Werk. 1983 malt er ein großes Wandgemälde für das Buchmuseum in Den Haag. 1987 bringt das Stedelijk Museum den Katalog seiner umfangreichen Kunstsammlung heraus. Lucebert stirbt 1994 in Amsterdam.

Lucebert, Gedichte und Zeichnungen, Hamburg und München, Heinrich Ellermann, 1962. – Luk de Vos, *Lucebert*, Brügge, Desclée de Brouwer, 1977. – *Lucebert in het Stedelijk, catalogus van alle schilderijen, aquarellen en prenten in de verzameling*, Ausst.-Kat., Amsterdam, Stedelijk Museum, 1987. – *Lucebert. Schilder-dichter*, Amsterdam, Meulenhoff, 1991.

Erik Ortvad (1917)

Der aus Kopenhagen stammende Erik Ortvad war Mitglied von Høst und *Helhesten*, deren Künstlermanifest *Nouveau Réalisme* er sich 1945 anschloß: »Unsere Kunst ist eine neue Art von Realismus, der nicht auf intellektuelle Strukturen aufbaut, wie in der Renaissance, sondern auf dem, was die Komposition von Natur aus bietet, und auf einer freien Entwicklung des Menschen.« In der ersten und fünften Ausgabe des *Cobra*-Magazins sind Werke von Ortvad abgebildet. Seine Arbeiten werden bei den Ausstellungen in Amsterdam 1949 und in Lüttich 1951 gezeigt. Nach der Cobra-Periode und bis Anfang der sechziger Jahre unterbricht Ortvad zeitweise sein künstlerisches Schaffen. Die von Dotremont verfaßte und für die Cobra-Bibliothek vorgesehene Monografie kann 1951 wegen fehlender Geldmittel nicht veröffentlicht werden. Sie wird schließlich 1979 vom Museum Silkeborg herausgegeben.

Carl-Henning Pedersen (1913)

Der in Kopenhagen geborene Carl Henning Pedersen tritt in die Kommunistische Jugendbewegung ein. Er schwankt noch zwischen dichterischen und musikalischen Ausdrucksmitteln, als er 1933 die Malerin und seine zukünftige Ehefrau Else Alfelt kennenlernt, die ihn zur Malerei bringt. 1936 stellt er im Kopenhagener Herbstsalon aus. Nach einem Aufenthalt in Paris besucht er auf der Rückreise die von den Nazis organisierte Ausstellung »Entartete Kunst«, die einen nachhaltigen Eindruck bei ihm hinterläßt. Während des Krieges ist er Mitglied bei Høst und arbeitet bei der Zeitschrift *Helhesten* mit. Er leitet die erste Ausgabe mit einer Präsentation der Schriften von Paul Klee ein und veröffentlicht im gleichen Heft die Artikel *Les Fresques du Moyen-Age* und *Art abstrait ou art fantastique*. Troels Andersen schreibt, daß Pedersens Auseinandersetzung mit Bildern, in denen eine einzige Farbe dominiert, »die übrigen abstrakt-spontanen Maler zu einer ständigen Reflexion über das Problem der Farbe veranlaßte«. Die Cobra-Praktiken vorwegnehmend, arbeiten Pedersen, Jorn, Robert Jacobsen und Richard Mortensen im Kollektiv an Lithografien, die bei Sørensen gedruckt werden. Dieser druckt auch den von Pedersen, Jorn und Egill Jacobsen gestalteten Umschlag der ersten Ausgabe des *Cobra*-Magazins. In der gleichen Nummer erscheint ein Gedicht sowie ein farbig gestaltetes Blatt von Pedersen. Anläßlich der Zusammenkunft in Bregnerød ist er aktiv an der Gestaltung des Architekten-Zentrums beteiligt. Er nimmt an verschiedenen Cobra-Ausstellungen teil. Nachdem er Lappland, Island und Griechenland kennengelernt hat, unternimmt er 1959–1960 Reisen in die Türkei, nach Ceylon, Indien und Nepal. Seinem Schaffen werden eine Reihe von Retrospektiven und internationale Ausstellungen gewidmet, so zum Beispiel 1956, 1958 und 1966

im Guggenheim Museum New York. Das Carnegie Museum in Pittsburgh, wo er bereits mehrmals ausgestellt hatte, organisiert 1968 eine Retrospektive seines Werks. 1962 erhält er auf der Biennale von Venedig den Unesco-Preis. Im gleichen Jahr entstehen große Wandmosaiken in Kopenhagen und Herning. 1970 gestaltet er das Bühnenbild für eine Wozzek-Aufführung im Königlichen Theater Kopenhagen und vertritt Dänemark bei der Weltausstellung in Osaka. 1976 wird in Herning in Dänemark das Carl-Henning Pedersen und Else Alfelt-Museum eröffnet, dem er den größten Teil seiner Werke vermacht hat. Er nimmt an den Cobra-Retrospektiven teil. 1983 wird er von dem Museum der dänischen Widerstandsbewegung in Kopenhagen mit der Gestaltung eines Glasfensters betraut, das den Titel *Das Licht und die Freiheit* trägt. 1986 beendet er die Arbeit an den Fresken, Mosaiken und Glasfenstern der Kathedrale in Ribe, Dänemark. Pedersen lebt in Kopenhagen und in Molesmes, Frankreich.

Christian Dotremont, *Carl-Henning Pedersen*, Les Artistes libres, Bd. 15, Cobra-Bibliothek, Kopenhagen, Munksgaard, 1950. – *Carl-Henning Pedersen og Else Alfelts Museum*, Sammlungs-Kat., Herning, 1976. – Michel Paquet, *Carl-Henning Pedersen*, Paris, Philosophie des Arts, 1986. – *Carl-Henning Pedersen og Else Alfelt*, Sammlungs-Kat., Herning, Carl-Henning Pedersen og Else Alfelts Museum, 1993. – *Carl-Henning Pedersen*, Ausst.-Kat. Amstelveen, Cobra Museum voor Moderne Kunst, 1996.

Reinhoud (Reinhoud d'Haese) (1928)

Der in Grammont, Belgien, geborene Reinhoud macht zuerst eine Lehre als Goldschmied und studiert dann von 1947 bis 1951 an der Brüsseler Schule für Architektur und Kunsthandwerk. 1949 lernt er in den Ateliers du Marais Pierre Alechinsky kennen, mit dem ihn eine enge Freundschaft verbinden wird. Nach der Mitgliedschaft in der Cobra-Bewegung bezieht er eine Reparatur-Werkstatt. Er interessiert sich für Vögel und Insektenkunde. 1956 zeigt er in der Galerie Taptoe Skulpturen, die ein Dutzend Insekten darstellen. Alechinsky, Appel und Jorn sind ebenfalls an dieser Ausstellung beteiligt. Er erhält den Preis für moderne Plastik und unternimmt mit Vandercam eine Reise in die Türkei. 1960 arbeitet er mit Alechinsky an Zeichnungen aus Orangenschalen, die 1963 in der dritten Ausgabe der Zeitschrift *Situationist Times* veröffentlicht werden. 1961 stellt Reinhoud im Amsterdamer Stedelijk Museum, in der Galerie de France (mit Walasse Ting) und in Buenos Aires aus. Zu den Tierfiguren gesellt sich nun die menschliche Gestalt wie in *Le théâtre et son double* (1960) und *Balzac un peu chiffoné* (1962), das von Jorn für das Kunstmuseum in Silkeborg erworben wird. 1962 schreibt Dotremont den Katalogtext zur Reinhoud-Ausstellung in der Lefebvre Gallery in New York. In

Shinkichi Tajiri in Paris, 1953. Aufnahme von Henny Riemens

dieser Schaffensphase beginnt Jorn kleine Figürchen aus Brotkrumen zu modellieren. Sie inspirieren Alechinsky zu den Büchern *Titres et pains perdus* (1965) und *Contre l'embonpoint* (1967). 1974 unterrichtet Reinhoud in Minneapolis und hält sich in den Vereinigten Staaten auf. Er durchquert die Wüsten von Colorado und Nevada und reist nach Mexiko. 1983 trägt Reinhoud zur künstlerischen Gestaltung der Brüsseler Untergrundbahn ein Relief mit dem Titel *Stop the run* bei. Er lebt im französischen La Bosse, Oise.

Luc de Heusch, *Reinhoud*, Turin, 1970. – *Reinhoud. Sculptures-dessins 1958–1972*, Ausst.-Kat., Brüssel, Musées royaux des beaux-arts de Belgique, 1973.

Anton Rooskens (1906–1976)

Der in Griendsveen, Holland, geborene Anton Rooskens besucht die Technische Schule in Venlo und macht eine Lehre in einer Musikinstrumentenfabrik. 1934 wendet er sich der Malerei zu. Ein Jahr später siedelt er nach Amsterdam über. Er blickt bereits auf eine ausgedehnte künstlerische Praxis zurück, als für ihn 1945 in der Ausstellung »Kunst in Freiheit« im Rijksmuseum Amsterdam Masken aus Neuguinea zur Offenbarung werden. So bekennt er später, daß die ersten Cobra-Arbeiten in Holland bereits 1945 entstanden und daß ihn die afrikanische Zauberkunst zu Cobra geführt habe. 1948 lernt er Constant kennen und gehört zu den Begründern der Holländischen Gruppe für experimentelle Kunst. Er beteiligt sich an der Amsterdamer Ausstellung von 1949, scheidet aber nach dem von Dotremont provozierten Skandal aus der Gruppe aus. Keine einzige Arbeit Rooskens ist im *Cobra*-Magazin abgebildet. 1954 unternimmt er eine Reise nach Afrika. 1976 organisiert das Venloer Kulturzentrum in Holland eine Retrospektive seines Werks.

A. van Wiemeersch, *Anton Rooskens*, Gent, 1970. – Ed Wingen, *Rooskens*, Venlo, Van Spijk, 1976. – *Anton Rooskens: Het Jungle-avontuur*, Ausst.-Kat., Aemstelle Museum, 1994.

Shinkichi Tajiri (1923)

Der als Kind japanischer Eltern in Los Angeles geborene Shinkichi Tajiri ist ein Paradebeispiel für den grenzüberschreitenden Aspekt Cobras. 1936 arbeitet er für Donald Hard in San Diego, der ihn in die Bildhauerkunst einweist. Seine Studien werden durch den japanischen Angriff auf Pearl Harbour im Dezember 1941 unterbrochen: 1942 zählt er zu den 120.000 Japanern, die vorsorglich in der Wüste von Arizona in Lagern interniert werden. 1943 meldet er sich als Freiwilliger bei einer der ersten Truppen, die nach Europa entsandt werden. Tajiri nimmt an den Kämpfen in Italien, Frankreich und Deutschland teil. Schwer verwundet, muß er fast sechs Monate lang im Lazarett verbringen. 1946 wird er aus der

Armee entlassen und zieht nach Chicago, wo er am Art Institute studiert. 1948 emigriert er nach Paris, studiert bei Ossip Zadkine und bei Fernand Léger. Ein Jahr später lernt er im Salon des Indépendants im Pariser Musée d'Art Moderne Appel, Corneille und Constant kennen. Daraufhin nimmt er 1949 an der Amsterdamer Cobra-Ausstellung teil. 1951 organisiert er am Pariser Seineufer die »Ausstellung für einen Tag«, die Sabine Weiss in großartigen Aufnahmen dokumentiert hat. Im selben Jahr beteiligt er sich an der Zweiten internationalen Ausstellung für experimentelle Kunst in Lüttich. Im März 1953 stellen er und Alechinsky gemeinsam in der Galerie Martinet in Amsterdam aus; Dotremont schreibt den Kommentar L'Arbre et l'Arme. Von diesem Zeitpunkt an beschäftigt sich Tajiri vor allem mit Plastik, Drippings (Knoten), Fotografie und Film. Sein Streifen The Vipers wird beim Amateurfilm-Festival in Cannes ausgezeichnet. Tajiri ist in der ganzen Welt durch Ausstellungen präsent und beteiligt sich an den verschiedenen Cobra-Retrospektiven. Er lehrte als Kunstprofessor in Minneapolis und Berlin. Er lebt in Baarlo in den Niederlanden.

Christian Dotremont, »L'Arbre et l'Arme. A propos d'une exposition Tajiri-Alechinsky«, in: Phases, Paris, 1953. – Tajiri. Sculptures. Drawings. Graphics. Books, Videotapes. Films, Rotterdam, Museum Boymans-van Beuningen, 1974. – Shinkichi Tajiri, Autobiographical notations. Words and Images/Autobiografische aantekeningen. Woorden en beelden, Eindhoven, Kempen Publishers, 1993. – Helen Westgeest, Tajiri. Stille dynamiek en eenheid in pluriformheit/Silent dynamism and oneness in multiformity, Amtstelveen, Cobra Museum voor Moderne Kunst und Zwolle, Waanders Uitgevers, 1997.

Raoul Ubac (1910–1985)

Raoul Ubac wurde in Malmédy, Belgien, geboren. In den Jahren 1926 bis 1934 wandert er zu Fuß durch Europa. Er geht zuerst nach Paris und siedelt dann nach Köln über, wo er sich an der Schule für angewandte Kunst einschreibt. Er arbeitet an seinen ersten Fotomontagen, beteiligt sich als Fotokünstler an den Aktivitäten der Pariser Surrealisten, gibt dann aber die Fotografie zugunsten der Zeichenkunst auf. 1946 entstehen seine ersten Grafiken auf Schieferplatten. Dotremont und Ubac planen eine Abhandlung über die Optik, die jedoch unvollendet bleibt. 1950 verfaßt Dotremont den Text Les développements de l'œil als Vorwort zum Katalog der Ausstellung von Ubac, Vandercam und Roland d'Ursel in Brüssel. Ubac stellt in der französischen Sektion der Zweiten internationalen Ausstellung für experimentelle Kunst aus, die 1951 in Lüttich stattfindet. Seine Schiefer-Drucke sind in der sechsten und zehnten Ausgabe des Cobra-Magazins abgebildet, für die siebte Ausgabe hat er den Umschlag gestaltet. Beim Versuch, auf ein

Christian Dotremont und Serge Vandercam bei der Arbeit, Brüssel, 1958–1959. Aufnahme von Serge Vandercam

Stück Schiefer zu zeichnen, das er in Savoyen aufgelesen hat, entdeckt Ubac die Verwendung von Schiefer und die technischen Möglichkeiten, die das Material bietet. Ein Beispiel für Ubacs monumentale Werke ist der 1964 entstandene Kreuzweg der Kapelle der Fondation Maeght in Saint-Paul-de-Vence.

Ubac, Ausst.-Kat., Paris, Maeght, 1970, mit Beiträgen von Jean Bazaine, Yves Bonnefoy, Paul Eluard, Paul Nougé und Michel Ragon. – Jean-Clarence Lambert, »Ubac, une archétypologie«, in: Opus International, Nr. 56, Paris, Juli 1975.

Serge Vandercam (1924)

Serge Vandercam wurde als Sohn einer italienischen Mutter und eines belgischen Vaters in Kopenhagen geboren. Er wird von Dotremont in die Cobra-Gruppe eingeführt. Zum damaligen Zeitpunkt arbeitet er als Fotograf. 1950 verfaßt Dotremont den Text Les développements de l'œil (Die Entwicklungen des Auges) als Vorwort zum Katalog der Ausstellung von Ubac, Vandercam und Roland d'Ursel in Brüssel. Von 1952 an widmet sich Vandercam der Malerei und dem Film (1933 und Un autre monde werden 1954 und 1958 auf dem Filmfest in Antwerpen ausgezeichnet). 1956 erhält er den Preis der Jungen belgischen Malerei. Er unternimmt Reisen in die Türkei und nach Ita-

Theo Wolvecamp in den fünfziger Jahren

lien, wo er an der Ausstellung »Arte Nucleare« teilnimmt. 1959 macht er die Illustrationen für Dotremonts Gedichtband *Fagnes*. In Verviers werden *Les Boues* ausgestellt: Terrakottaskulpturen von Ubac mit Inschriften von Dotremont. 1962 entdeckt Ubac auf einer Reise nach Dänemark den im Museum Silkeborg ausgestellten Mann von Tollund – eine Torfmumie vom Beginn unseres Zeitalters, mit der er sich in seinen folgenden Arbeiten auseinandersetzt. Vandercam widmet sich experimentellen Zeichnungen auf Papier. Ende der sechziger Jahre entstehen die ersten Steinskulpturen. Gemeinsam mit Joseph Noiret gestaltet er 1979 eine Brüsseler Metrostation. Von 1979 bis 1989 unterrichtet er an der Schule für Kunsthandwerk in La Cambre und amtiert als Rektor der Kunstschule von Wavre. 1984 organisiert er zusammen mit Noiret in Lüttich eine Ausstellung von 108 Tonnen Gestein. Im Jahr darauf schreibt Max Loreau mit *A l'école de l'esprit flottant* einen grundlegenden Aufsatz über die Wort-Collagen von Vandercam und Noiret.

François Jacqmin, *Serge Vandercam. Les altercations du creux*, Brüssel, Le Salon d'Art, 1985. – *Serge Vandercam*, Ausst.-Kat., Ixelles, Musée d'Ixelles, 1986.

Theo Wolvecamp (1925–1992)

Der in Hengelo, Niederlande, geborene Theo Wolvecamp beginnt während des Krieges zu malen. 1945 studiert er an der Kunstakademie von Arnheim. Im Jahr darauf nimmt er an der Ausstellung Junge Maler in Amsterdam teil. 1948 wird er Mitglied der Holländischen Gruppe für experimentelle Kunst. Im Anschluß an die Cobra-Ausstellung in Amsterdam und dem von Dotremont provozierten Skandal distanziert er sich kurzfristig von der Bewegung, schließt sich ihr bald darauf aber wieder an. 1951 stellt er in der Zweiten internationalen Ausstellung für experimentelle Kunst in Lüttich aus. Von 1953 bis 1954 lebt er in Paris, danach läßt er sich endgültig in Hengelo nieder, wo man ihm 1967 eine Retrospektive einrichtet. In der Folge beteiligt er sich an zahlreichen Ausstellungen im In- und Ausland.

Theo Wolvecamp, Ausst.-Kat., Schiedam, Stedelijk Museum, 1984/1985. – Ed Wingen, *Wolvecamp*, Venlo, Van Spijk, 1990.

Abbildungsnachweis

Aalborg, Nordjyllands Kunstmuseum, Esben H. Thorning, S. 102, 121

Amstelveen, Cobra Museum voor Moderne Kunst, S. 88, 124, 128, 129, 131, 135, 169, 198, 244

Amsterdam, Archiv Willemijn L. Stokvis, S. 42, 219, 233

Amsterdam, Jaski Art Gallery, S. 214, 230, 235, 239, 242

Amsterdam, Stedelijk Museum, S. 23, 25, 32, 40–42, 56, 58, 62–64, 72, 98–101, 103–107, 118, 119, 122, 123, 127–129, 132–137, 171, 173, 176–184, 197, 206, 207, 218, 222, 227, 232

Amsterdam, Cobra-Archiv, Nico Koster, S. 212, 213, 234

Berlin, Staatliche Museen zu Berlin, Nationalgalerie, S. 172

Bougival, Archiv Micky und Pierre Alechinsky, S. 18, 33, 54, 59, 65, 69, 89, 95, 217, 236

Brüssel, Daniel Locus, S. 204, 205

Brüssel, Musées royaux des Beaux-Arts de Belgique, S. 87, 92

Brüssel, Speltdoorn et Fils, S. 143

Charleroi, Musée de la photographie, Serge Vandercam, S. 22, 200–203

Kopenhagen, Planet/Bent Ryberg, S. 148, 149

Kopenhagen, Statens Museum for Kunst, Hans Petersen, S. 112, 113, 155–157, 165, 168, 186, 189. 191

Eindhoven, Stedelijk Van Abbe Museum, S. 126

London, Tate Gallery, S. 101, 170

Paris, André Morain, S. 74–83, 85, 86, 91, 93, 94, 108, 109, 138–141, 144–146, 174

Paris, Michel Nguyen, S. 199

Rotterdam, Museum Boymans-van Beuningen, S. 130

Schiedam, Stedelijk Museum, S. 125

Silkeborg, Kunstmuseum, Lars Bay, S. 21, 24, 28, 31, 48, 50–53, 60, 61, 94, 96, 97, 120, 142, 147, 161, 164, 166–168, 185–190, 192–196, 225

Utrecht, Bibliotheek der Rijksuniversiteit te Utrecht, S. 20, 21, 224, 226, 229

Vejle, Kunstmuseum, Thomas Pedersen und Poul Pedersen, S. 114–117, 150–154, 158–160, 162, 163

Alle nicht in diesem Verzeichnis aufgeführten Abbildungen stammen von den Autoren, den Künstlern oder den Institutionen, welche die Kunstwerke verliehen haben.

Erratum

Die Abbildung Kat. Nr. 22 auf S. 92 steht auf dem Kopf.

Die Kunsthalle der Hypo-Kulturstiftung gibt zu jeder Ausstellung
sorgfältig bearbeitete Kataloge heraus.
Ihr Wert liegt sowohl in den wissenschaftlichen Beiträgen
als auch in den zahlreichen Abbildungen.

**Deutsche Romantiker
Bildthemen der Zeit von
1800-1850**
14. Juni bis 1. September 1985
314 Seiten, 139 Abbildungen,
50 in Farbe
(vergriffen)

Jean Tinguely
27. September 1985 bis
6. Januar 1986
130 Seiten, 105 Abbildungen,
34 in Farbe
(vergriffen)

Lovis Corinth. 1858 -1925
24. Januar bis 30. März 1986
224 Seiten, 157 Abbildungen,
90 in Farbe
(vergriffen)

**Ägyptische und moderne
Skulptur
Aufbruch und Dauer**
18. April bis 22. Juni 1986
170 Seiten, 102 Abbildungen
(vergriffen)

**Fernando Botero
Bilder – Zeichnungen – Skulpturen**
4. Juli bis 7. September 1986
194 Seiten, 141 Abbildungen,
67 in Farbe
(vergriffen)

**Albertina Wien
Zeichnungen 1450-1950**
18. September bis
19. November 1986
248 Seiten, 113 Abbildungen,
101 in Farbe
(vergriffen)

**Fabergé
Hofjuwelier der Zaren**
5. Dezember 1986 bis
22. Februar 1987
360 Seiten, 383 Abbildungen,
220 in Farbe
(vergriffen)

**Niki de Saint Phalle
Bilder – Figuren – Phantastische
Gärten**
26. März bis 5. Juli 1987
160 Seiten, 187 Abbildungen,
66 in Farbe
(vergriffen)

**Venedig
Malerei des 18. Jahrhunderts**
24. Juli bis 1. November 1987
188 Seiten, 71 Abbildungen in Farbe
(vergriffen)

René Magritte
13. November 1987 bis
14. Februar 1988
283 Seiten, 161 Abbildungen,
132 in Farbe
(vergriffen)

Georges Braque
4. März bis 15. Mai 1988
238 Seiten, 140 Abbildungen,
106 in Farbe
(vergriffen)

München Focus '88
10. Juni bis 2. Oktober 1988
196 Seiten, 86 Abbildungen,
53 in Farbe
DM 34,– (erhältlich)

Fernand Léger
25. Oktober 1988 bis
8. Januar 1989
180 Seiten, 95 Abbildungen,
86 in Farbe
DM 37,– (erhältlich)

Paul Delvaux
20. Januar bis 19. März 1989
180 Seiten, 83 Abbildungen,
66 in Farbe
(vergriffen)

**James Ensor
Belgien um 1900**
31. März bis 21. Mai 1989
272 Seiten, 115 Abbildungen,
105 in Farbe
DM 42,– (erhältlich)

**Kleopatra
Ägypten um die Zeitwende**
16. Juni bis 10. September 1989
324 Seiten, 185 Abbildungen,
61 in Farbe
(vergriffen)

Egon Schiele und seine Zeit
28. September 1989 bis
7. Januar 1990
295 Seiten, 196 Abbildungen,
137 in Farbe
DM 45,– (erhältlich)

Anders Zorn
24. Januar bis 25. März 1990
234 Seiten, 150 Abbildungen,
86 in Farbe
(vergriffen)

Joan Miró – Skulpturen
7. April bis 24. Juni 1990
247 Seiten, 139 Abbildungen,
62 in Farbe
(vergriffen)

**Königliches Dresden
Höfische Kunst im 18. Jahrhundert**
17. November 1990 bis 3. März
1991
216 Seiten, 307 Abbildungen,
141 in Farbe
(vergriffen)

Marc Chagall
23. März bis 30. Juni 1991
298 Seiten, 122 Abbildungen,
114 in Farbe
(vergriffen)

Denk-Bilder
13. Juli bis 8. September 1991
156 Seiten, 47 Abbildungen,
26 in Farbe
DM 29,– (erhältlich)

Matta
20. September bis
11. November 1991
264 Seiten, 107 Abbildungen,
85 in Farbe
DM 42,– (erhältlich)

Traumwelt der Puppen
6. Dezember 1991 bis 1. März 1992
360 Seiten, 475 Abbildungen,
355 in Farbe
DM 48,– (erhältlich)

Georg Baselitz
20. März bis 17. Mai 1992
264 Seiten, 132 Abbildungen,
119 in Farbe
(vergriffen)

Karikatur & Satire
5. Juni bis 9. August 1992
349 Seiten, 396 Abbildungen,
109 in Farbe
(vergriffen)

**Expressionisten
Aquarelle, Zeichnungen,
Graphiken der »Brücke«**
21. August bis 1. November 1992
460 Seiten, 410 Abbildungen,
119 in Farbe
(vergriffen)

**Friedrich der Große
Sammler und Mäzen**
28. November 1992 bis
28. Februar 1993
423 Seiten, 317 Abbildungen,
209 in Farbe
(vergriffen)

Picasso – Die Zeit nach Guernica
13. März bis 6. Juni 1993
248 Seiten, 227 Abbildungen,
191 in Farbe
(vergriffen)

**Günther Uecker
Eine Retrospektive**
19. Juni bis 15. August 1993
213 Seiten, 150 Abbildungen,
121 in Farbe
DM 42,– (erhältlich)

**Dada – Eine internationale
Bewegung**
4. September bis 7. November 1993
270 Seiten, 351 Abbildungen,
75 in Farbe
(vergriffen)

**Winterland – Von Munch bis
Gulbransson**
19. November 1993 bis
16. Januar 1994
240 Seiten, 123 Abbildungen,
113 in Farbe
(vergriffen)

Pierre Bonnard
28. Januar bis 24. April 1994
375 Seiten, 170 Abbildungen,
149 in Farbe
DM 42,– (erhältlich)

**El Dorado – Das Gold
der Fürstengräber**
20. Mai bis 4. September 1994
244 Seiten, 252 Abbildungen,
225 in Farbe
(vergriffen)

Munch und Deutschland
23. September bis
27. November 1994
287 Seiten, 321 Abbildungen,
110 in Farbe
(vergriffen)

Paris Belle Epoque
16. Dezember 1994 bis
26. Februar 1995
448 Seiten, 368 Abbildungen,
197 in Farbe
(vergriffen)

Wilhelm Trübner
10. März bis 21. Mai 1995
324 Seiten, 150 Abbildungen,
117 in Farbe
DM 39,– (erhältlich)

**Das Ende der Avantgarde –
Kunst als Dienstleistung**
13. Juni bis 13. August 1995
176 Seiten, 92 Abbildungen,
10 in Farbe
(vergriffen)

Félix Vallotton
25. August bis 5. November 1995
255 Seiten, 220 Abbildungen,
116 in Farbe
(vergriffen)

**Das Alte China
Menschen und Götter im Reich
der Mitte**
5000 v. Chr. - 220 n. Chr.
2. Dezember 1995 bis
3. März 1996
500 Seiten, 420 Abbildungen,
152 in Farbe
(vergriffen)

Christian Rohlfs 1849 -1938
22. März bis 16. Juni 1996
256 Seiten, 160 Abbildungen,
144 in Farbe
DM 39,– (erhältlich)

**Amerika – Europa
Sammlung Sonnabend**
5. Juli bis 8. September 1996
167 Seiten, 97 Abbildungen,
65 in Farbe
DM 39,– (erhältlich)

**Sudan – Antike Königreiche
am Nil**
3. Oktober 1996 bis
6. Januar 1997
427 Seiten, 483 Abbildungen,
386 in Farbe
DM 48,– (erhältlich)

**Karl Schmidt-Rottluff
1884 -1976**
18. Januar bis 31. März 1997
414 Seiten, 379 Abbildungen,
214 in Farbe
DM 46,– (erhältlich)

Alberto Giacometti
17. April bis 29. Juni 1997
224 Seiten, 188 Abbildungen,
90 in Farbe
(vergriffen)

Markus Lüpertz
11. Juli bis 14. September 1997
237 Seiten, 150 Abbildungen,
136 in Farbe
DM 42,– (erhältlich)